拆迁、征地与新农村建设法律指南

杨再兴　编　著

中国建材工业出版社

图书在版编目（CIP）数据

拆迁、征地与新农村建设法律指南 / 杨再兴编著
. —北京：中国建材工业出版社，2016.9（2022.1重印）
ISBN 978-7-5160-1480-6

Ⅰ.①拆… Ⅱ.①杨… Ⅲ.①房屋拆迁－法规－中国－指南②农村－土地征用－法规－中国－指南 Ⅳ.①D922.18-621②D922.39-62

中国版本图书馆CIP数据核字（2016）第115522号

内容提要

从当前“农业、农村、农民”工作的热点、社会关注的焦点入手，编者本着最新、最适用、最基本的宗旨，编写了《拆迁、征地与新农村建设法律指南》。本书设置了4大篇目，内容包括：农村土地管理法规、新农村建设基本政策、征地房屋拆迁法律适用法律救济、新农村建设房屋拆迁法律适用法律救济。本书力求通俗、简明，具有较强的针对性和可操作性。

本书是各级机关单位、企事业单位团体依法处理征地拆迁纠纷，广大人民群众依法维护合法权益的必备工具书。

出版发行：中国建材工业出版社
地　　址：北京市海淀区三里河路1号
邮　　编：100044
经　　销：全国各地新华书店
印　　刷：大厂回族自治县益利印刷有限公司
开　　本：710×1000　1/16
印　　张：14
字　　数：235千字
版　　次：2016年9月第1版
印　　次：2022年1月第2次印刷
定　　价：26.80元

本社网址：www.jccbs.com　微信公众号：zgjcgycbs

PREFACE

前　言

土地是我国社会主义市场经济建设中最为重要的生产要素之一，与其相关的法律法规在政府、公众及社会各界的关注程度一直很高。随着我国依法治国方略的实施，法律的价值日益凸显，法律已经全面渗透到社会生活的各个领域。

围绕中央提出的社会主义新农村建设“生产发展，生活宽裕，乡风文明，村容整洁，管理民主”的总要求，服务“三农”是各级党委、政府和基层工作的重要任务。由此，编者精心编写了《拆迁、征地与新农村建设法律指南》。

该书编写人员均是长期在一线工作、有丰富的实践经验和较高理论水平的创新型人才和知名专家学者，这使得该书的科学性和可操作性有了可靠保证。

《拆迁、征地与新农村建设法律指南》是在吸收我国拆迁、征地、新农村建设管理理论与方法的基础上，结合我国农村现阶段的农村实际和建设实践编写而成。内容全面丰富、新颖，农村法律法规健全，与农民日常生产、生活关系密切，通俗易懂，具有较强的思想性、知识性，实用性。本书采用独特的体例结构，收录与征地补偿、拆迁补偿有关的现行有效的法律、行政法规、部门规章、司法解释等规范性文件，以便读者了解国家相关方针政策和具体操作要求。

本书既可作为全国村官考试用书，也可作为高等院校农林经济管理专业和土地资源管理专业本、专科生教材，还可供基层相关专业人员作为工作参考用书。同时，本书也是各级机关单位、企事业单位团体依法处理征地拆迁

纠纷，广大人民群众依法维护合法权益的必备工具书。

由于编写时间仓促，编者水平有限，还望读者在使用过程中不吝赐教，提出宝贵意见，以便本书继续修订完善。

编　者

2016年7月

CONTENTS

目 录

第4篇 新农村建设房屋拆迁法律适用法律救济

第1篇

农村土地管理法规

第一部

中华人民共和国农村土地承包法

（2002年8月29日第九届全国人民代表大会常务委员会第二十九次会议通过　2002年8月29日中华人民共和国主席令第73号公布　自2003年3月1日起施行）

第一章　总　则

第一条　为稳定和完善以家庭承包经营为基础、统分结合的双层经营体制，赋予农民长期而有保障的土地使用权，维护农村土地承包当事人的合法权益，促进农业、农村经济发展和农村社会稳定，根据宪法，制定本法。

第二条　本法所称农村土地，是指农民集体所有和国家所有依法由农民集体使用的耕地、林地、草地，以及其他依法用于农业的土地。

第三条　国家实行农村土地承包经营制度。

农村土地承包采取农村集体经济组织内部的家庭承包方式，不宜采取家庭承包方式的荒山、荒沟、荒丘、荒滩等农村土地，可以采取招标、拍卖、公开协商等方式承包。

第四条　国家依法保护农村土地承包关系的长期稳定。

农村土地承包后，土地的所有权性质不变。承包地不得买卖。

第五条　农村集体经济组织成员有权依法承包由本集体经济组织发包的农村土地。

任何组织和个人不得剥夺和非法限制农村集体经济组织成员承包土地的权利。

第六条　农村土地承包，妇女与男子享有平等的权利。承包中应当保护妇女的合法权益，任何组织和个人不得剥夺、侵害妇女应当享有的土地承包经营权。

第七条　农村土地承包应当坚持公开、公平、公正的原则，正确处理国家、集体、个人三者的利益关系。

第八条　农村土地承包应当遵守法律、法规，保护土地资源的合理开发和可持续利用。未经依法批准不得将承包地用于非农建设。

国家鼓励农民和农村集体经济组织增加对土地的投入，培肥地力，提高农业生产能力。

第九条　国家保护集体土地所有者的合法权益，保护承包方的土地承包经营权，任何组织和个人不得侵犯。

第十条　国家保护承包方依法、自愿、有偿地进行土地承包经营权流转。

第十一条　国务院农业、林业行政主管部门分别依照国务院规定的职责负责全国农村土地承包及承包合同管理的指导。县级以土地方人民政府农业、林业等行政主管部门分别依照各自职责，负责本行政区域内农村土地承包及承包合同管理。乡（镇）人民政府负责本行政区域内农村土地承包及承包合同管理。

第二章　家庭承包

第一节　发包方和承包方的权利和义务

第十二条　农民集体所有的土地依法属于村农民集体所有的，由村集体经济组织或者村民委员会发包；已经分别属于村内两个以上农村集体经济组织的农民集体所有的，由村内各该农村集体经济组织或者村民小组发包。村集体经济组织或者村民委员会发包的，不得改变村内各集体经济组织农民集体所有土地的所有权。

国家所有依法由农民集体使用的农村土地，由使用该土地的农村集体经济组织、村民委员会或者村民小组发包。

第十三条　发包方享有下列权利：

（一）发包本集体所有的或者国家所有依法由本集体使用的农村土地；

（二）监督承包方依照承包合同约定的用途合理利用和保护土地；

（三）制止承包方损害承包地和农业资源的行为；

（四）法律、行政法规规定的其他权利。

第十四条 发包方承担下列义务：

（一）维护承包方的土地承包经营权，不得非法变更、解除承包合同；

（二）尊重承包方的生产经营自主权，不得干涉承包方依法进行正常的生产经营活动；

（三）依照承包合同约定为承包方提供生产、技术、信息等服务；

（四）执行县、乡（镇）土地利用总体规划，组织本集体经济组织内的农业基础设施建设；

（五）法律、行政法规规定的其他义务。

第十五条 家庭承包的承包方是本集体经济组织的农户。

第十六条 承包方享有下列权利：

（一）依法享有承包地使用、收益和土地承包经营权流转的权利，有权自主组织生产经营和处置产品；

（二）承包地被依法征用、占用的，有权依法获得相应的补偿；

（三）法律、行政法规规定的其他权利。

第十七条 承包方承担下列义务：

（一）维持土地的农业用途，不得用于非农建设；

（二）依法保护和合理利用土地，不得给土地造成永久性损害；

（三）法律、行政法规规定的其他义务。

第二节 承包的原则和程序

第十八条 土地承包应当遵循以下原则：

（一）按照规定统一组织承包时，本集体经济组织成员依法平等地行使承包土地的权利，也可以自愿放弃承包土地的权利；

（二）民主协商，公平合理；

（三）承包方案应当按照本法第十二条的规定，依法经本集体经济组织成员的村民会议三分之二以上成员或者三分之二以上村民代表的同意；

（四）承包程序合法。

第十九条 土地承包应当按照以下程序进行：

（一）本集体经济组织成员的村民会议选举产生承包工作小组；

（二）承包工作小组依照法律、法规的规定拟订并公布承包方案；

（三）依法召开本集体经济组织成员的村民会议，讨论通过承包方案；

（四）公开组织实施承包方案；

（五）签订承包合同。

第三节　承包期限和承包合同

第二十条　耕地的承包期为三十年。草地的承包期为三十年至五十年。林地的承包期为三十年至七十年；特殊林木的林地承包期，经国务院林业行政主管部门批准可以延长。

第二十一条　发包方应当与承包方签订书面承包合同。

承包合同一般包括以下条款：

（一）发包方、承包方的名称，发包方负责人和承包方代表的姓名、住所；

（二）承包土地的名称、坐落、面积、质量等级；

（三）承包期限和起止日期；

（四）承包土地的用途；

（五）发包方和承包方的权利和义务；

（六）违约责任。

第二十二条　承包合同自成立之日起生效。承包方自承包合同生效时取得土地承包经营权。

第二十三条　县级以上地方人民政府应当向承包方颁发土地承包经营权证或者林权证等证书，并登记造册，确认土地承包经营权。

颁发土地承包经营权证或者林权证等证书，除按规定收取证书工本费外，不得收取其他费用。

第二十四条　承包合同生效后，发包方不得因承办人或者负责人的变动而变更或者解除，也不得因集体经济组织的分立或者合并而变更或者解除。

第二十五条　国家机关及其工作人员不得利用职权干涉农村土地承包或者变更、解除承包合同。

第四节　土地承包经营权的保护

第二十六条　承包期内，发包方不得收回承包地。

承包期内，承包方全家迁入小城镇落户的，应当按照承包方的意愿，保留其土地承包经营权或者允许其依法进行土地承包经营权流转。

承包期内，承包方全家迁入设区的市，转为非农业户口的，应当将承包的耕地和草地交回发包方。承包方不交回的，发包方可以收回承包的耕地和草地。

承包期内，承包方交回承包地或者发包方依法收回承包地时，承包方对其在承包地上投入而提高土地生产能力的，有权获得相应的补偿。

第二十七条　承包期内，发包方不得调整承包地。

承包期内，因自然灾害严重毁损承包地等特殊情形对个别农户之间承包的耕地和草地需要适当调整的，必须经本集体经济组织成员的村民会议三分之二以上成员或者三分之二以上村民代表的同意，并报乡（镇）人民政府和县级人民政府农业等行政主管部门批准。承包合同中约定不得调整的，按照其约定。

第二十八条　下列土地应当用于调整承包土地或者承包给新增人口：

（一）集体经济组织依法预留的机动地；

（二）通过依法开垦等方式增加的；

（三）承包方依法、自愿交回的。

第二十九条　承包期内，承包方可以自愿将承包地交回发包方。承包方自愿交回承包地的，应当提前半年以书面形式通知发包方。承包方在承包期内交回承包地的，在承包期内不得再要求承包土地。

第三十条　承包期内，妇女结婚，在新居住地未取得承包地的，发包方不得收回其原承包地；妇女离婚或者丧偶，仍在原居住地生活或者不在原居住地生活但在新居住地未取得承包地的，发包方不得收回其原承包地。

第三十一条　承包人应得的承包收益，依照继承法的规定继承。

林地承包的承包人死亡，其继承人可以在承包期内继续承包。

第五节　土地承包经营权的流转

第三十二条　通过家庭承包取得的土地承包经营权可以依法采取转包、出租、互换、转让或者其他方式流转。

第三十三条　土地承包经营权流转应当遵循以下原则：

（一）平等协商、自愿、有偿，任何组织和个人不得强迫或者阻碍承包方进行土地承包经营权流转；

（二）不得改变土地所有权的性质和土地的农业用途；

（三）流转的期限不得超过承包期的剩余期限；

（四）受让方须有农业经营能力；

（五）在同等条件下，本集体经济组织成员享有优先权。

第三十四条　土地承包经营权流转的主体是承包方。承包方有权依法自主决定土地承包经营权是否流转和流转的方式。

第三十五条　承包期内，发包方不得单方面解除承包合同，不得假借少数服从多数强迫承包方放弃或者变更土地承包经营权，不得以划分“口粮田”和“责任田”等为由收回承包地搞招标承包，不得将承包地收回抵顶欠款。

第三十六条　土地承包经营权流转的转包费、租金、转让费等，应当由当事人双方协商确定。流转的收益归承包方所有，任何组织和个人不得擅自截留、扣缴。

第三十七条　土地承包经营权采取转包、出租、互换、转让或者其他方式流转，当事人双方应当签订书面合同。采取转让方式流转的，应当经发包方同意；采取转包、出租、互换或者其他方式流转的，应当报发包方备案。

土地承包经营权流转合同一般包括以下条款：

（一）双方当事人的姓名、住所；

（二）流转土地的名称、坐落、面积、质量等级；

（三）流转的期限和起止日期；

（四）流转土地的用途；

（五）双方当事人的权利和义务；

（六）流转价款及支付方式；

（七）违约责任。

第三十八条 土地承包经营权采取互换、转让方式流转，当事人要求登记的，应当向县级以上地方人民政府申请登记。未经登记，不得对抗善意第三人。

第三十九条 承包方可以在一定期限内将部分或者全部土地承包经营权转包或者出租给第三方，承包方与发包方的承包关系不变。

承包方将土地交由他人代耕不超过一年的，可以不签订书面合同。

第四十条 承包方之间为方便耕种或者各自需要，可以对属于同一集体经济组织的土地的承包经营权进行互换。

第四十一条 承包方有稳定的非农职业或者有稳定的收入来源的，经发包方同意，可以将全部或者部分土地承包经营权转让给其他从事农业生产经营的农户，由该农户同发包方确立新的承包关系，原承包方与发包方在该土地上的承包关系即行终止。

第四十二条 承包方之间为发展农业经济，可以自愿联合将土地承包经营权入股，从事农业合作生产。

第四十三条 承包方对其在承包地上投入而提高土地生产能力的，土地承包经营权依法流转时有权获得相应的补偿。

第三章　其他方式的承包

第四十四条 不宜采取家庭承包方式的荒山、荒沟、荒丘、荒滩等农村土地，通过招标、拍卖、公开协商等方式承包的，适用本章规定。

第四十五条 以其他方式承包农村土地的，应当签订承包合同。当事人的权利和义务、承包期限等，由双方协商确定。以招标、拍卖方式承包的，承包费通过公开竞标、竞价确定；以公开协商等方式承包的，承包费由双方议定。

第四十六条 荒山、荒沟、荒丘、荒滩等可以直接通过招标、拍卖、公开协商等方式实行承包经营，也可以将土地承包经营权折股分给本集体经济组织成员后，再实行承包经营或者股份合作经营。

承包荒山、荒沟、荒丘、荒滩的，应当遵守有关法律、行政法规的规定，防止水土流失，保护生态环境。

第四十七条　以其他方式承包农村土地，在同等条件下，本集体经济组织成员享有优先承包权。

第四十八条　发包方将农村土地发包给本集体经济组织以外的单位或者个人承包，应当事先经本集体经济组织成员的村民会议三分之二以上成员或者三分之二以上村民代表的同意，并报乡（镇）人民政府批准。

由本集体经济组织以外的单位或者个人承包的，应当对承包方的资信情况和经营能力进行审查后，再签订承包合同。

第四十九条　通过招标、拍卖、公开协商等方式承包农村土地，经依法登记取得土地承包经营权证或者林权证等证书的，其土地承包经营权可以依法采取转让、出租、入股、抵押或者其他方式流转。

第五十条　土地承包经营权通过招标、拍卖、公开协商等方式取得的，该承包人死亡，其应得的承包收益，依照继承法的规定继承；在承包期内，其继承人可以继续承包。

第四章　争议的解决和法律责任

第五十一条　因土地承包经营发生纠纷的，双方当事人可以通过协商解决，也可以请求村民委员会、乡（镇）人民政府等调解解决。

当事人不愿协商、调解或者协商、调解不成的，可以向农村土地承包仲裁机构申请仲裁，也可以直接向人民法院起诉。

第五十二条　当事人对农村土地承包仲裁机构的仲裁裁决不服的，可以在收到裁决书之日起三十日内向人民法院起诉。逾期不起诉的，裁决书即发生法律效力。

第五十三条　任何组织和个人侵害承包方的土地承包经营权的，应当承担民事责任。

第五十四条　发包方有下列行为之一的，应当承担停止侵害、返还原物、恢复原状、排除妨害、消除危险、赔偿损失等民事责任：

（一）干涉承包方依法享有的生产经营自主权；

（二）违反本法规定收回、调整承包地；

（三）强迫或者阻碍承包方进行土地承包经营权流转；

（四）假借少数服从多数强迫承包方放弃或者变更土地承包经营权而进行土地承包经营权流转；

（五）以划分“口粮田”和“责任田”等为由收回承包地搞招标承包；

（六）将承包地收回抵顶欠款；

（七）剥夺、侵害妇女依法享有的土地承包经营权；

（八）其他侵害土地承包经营权的行为。

第五十五条 承包合同中违背承包方意愿或者违反法律、行政法规有关不得收回、调整承包地等强制性规定的约定无效。

第五十六条 当事人一方不履行合同义务或者履行义务不符合约定的，应当依照《中华人民共和国合同法》的规定承担违约责任。

第五十七条 任何组织和个人强迫承包方进行土地承包经营权流转的，该流转无效。

第五十八条 任何组织和个人擅自截留、扣缴土地承包经营权流转收益的，应当退还。

第五十九条 违反土地管理法规，非法征用、占用土地或者贪污、挪用土地征用补偿费用，构成犯罪的，依法追究刑事责任；造成他人损害的，应当承担损害赔偿等责任。

第六十条 承包方违法将承包地用于非农建设的，由县级以上地方人民政府有关行政主管部门依法予以处罚。

承包方给承包地造成永久性损害的，发包方有权制止，并有权要求承包方赔偿由此造成的损失。

第六十一条 国家机关及其工作人员有利用职权干涉农村土地承包，变更、解除承包合同，干涉承包方依法享有的生产经营自主权，或者强迫、阻碍承包方进行土地承包经营权流转等侵害土地承包经营权的行为，给承包方造成损失的，应当承担损害赔偿等责任；情节严重的，由上级机关或者所在单位给予直接责任人员行政处分；构成犯罪的，依法追究刑事责任。

第五章　附　则

第六十二条　本法实施前已经按照国家有关农村土地承包的规定承包，包括承包期限长于本法规定的，本法实施后继续有效，不得重新承包土地。未向承包方颁发土地承包经营权证或者林权证等证书的，应当补发证书。

第六十三条　本法实施前已经预留机动地的，机动地面积不得超过本集体经济组织耕地总面积的百分之五。不足百分之五的，不得再增加机动地。

本法实施前未留机动地的，本法实施后不得再留机动地。

第六十四条　各省、自治区、直辖市人民代表大会常务委员会可以根据本法，结合本行政区域的实际情况，制定实施办法。

第六十五条　本法自2003年3月1日起施行。

第二部　中华人民共和国土地管理法

（1986年6月25日第六届全国人民代表大会常务委员会第十六次会议通过根据1988年12月29日第七届全国人民代表大会常务委员会第五次会议《关于修改〈中华人民共和国土地管理法〉的决定》第一次修正1998年8月29日第九届全国人民代表大会常务委员会第四次会议修订通过根据2004年8月28日第十届全国人民代表大会常务委员会第十一次会议《关于修改〈中华人民共和国土地管理法〉的决定》第二次修正）

第一章　总　则

第一条　为了加强土地管理，维护土地的社会主义公有制，保护、开发土地资源，合理利用土地，切实保护耕地，促进社会经济的可持续发展，根据宪法，制定本法。

第二条　中华人民共和国实行土地的社会主义公有制，即全民所有制和劳动群众集体所有制。

全民所有，即国家所有土地的所有权由国务院代表国家行使。

任何单位和个人不得侵占、买卖或者以其他形式非法转让土地。

土地使用权可以依法转让。

国家为了公共利益的需要，可以依法对土地实行征收或者征用并给予补偿。

国家依法实行国有土地有偿使用制度。但是，国家在法律规定的范围内划拨国有土地使用权的除外。

十分珍惜、合理利用土地和切实保护耕地是我国的基本国策。各级人民政府应当采取措施，全面规划，严格管理，保护、开发土地资源，制止非法占用土地的行为。

第四条　国家实行土地用途管制制度。

国家编制土地利用总体规划，规定土地用途，将土地分为农用地、建设用地和未利用地。严格限制农用地转为建设用地，控制建设用地总量，对耕地实行特殊保护。

前款所称农用地是指直接用于农业生产的土地，包括耕地、林地、草地、农田水利用地、养殖水面等；建设用地是指建造建筑物、构筑物的土地，包括城乡住宅和公共设施用地、工矿用地、交通水利设施用地、旅游用地、军事设施用地等；未利用地是指农用地和建设用地以外的土地。

使用土地的单位和个人必须严格按照土地利用总体规划确定的用途使用土地。

第五条　国务院土地行政主管部门统一负责全国土地的管理和监督工作。

县级以上地方人民政府土地行政主管部门的设置及其职责，由省、自治区、直辖市人民政府根据国务院有关规定确定。

第六条　任何单位和个人都有遵守土地管理法律、法规的义务，并有权对违反土地管理法律、法规的行为提出检举和控告。

第七条　在保护和开发土地资源、合理利用土地以及进行有关的科学研究等方面成绩显著的单位和个人，由人民政府给予奖励。

第二章　土地的所有权和使用权

第八条　城市市区的土地属于国家所有。

农村和城市郊区的土地，除由法律规定属于国家所有的以外，属于农民集体所有；宅基地和自留地、自留山，属于农民集体所有。

第九条　国有土地和农民集体所有的土地，可以依法确定给单位或者个人使用。使用土地的单位和个人，有保护、管理和合理利用土地的义务。

第十条　农民集体所有的土地依法属于村民集体所有的，由村集体经济组织或者村民委员会经营、管理；已经分别属于村内两个以上农村集体经济组织的农民集体所有的，由村内各该农村集体经济组织或者村民小组经营、管理；已经属于乡（镇）农民集体所有的，由乡（镇）农村集体经济组织经营、管理。

第十一条　农民集体所有的土地，由县级人民政府登记造册，核发证书，确认所有权。

农民集体所有的土地依法用于非农业建设的，由县级人民政府登记造册，核发证书，确认建设用地使用权。

单位和个人依法使用的国有土地，由县级以上人民政府登记造册，核发证书，确认使用权；其中，中央国家机关使用的国有土地的具体登记发证机关，由国务院确定。

确认林地、草原的所有权或者使用权，确认水面、滩涂的养殖使用权，分别依照《中华人民共和国森林法》、《中华人民共和国草原法》和《中华人民共和国渔业法》的有关规定办理。

第十二条 依法改变土地权属和用途的，应当办理土地变更登记手续。

第十三条 依法登记的土地的所有权和使用权受法律保护，任何单位和个人不得侵犯。

第十四条 农民集体所有的土地由本集体经济组织的成员承包经营，从事种植业、林业、畜牧业、渔业生产。土地承包经营期限为30年。发包方和承包方应当订立承包合同，约定双方的权利和义务。

承包经营土地的农民有保护和按照承包合同约定的用途合理利用土地的义务。农民的土地承包经营权受法律保护。

在土地承包经营期限内，对个别承包经营者之间承包的土地进行适当调整的，必须经村民会议2/3以上成员或者2/3以上村民代表的同意，并报乡（镇）人民政府和县级人民政府农业行政主管部门批准。

第十五条 国有土地可以由单位或者个人承包经营，从事种植业、林业、畜牧业、渔业生产。农民集体所有的土地，可以由本集体经济组织以外的单位或者个人承包经营，从事种植业、林业、畜牧业、渔业生产。发包方和承包方应当订立承包合同，约定双方的权利和义务。土地承包经营的期限由承包合同约定。承包经营土地的单位和个人，有保护和按照承包合同约定的用途合理利用土地的义务。

农民集体所有的土地由本集体经济组织以外的单位或者个人承包经营的，必须经村民会议2/3以上成员或者2/3以上村民代表的同意，并报乡（镇）人民政府批准。

第十六条 土地所有权和使用权争议，由当事人协商解决；协商不成的，由人民政府处理。

单位之间的争议，由县级以上人民政府处理；个人之间、个人与单位之间的争议，由乡级人民政府或者县级以上人民政府处理。

当事人对有关人民政府的处理决定不服的，可以自接到处理决定通知之日起30日内，向人民法院起诉。

在土地所有权和使用权争议解决前，任何一方不得改变土地利用现状。

第三章　土地利用总体规划

第十七条　各级人民政府应当依据国民经济和社会发展规划、国土整治和资源环境保护的要求、土地供给能力以及各项建设对土地的需求，组织编制土地利用总体规划。

土地利用总体规划的规划期限由国务院规定。

第十八条　下级土地利用总体规划应当依据上一级土地利用总体规划编制。

地方各级人民政府编制的土地利用总体规划中的建设用地总量不得超过上一级土地利用总体规划确定的控制指标，耕地保有量不得低于上一级土地利用总体规划确定的控制指标。

省、自治区、直辖市人民政府编制的土地利用总体规划，应当确保本行政区域内耕地总量不减少。

第十九条　土地利用总体规划按照下列原则编制：

（一）严格保护基本农田，控制非农业建设占用农用地；

（二）提高土地利用率；

（三）统筹安排各类、各区域用地；

（四）保护和改善生态环境，保障土地的可持续利用；

（五）占用耕地与开发复垦耕地相平衡。

第二十条　县级土地利用总体规划应当划分土地利用区，明确土地用途。

乡（镇）土地利用总体规划应当划分土地利用区，根据土地使用条件，确定每一块土地的用途，并予以公告。

第二十一条　土地利用总体规划实行分级审批。

省、自治区、直辖市的土地利用总体规划，报国务院批准。

省、自治区人民政府所在地的市、人口在100万以上的城市以及国务院指定的城市的土地利用总体规划，经省、自治区人民政府审查同意后，报国务院批准。

本条第二款、第三款规定以外的土地利用总体规划，逐级上报省、自治区、直辖市人民政府批准；其中，乡（镇）土地利用总体规划可以由省级人民政府授权的设区的市、自治州人民政府批准。

土地利用总体规划一经批准，必须严格执行。

第二十二条 城市建设用地规模应当符合国家规定的标准，充分利用现有建设用地，不占或者尽量少占农用地。

城市总体规划、村庄和集镇规划，应当与土地利用总体规划相衔接，城市总体规划、村庄和集镇规划中建设用地规模不得超过土地利用总体规划确定的城市和村庄、集镇建设用地规模。

在城市规划区内、村庄和集镇规划区内，城市和村庄、集镇建设用地应当符合城市规划、村庄和集镇规划。

第二十三条 江河、湖泊综合治理和开发利用规划，应当与土地利用总体规划相衔接。在江河、湖泊、水库的管理和保护范围以及蓄洪滞洪区内，土地利用应当符合江河、湖泊综合治理和开发利用规划，符合河道、湖泊行洪、蓄洪和输水的要求。

第二十四条 各级人民政府应当加强土地利用计划管理，实行建设用地总量控制。

土地利用年度计划，根据国民经济和社会发展计划、国家产业政策、土地利用总体规划以及建设用地和土地利用的实际状况编制。土地利用年度计划的编制审批程序与土地利用总体规划的编制审批程序相同，一经审批下达，必须严格执行。

第二十五条 省、自治区、直辖市人民政府应当将土地利用年度计划的执行情况列为国民经济和社会发展计划执行情况的内容，向同级人民代表大会报告。

第二十六条 经批准的土地利用总体规划的修改，须经原批准机关批准；未经批准，不得改变土地利用总体规划确定的土地用途。

经国务院批准的大型能源、交通、水利等基础设施建设用地，需要改变土地利用总体规划的，根据国务院的批准文件修改土地利用总体规划。

经省、自治区、直辖市人民政府批准的能源、交通、水利等基础设施建设用地，需要改变土地利用总体规划的，属于省级人民政府土地利用总体规划批准权限内的，根据省级人民政府的批准文件修改土地利用总体规划。

第二十七条　国家建立土地调查制度。

县级以上人民政府土地行政主管部门会同同级有关部门进行土地调查。土地所有者或者使用者应当配合调查，并提供有关资料。

第二十八条　县级以上人民政府土地行政主管部门会同同级有关部门根据土地调查成果、规划土地用途和国家制定的统一标准，评定土地等级。

第二十九条　国家建立土地统计制度。

县级以上人民政府土地行政主管部门和同级统计部门共同制定统计调查方案，依法进行土地统计，定期发布土地统计资料。土地所有者或者使用者应当提供有关资料，不得虚报、瞒报、拒报、迟报。

土地行政主管部门和统计部门共同发布的土地面积统计资料是各级人民政府编制土地利用总体规划的依据。

第三十条　国家建立全国土地管理信息系统，对土地利用状况进行动态监测。

第四章　耕地保护

第三十一条　国家保护耕地，严格控制耕地转为非耕地。

国家实行占用耕地补偿制度。非农业建设经批准占用耕地的，按照“占多少，垦多少”的原则，由占用耕地的单位负责开垦与所占用耕地的数量和质量相当的耕地；没有条件开垦或者开垦的耕地不符合要求的，应当按照省、自治区、直辖市的规定缴纳耕地开垦费，专款用于开垦新的耕地。

省、自治区、直辖市人民政府应当制定开垦耕地计划，监督占用耕地的单位按照计划开垦耕地或者按照计划组织开垦耕地，并进行验收。

第三十二条　县级以上地方人民政府可以要求占用耕地的单位将所占用耕地耕作层的土壤用于新开垦耕地、劣质地或者其他耕地的土壤改良。

第三十三条　省、自治区、直辖市人民政府应当严格执行土地利用总体规划和土地利用年度计划，采取措施，确保本行政区域内耕地总量不减少；耕地总量

减少的，由国务院责令在规定期限内组织开垦与所减少耕地的数量与质量相当的耕地，并由国务院土地行政主管部门会同农业行政主管部门验收。个别省、直辖市确因土地后备资源匮乏，新增建设用地后，新开垦耕地的数量不足以补偿所占用耕地的数量的，必须报经国务院批准减免本行政区域内开垦耕地的数量，进行易地开垦。

第三十四条 国家实行基本农田保护制度。下列耕地应当根据土地利用总体规划划入基本农田保护区，严格管理：

（一）经国务院有关主管部门或者县级以上地方人民政府批准确定的粮、棉、油生产基地内的耕地；

（二）有良好的水利与水土保持设施的耕地，正在实施改造计划以及可以改造的中、低产田；

（三）蔬菜生产基地；

（四）农业科研、教学试验田；

（五）国务院规定应当划入基本农田保护区的其他耕地。

各省、自治区、直辖市划定的基本农田应当占本行政区域内耕地的80%以上。

基本农田保护区以乡（镇）为单位进行划区定界，由县级人民政府土地行政主管部门会同同级农业行政主管部门组织实施。

第三十五条 各级人民政府应当采取措施，维护排灌工程设施，改良土壤，提高地力，防止土地荒漠化、盐渍化、水土流失和污染土地。

第三十六条 非农业建设必须节约使用土地，可以利用荒地的，不得占用耕地；可以利用劣地的，不得占用好地。

禁止占用耕地建窑、建坟或者擅自在耕地上建房、挖砂、采石、采矿、取土等。

禁止占用基本农田发展林果业和挖塘养鱼。

第三十七条 禁止任何单位和个人闲置、荒芜耕地。已经办理审批手续的非农业建设占用耕地，1年内不用而又可以耕种并收获的，应当由原耕种该幅耕地的集体或者个人恢复耕种，也可以由用地单位组织耕种；1年以上未动工建设的，应当按照省、自治区、直辖市的规定缴纳闲置费；连续2年未使用的，经原批准机关批准，由县级以上人民政府无偿收回用地单位的土地使用权；该幅土地原为农民集体所有的，应当交由原农村集体经济组织恢复耕种。

在城市规划区范围内，以出让方式取得土地使用权进行房地产开发的闲置土地，依照《中华人民共和国城市房地产管理法》的有关规定办理。

承包经营耕地的单位或者个人连续2年弃耕抛荒的，原发包单位应当终止承包合同，收回发包的耕地。

第三十八条　国家鼓励单位和个人按照土地利用总体规划，在保护和改善生态环境、防止水土流失和土地荒漠化的前提下，开发未利用的土地；适宜开发为农用地的，应当优先开发成农用地。

国家依法保护开发者的合法权益。

第三十九条　开垦未利用的土地，必须经过科学论证和评估，在土地利用总体规划划定的可开垦的区域内，经依法批准后进行。禁止毁坏森林、草原开垦耕地，禁止围湖造田和侵占江河滩地。

根据土地利用总体规划，对破坏生态环境开垦、围垦的土地，有计划有步骤地退耕还林、还牧、还湖。

第四十条　开发未确定使用权的国有荒山、荒地、荒滩从事种植业、林业、畜牧业、渔业生产的，经县级以上人民政府依法批准，可以确定给开发单位或者个人长期使用。

第四十一条　国家鼓励土地整理。县、乡（镇）人民政府应当组织农村集体经济组织，按照土地利用总体规划，对田、水、路、林、村综合整治，提高耕地质量，增加有效耕地面积，改善农业生产条件和生态环境。

地方各级人民政府应当采取措施，改造中、低产田，整治闲散地和废弃地。

第四十二条　因挖损、塌陷、压占等造成土地破坏，用地单位和个人应当按照国家有关规定负责复垦；没有条件复垦或者复垦不符合要求的，应当缴纳土地复垦费，专项用于土地复垦。复垦的土地应当优先用于农业。

第五章　建设用地

第四十三条　任何单位和个人进行建设，需要使用土地的。必须依法申请使用国有土地；但是，兴办乡镇企业和村民建设住宅经依法批准使用本集体经济组织农民集体所有的土地的，或者乡（镇）村公共设施和公益事业建设经依法批准使用农民集体所有的土地的除外。

前款所称依法申请使用的国有土地包括国家所有的土地和国家征收的原属于农民集体所有的土地。

第四十四条 建设占用土地，涉及农用地转为建设用地的，应当办理农用地转用审批手续。

省、自治区、直辖市人民政府批准的道路、管线工程和大型基础设施建设项目、国务院批准的建设项目占用土地，涉及农用地转为建设用地的，由国务院批准。

在土地利用总体规划确定的城市和村庄、集镇建设用地规模范围内，为实施该规划而将农用地转为建设用地的，按土地利用年度计划分批次由原批准土地利用总体规划的机关批准。在已批准的农用地转用范围内，具体建设项目用地可以由市、县人民政府批准。

本条第二款、第三款规定以外的建设项目占用土地，涉及农用地转为建设用地的，由省、自治区、直辖市人民政府批准。

第四十五条 征收下列土地的，由国务院批准：

（一）基本农田；

（二）基本农田以外的耕地超过35公顷的；

（三）其他土地超过70公顷的。

征收前款规定以外的土地的，由省、自治区、直辖市人民政府批准，并报国务院备案。

征收农用地的，应当依照本法第四十四条的规定先行办理农用地转用审批。其中，经国务院批准农用地转用的，同时办理征地审批手续，不再另行办理征地审批；经省、自治区、直辖市人民政府在征地批准权限内批准农用地转用的，同时办理征地审批手续，不再另行办理征地审批，超过征地批准权限的，应当依照本条第一款的规定另行办理征地审批。

第四十六条 国家征收土地的，依照法定程序批准后，由县级以上地方人民政府予以公告并组织实施。

被征收土地的所有权人、使用权人应当在公告规定期限内，持土地权属证书到当地人民政府土地行政主管部门办理征地补偿登记。

第四十七条 征收土地的，按照被征收土地的原用途给予补偿。

征收耕地的补偿费用包括土地补偿费、安置补助费以及地上附着物和青苗的补偿费。征收耕地的土地补偿费，为该耕地被征收前3年平均年产值的6至10倍。征收耕地的安置补助费，按照需要安置的农业人口数计算。需要安置的农业人口数，按照被征收的耕地数量除以征地前被征收单位平均每人占有耕地的数量计算。每一个需要安置的农业人口的安置补助费标准，为该耕地被征收前3年平均年产值的4至6倍。但是，每公顷被征收耕地的安置补助费，最高不得超过被征收前3年平均年产值的15倍。

征收其他土地的土地补偿费和安置补助费标准，由省、自治区、直辖市参照征收耕地的土地补偿费和安置补助费的标准规定。

被征收土地上的附着物和青苗的补偿标准，由省、自治区、直辖市规定。

征收城市郊区的菜地，用地单位应当按照国家有关规定缴纳新菜地开发建设基金。

依照本条第二款的规定支付土地补偿费和安置补助费，尚不能使需要安置的农民保持原有生活水平的，经省、自治区、直辖市人民政府批准，可以增加安置补助费。但是，土地补偿费和安置补助费的总和不得超过土地被征收前3年平均年产值的30倍。

国务院根据社会、经济发展水平，在特殊情况下，可以提高征收耕地的土地补偿费和安置补助费的标准。

第四十八条　征地补偿安置方案确定后，有关地方人民政府应当公告，并听取被征地的农村集体经济组织和农民的意见。

第四十九条　被征地的农村集体经济组织应当将征收土地的补偿费用的收支状况向本集体经济组织的成员公布，接受监督。

禁止侵占、挪用被征收土地单位的征地补偿费用和其他有关费用。

第五十条　地方各级人民政府应当支持被征地的农村集体经济组织和农民从事开发经营，兴办企业。

第五十一条　大中型水利、水电工程建设征收土地的补偿费标准和移民安置办法，由国务院另行规定。

第五十二条　建设项目可行性研究论证时，土地行政主管部门可以根据土地利用总体规划、土地利用年度计划和建设用地标准，对建设用地有关事项进行审查，并提出意见。

第五十三条　经批准的建设项目需要使用国有建设用地的，建设单位应当持

法律、行政法规规定的有关文件，向有批准权的县级以上人民政府土地行政主管部门提出建设用地申请，经土地行政主管部门审查，报本级人民政府批准。

第五十四条 建设单位使用国有土地，应当以出让等有偿使用方式取得；但是，下列建设用地，经县级以上人民政府依法批准，可以划拨方式取得：

（一）国家机关用地和军事用地；

（二）城市基础设施用地和公益事业用地；

（三）国家重点扶持的能源、交通、水利等基础设施用地；

（四）法律、行政法规规定的其他用地。

第五十五条 以出让等有偿使用方式取得国有土地使用权的建设单位，按照国务院规定的标准和办法，缴纳土地使用权出让金等土地有偿使用费和其他费用后，方可使用土地。

自本法施行之日起，新增建设用地的土地有偿使用费，30%上缴中央财政，70%留给有关地方人民政府，都专项用于耕地开发。

第五十六条 建设单位使用国有土地的，应当按照土地使用权出让等有偿使用合同的约定或者土地使用权划拨批准文件的规定使用土地；确需改变该幅土地建设用途的，应当经有关人民政府土地行政主管部门同意，报原批准用地的人民政府批准。其中，在城市规划区内改变土地用途的，在报批前，应当先经有关城市规划行政主管部门同意。

第五十七条 建设项目施工和地质勘查需要临时使用国有土地或者农民集体所有的土地的，由县级以上人民政府土地行政主管部门批准。其中，在城市规划区内的临时用地，在报批前，应当先经有关城市规划行政主管部门同意。土地使用者应当根据土地权属，与有关土地行政主管部门或者农村集体经济组织、村民委员会签订临时使用土地合同，并按照合同的约定支付临时使用土地补偿费。

临时使用土地的使用者应当按照临时使用土地合同约定的用途使用土地，并不得修建永久性建筑物。

临时使用土地期限一般不超过2年。

第五十八条 有下列情形之一的，由有关人民政府土地行政主管部门报经原批准用地的人民政府或者有批准权的人民政府批准，可以收回国有土地使用权：

（一）为公共利益需要使用土地的；

（二）为实施城市规划进行旧城区改建，需要调整使用土地的；

（三）土地出让等有偿使用合同约定的使用期限届满，土地使用者未申请续期或者申请续期未获批准的；

（四）因单位撤销、迁移等原因，停止使用原划拨的国有土地的：

（五）公路、铁路、机场、矿场等经核准报废的。

依照前款第（一）项、第（二）项的规定收回国有土地使用权的，对土地使用权人应当给予适当补偿。

第五十九条 乡镇企业、乡（镇）村公共设施、公益事业、农村村民住宅等乡（镇）村建设，应当按照村庄和集镇规划，合理布局，综合开发，配套建设；建设用地，应当符合乡（镇）土地利用总体规划和土地利用年度计划，并依照本法第四十四条、第六十条、第六十一条、第六十二条 的规定办理审批手续。

第六十条 农村集体经济组织使用乡（镇）土地利用总体规划确定的建设用地兴办企业或者与其他单位、个人以土地使用权入股、联营等形式共同举办企业的，应当持有关批准文件，向县级以上地方人民政府土地行政主管部门提出申请，按照省、自治区、直辖市规定的批准权限，由县级以上地方人民政府批准；其中，涉及占用农用地的，依照本法第四十四条的规定办理审批手续。

按照前款规定兴办企业的建设用地，必须严格控制。省、自治区、直辖市可以按照乡镇企业的不同行业和经营规模，分别规定用地标准。

第六十一条 乡（镇）村公共设施、公益事业建设，需要使用土地的，经乡（镇）人民政府审核，向县级以上地方人民政府土地行政主管部门提出申请，按照省、自治区、直辖市规定的批准权限，由县级以上地方人民政府批准；其中，涉及占用农用地的，依照本法第四十四条的规定办理审批手续。

第六十二条 农村村民一户只能拥有一处宅基地，其宅基地的面积不得超过省、自治区、直辖市规定的标准。

农村村民建住宅，应当符合乡（镇）土地利用总体规划，并尽量使用原有的宅基地和村内空闲地。

农村村民住宅用地，经乡（镇）人民政府审核，由县级人民政府批准；其中，涉及占用农用地的，依照本法第四十四条的规定办理审批手续。

农村村民出卖、出租住房后，再申请宅基地的，不予批准。

第六十三条 农民集体所有的土地的使用权不得出让、转让或者出租用于非农业建设；但是，符合土地利用总体规划并依法取得建设用地的企业，因破产、

兼并等情形致使土地使用权依法发生转移的除外。

第六十四条 在土地利用总体规划制定前已建的不符合土地利用总体规划确定的用途的建筑物、构筑物，不得重建、扩建。

第六十五条 有下列情形之一的，农村集体经济组织报经原批准用地的人民政府批准，可以收回土地使用权：

（一）为乡（镇）村公共设施和公益事业建设，需要使用土地的；

（二）不按照批准的用途使用土地的；

（三）因撤销、迁移等原因而停止使用土地的。

依照前款第（一）项规定收回农民集体所有的土地的，对土地使用权人应当给予适当补偿。

第六章 监督检查

第六十六条 县级以上人民政府土地行政主管部门对违反土地管理法律、法规的行为进行监督检查。

土地管理监督检查人员应当熟悉土地管理法律、法规，忠于职守、秉公执法。

第六十七条 县级以上人民政府土地行政主管部门履行监督检查职责时，有权采取下列措施：

（一）要求被检查的单位或者个人提供有关土地权利的文件和资料，进行查阅或者予以复制；

（二）要求被检查的单位或者个人就有关土地权利的问题作出说明；

（三）进入被检查单位或者个人非法占用的土地现场进行勘测；

（四）责令非法占用土地的单位或者个人停止违反土地管理法律、法规的行为。

第六十八条 土地管理监督检查人员履行职责，需要进入现场进行勘测，要求有关单位或者个人提供文件、资料和作出说明的，应当出示土地管理监督检查证件。

第六十九条 有关单位和个人对县级以上人民政府土地行政主管部门就土地违法行为进行的监督检查应当支持与配合，并提供工作方便，不得拒绝与阻碍土地管理监督检查人员依法执行职务。

第七十条　县级以上人民政府土地行政主管部门在监督检查工作中发现国家工作人员的违法行为，依法应当给予行政处分的，应当依法予以处理；自己无权处理的，应当向同级或者上级人民政府的行政监察机关提出行政处分建议书，有关行政监察机关应当依法予以处理。

第七十一条　县级以上人民政府土地行政主管部门在监督检查工作中发现土地违法行为构成犯罪的，应当将案件移送有关机关，依法追究刑事责任；尚不构成犯罪的，应当依法给予行政处罚。

第七十二条　依照本法规定应当给予行政处罚，而有关土地行政主管部门不给予行政处罚的，上级人民政府土地行政主管部门有权责令有关土地行政主管部门作出行政处罚决定或者直接给予行政处罚，并给予有关土地行政主管部门的负责人行政处分。

第七章　法律责任

第七十三条　买卖或者以其他形式非法转让土地的，由县级以上人民政府土地行政主管部门没收违法所得；对违反土地利用总体规划擅自将农用地改为建设用地的，限期拆除在非法转让的土地上新建的建筑物和其他设施，恢复土地原状，对符合土地利用总体规划的，没收在非法转让的土地上新建的建筑物和其他设施；可以并处罚款；对直接负责的主管人员和其他直接责任人员，依法给予行政处分；构成犯罪的，依法追究刑事责任。

第七十四条　违反本法规定，占用耕地建窑、建坟或者擅自在耕地上建房、挖砂、采石、采矿、取土等，破坏种植条件的，或者因开发土地造成土地荒漠化、盐渍化的，由县级以上人民政府土地行政主管部门责令限期改正或者治理，可以并处罚款；构成犯罪的，依法追究刑事责任。

第七十五条　违反本法规定，拒不履行土地复垦义务的，由县级以上人民政府土地行政主管部门责令限期改正；逾期不改正的，责令缴纳复垦费，专项用于土地复垦，可以处以罚款。

第七十六条　未经批准或者采取欺骗手段骗取批准，非法占用土地的，由县级以上人民政府土地行政主管部门责令退还非法占用的土地，对违反土地利用总

体规划擅自将农用地改为建设用地的，限期拆除在非法占用的土地上新建的建筑物和其他设施，恢复土地原状，对符合土地利用总体规划的。没收在非法占用的土地上新建的建筑物和其他设施，可以并处罚款；对非法占用土地单位的直接负责的主管人员和其他直接责任人员，依法给予行政处分；构成犯罪的，依法追究刑事责任。

超过批准的数量占用土地，多占的土地以非法占用土地论处。

第七十七条 农村村民未经批准或者采取欺骗手段骗取批准，非法占用土地建住宅的，由县级以上人民政府土地行政主管部门责令退还非法占用的土地，限期拆除在非法占用的土地上新建的房屋。

超过省、自治区、直辖市规定的标准，多占的土地以非法占用土地论处。

第七十八条 无权批准征收、使用土地的单位或者个人非法批准占用土地的，超越批准权限非法批准占用土地的，不按照土地利用总体规划确定的用途批准用地的，或者违反法律规定的程序批准占用、征收土地的，其批准文件无效，对非法批准征收、使用土地的直接负责的主管人员和其他直接责任人员，依法给予行政处分；构成犯罪的，依法追究刑事责任。非法批准、使用的土地应当收回，有关当事人拒不归还的，以非法占用土地论处。

非法批准征收、使用土地，对当事人造成损失的，依法应当承担赔偿责任。

第七十九条 侵占、挪用被征收土地单位的征地补偿费用和其他有关费用，构成犯罪的，依法追究刑事责任；尚不构成犯罪的，依法给予行政处分。

第八十条 依法收回国有土地使用权当事人拒不交出土地的，临时使用土地期满拒不归还的，或者不按照批准的用途使用国有土地的，由县级以上人民政府土地行政主管部门责令交还土地，处以罚款。

第八十一条 擅自将农民集体所有的土地的使用权出让、转让或者出租用于非农业建设的，由县级以上人民政府土地行政主管部门责令限期改正，没收违法所得，并处罚款。

第八十二条 不依照本法规定办理土地变更登记的，由县级以上人民政府土地行政主管部门责令其限期办理。

第八十三条 依照本法规定，责令限期拆除在非法占用的土地上新建的建筑物和其他设施的，建设单位或者个人必须立即停止施工，自行拆除；对继续施工的，作出处罚决定的机关有权制止。建设单位或者个人对责令限期拆除的行政处罚决定不服的，可以在接到责令限期拆除决定之日起15日内，向人民法院起诉；期满不起诉又不自行拆除的，由作出处罚决定的机关依法申请人民法院强制执行，费用由违法者承担。

第八十四条　土地行政主管部门的工作人员玩忽职守、滥用职权、徇私舞弊，构成犯罪的，依法追究刑事责任；尚不构成犯罪的，依法给予行政处分。

第八章　附 则

第八十五条　中外合资经营企业、中外合作经营企业、外资企业使用土地的，适用本法；法律另有规定的，从其规定。

第八十六条　本法自1999年1月1日起施行。

第三部
农村土地承包经营权流转管理办法

（2005年1月19日农业部令第47号公布　自2005年3月1日起施行）

第一章　总则

第一条　为规范农村土地承包经营权流转行为，维护流转双方当事人合法权益，促进农业和农村经济发展，根据《农村土地承包法》及有关规定制定本办法。

第二条　农村土地承包经营权流转应当在坚持农户家庭承包经营制度和稳定农村土地承包关系的基础上，遵循平等协商、依法、自愿、有偿的原则。

第三条　农村土地承包经营权流转不得改变承包土地的农业用途，流转期限不得超过承包期的剩余期限，不得损害利害关系人和农村集体经济组织的合法权益。

第四条　农村土地承包经营权流转应当规范有序。依法形成的流转关系应当受到保护。

第五条　县级以上人民政府农业行政主管（或农村经营管理）部门依照同级人民政府规定的职责负责本行政区域内的农村土地承包经营权流转及合同管理的指导。

第二章　流转当事人

第六条　承包方有权依法自主决定承包土地是否流转、流转的对象和方式。任何单位和个人不得强迫或者阻碍承包方依法流转其承包土地。

第七条　农村土地承包经营权流转收益归承包方所有，任何组织和个人不得侵占、截留、扣缴。

第八条　承包方自愿委托发包方或中介组织流转其承包土地的，应当由承包方出具土地流转委托书。委托书应当载明委托的事项、权限和期限等，并有委托人的签名或盖章。

没有承包方的书面委托，任何组织和个人无权以任何方式决定流转农户的承包土地。

第九条　农村土地承包经营权流转的受让方可以是承包农户，也可以是其他按有关法律及有关规定允许从事农业生产经营的组织和个人。在同等条件下，本集体经济组织成员享有优先权。受让方应当具有农业经营能力。

第十条　农村土地承包经营权流转方式、期限和具体条件，由流转双方平等协商确定。

第十一条　承包方与受让方达成流转意向后，以转包、出租、互换或者其他方式流转的，承包方应当及时向发包方备案；以转让方式流转的，应当事先向发包方提出转让申请。

第十二条　受让方应当依照有关法律、法规的规定保护土地，禁止改变流转土地的农业用途。

第十三条　受让方将承包方以转包、出租方式流转的土地实行再流转，应当取得原承包方的同意。

第十四条　受让方在流转期间因投入而提高土地生产能力的，土地流转合同到期或者未到期由承包方依法收回承包土地时，受让方有权获得相应的补偿。具体补偿办法可以在土地流转合同中约定或双方通过协商解决。

第三章　流转方式

第十五条　承包方依法取得的农村土地承包经营权可以采取转包、出租、互换、转让或者其他符合有关法律和国家政策规定的方式流转。

第十六条　承包方依法采取转包、出租、入股方式将农村土地承包经营权部分或者全部流转的，承包方与发包方的承包关系不变，双方享有的权利和承担的义务不变。

第十七条 同一集体经济组织的承包方之间自愿将土地承包经营权进行互换，双方对互换土地原享有的承包权利和承担的义务也相应互换，当事人可以要求办理农村土地承包经营权证变更登记手续。

第十八条 承包方采取转让方式流转农村土地承包经营权的，经发包方同意后，当事人可以要求及时办理农村土地承包经营权证变更、注销或重发手续。

第十九条 承包方之间可以自愿将承包土地入股发展农业合作生产，但股份合作解散时入股土地应当退回原承包农户。

第二十条 通过转让、互换方式取得的土地承包经营权经依法登记获得土地承包经营权证后，可以依法采取转包、出租、互换、转让或者其他符合法律和国家政策规定的方式流转。

第四章 流转合同

第二十一条 承包方流转农村土地承包经营权，应当与受让方在协商一致的基础上签订书面流转合同。

农村土地承包经营权流转合同一式四份，流转双方各执一份，发包方和乡（镇）人民政府农村土地承包管理部门各备案一份。承包方将土地交由他人代耕不超过一年的，可以不签订书面合同。

第二十二条 承包方委托发包方或者中介服务组织流转其承包土地的，流转合同应当由承包方或其书面委托的代理人签订。

第二十三条 农村土地承包经营权流转合同一般包括以下内容：

（一）双方当事人的姓名、住所；

（二）流转土地的四至、坐落、面积、质量等级；

（三）流转的期限和起止日期；

（四）流转方式；

（五）流转土地的用途；

（六）双方当事人的权利和义务；

（七）流转价款及支付方式；

（八）流转合同到期后地上附着物及相关设施的处理；

（九）违约责任。

农村土地承包经营权流转合同文本格式由省级人民政府农业行政主管部门确定。

第二十四条　农村土地承包经营权流转当事人可以向乡（镇）人民政府农村土地承包管理部门申请合同鉴证。

乡（镇）人民政府农村土地承包管理部门不得强迫土地承包经营权流转当事人接受鉴证。

第五章　流转管理

第二十五条　发包方对承包方提出的转包、出租、互换或者其他方式流转承包土地的要求，应当及时办理备案，并报告乡（镇）人民政府农村土地承包管理部门。

承包方转让承包土地，发包方同意转让的，应当及时向乡（镇）人民政府农村土地承包管理部门报告，并配合办理有关变更手续；发包方不同意转让的，应当于七日内向承包方书面说明理由。

第二十六条　乡（镇）人民政府农村土地承包管理部门应当及时向达成流转意向的承包方提供统一文本格式的流转合同，并指导签订。

第二十七条　乡（镇）人民政府农村土地承包管理部门应当建立农村土地承包经营权流转情况登记册，及时准确记载农村土地承包经营权流转情况。以转包、出租或者其他方式流转承包土地的，及时办理相关登记；以转让、互换方式流转承包土地的，及时办理有关承包合同和土地承包经营权证变更等手续。

第二十八条　乡（镇）人民政府农村土地承包管理部门应当对农村土地承包经营权流转合同及有关文件、文本、资料等进行归档并妥善保管。

第二十九条　采取互换、转让方式流转土地承包经营权，当事人申请办理土地承包经营权流转登记的，县级人民政府农业行政（或农村经营管理）主管部门应当予以受理，并依照《农村土地承包经营权证管理办法》的规定办理。

第三十条　从事农村土地承包经营权流转服务的中介组织应当向县级以上地方人民政府农业行政（或农村经营管理）主管部门备案并接受其指导，依照法律和有关规定提供流转中介服务。

第三十一条 乡（镇）人民政府农村土地承包管理部门在指导流转合同签订或流转合同鉴证中，发现流转双方有违反法律法规的约定，要及时予以纠正。

第三十二条 县级以上地方人民政府农业行政（或农村经营管理）主管部门应当加强对乡（镇）人民政府农村土地承包管理部门工作的指导。乡（镇）人民政府农村土地承包管理部门应当依法开展农村土地承包经营权流转的指导和管理工作，正确履行职责。

第三十三条 农村土地承包经营权流转发生争议或者纠纷，当事人应当依法协商解决。

当事人协商不成的，可以请求村民委员会、乡（镇）人民政府调解。

当事人不愿协商或者调解不成的，可以向农村土地承包仲裁机构申请仲裁，也可以直接向人民法院起诉。

第六章 附 则

第三十四条 通过招标、拍卖和公开协商等方式承包荒山、荒沟、荒丘、荒滩等农村土地，经依法登记取得农村土地承包经营权证的，可以采取转让、出租、入股、抵押或者其他方式流转，其流转管理参照本办法执行。

第三十五条 本办法所称转让是指承包方有稳定的非农职业或者有稳定的收入来源，经承包方申请和发包方同意，将部分或全部土地承包经营权让渡给其他从事农业生产经营的农户，由其履行相应土地承包合同的权利和义务。转让后原土地承包关系自行终止，原承包方承包期内的土地承包经营权部分或全部灭失。

转包是指承包方将部分或全部土地承包经营权以一定期限转给同一集体经济组织的其他农户从事农业生产经营。转包后原土地承包关系不变，原承包方继续履行原土地承包合同规定的权利和义务。承包方按转包时约定的条件对转包方负责。承包方将土地交他人代耕不足一年的除外。

互换是指承包方之间为方便耕作或者各自需要，对属于同一集体经济组织的承包地块进行交换，同时交换相应的土地承包经营权。

入股是指实行家庭承包方式的承包方之间为发展农业经济，将土地承包经营权作为股权，自愿联合从事农业合作生产经营；其他承包方式的承包方将土地承包经营权量化为股权，入股组成股份公司或者合作关系，从事农业生产经营。

出租是指承包方将部分或全部土地承包经营权以一定期限租赁给他人从事农业生产经营。出租后原土地承包关系不变，原承包方继续履行原土地承包合同规定的权利和义务。承租方按出租时约定的条件对承包方负责。

本办法所称受让方包括接包方、承租方等。

第三十六条 本办法自2005年3月1日起正式行。

第四部　农村土地管理的其他法规

第一章　国务院关于深化改革严格土地管理的决定

（2004年10月21日　国发［2004］28号）

实行最严格的土地管理制度，是由我国人多地少的国情决定的，也是贯彻落实科学发展观，保证经济社会可持续发展的必然要求。去年以来，各地区、各部门认真贯彻党中央、国务院部署，全面清理各类开发区，切实落实暂停审批农用地的决定，土地市场治理整顿取得了积极进展，有力地促进了宏观调控政策的落实。但是，土地市场治理整顿的成效还是初步的、阶段性的，盲目投资、低水平重复建设，圈占土地、乱占滥用耕地等问题尚未根本解决。因此，必须正确处理保障经济社会发展与保护土地资源的关系，严格控制建设用地增量，努力盘活土地存量，强化节约利用土地，深化改革，健全法制，统筹兼顾，标本兼治，进一步完善符合我国国情的最严格的土地管理制度。现决定如下：

一、严格执行土地管理法律法规

（一）牢固树立遵守土地法律法规的意识。各地区、各有关部门要深入持久地开展土地法律法规的学习教育活动，深刻认识我国国情和保护耕地的极端重要性，本着对人民、对历史负责的精神，严格依法管理土地，积极推进经济增长方式的转变，实现土地利用方式的转变，走符合中国国情的新型工业化、城市化道路。进一步提高依法管地用地的意识，要在法律法规允许的范围内合理用地。对违反法律法规批地、占地的，必须承担法律责任。

（二）严格依照法定权限审批土地。农用地转用和土地征收的审批权在国务院和省、自治区、直辖市人民政府，各省、自治区、直辖市人民政府不得违反法律和行政法规的规定下放土地审批权。严禁规避法定审批权限，将单个建设项目用地拆分审批。

（三）严格执行占用耕地补偿制度。各类非农业建设经批准占用耕地的，建设单位必须补充数量、质量相当的耕地，补充耕地的数量、质量实行按等级折算，防止占多补少、占优补劣。不能自行补充的，必须按照各省、自治区、直辖市的规定缴纳耕地开垦费。耕地开垦费要列入专户管理，不得减免和挪作他用。政府投资的建设项目也必须将补充耕地费用列入工程概算。

（四）禁止非法压低地价招商。省、自治区、直辖市人民政府要依照基准地价制定并公布协议出让土地最低价标准。协议出让土地除必须严格执行规定程序外，出让价格不得低于最低价标准。违反规定出让土地造成国有土地资产流失的，要依法追究责任；情节严重的，依照《中华人民共和国刑法》的规定，以非法低价出让国有土地使用权罪追究刑事责任。

（五）严格依法查处违反土地管理法律法规的行为。当前要着重解决有法不依、执法不严、违法不究和滥用行政权力侵犯农民合法权益的问题。要加大土地管理执法力度，严肃查处非法批地、占地等违法案件。建立国土资源与监察等部门联合办案和案件移送制度，既查处土地违法行为，又查处违法责任人。典型案件，要公开处理。对非法批准占用土地、征收土地和非法低价出让国有土地使用权的国家机关工作人员，依照《监察部国土资源部关于违反土地管理规定行为行政处分暂行办法》给予行政处分；构成犯罪的，依照《中华人民共和国刑法》、《中华人民共和国土地管理法》、《最高人民法院关于审理破坏土地资源刑事案件具体应用法律若干问题的解释》和最高人民检察院关于渎职犯罪案件立案标准的规定，追究刑事责任。对非法批准征收、使用土地，给当事人造成损失的，还必须依法承担赔偿责任。

二、加强土地利用总体规划、城市总体规划、村庄和集镇规划实施管理

（六）严格土地利用总体规划、城市总体规划、村庄和集镇规划修改的管理。在土地利用总体规划和城市总体规划确定的建设用地范围外，不得设立各类开发区（园区）和城市新区（小区）。对清理后拟保留的开发区，必须依据土地利用总体规划和城市总体规划，按照布局集中、用地集约和产业集聚的原则严格审核。严格土地利用总体规划的修改，凡涉及改变土地利用方向、规模、重大布局等原则性修改，必须报原批准机关批准。城市总体规划、村庄和集镇规划也不得擅自修改。

（七）加强土地利用计划管理。农用地转用的年度计划实行指令性管理，

跨年度结转使用计划指标必须严格规范。改进农用地转用年度计划下达和考核办法，对国家批准的能源、交通、水利、矿山、军事设施等重点建设项目用地和城、镇、村的建设用地实行分类下达，并按照定额指标、利用效益等分别考核。

（八）从严从紧控制农用地转为建设用地的总量和速度。加强农用地转用审批的规划和计划审查，强化土地利用总体规划和土地利用年度计划对农用地转用的控制和引导，凡不符合规划、没有农用地转用年度计划指标的，不得批准用地。为巩固土地市场治理整顿成果，2004年农用地转用计划指标不再追加；对过去拖欠农民的征地补偿安置费在2004年年底前不能足额偿还的地方，暂缓下达该地区2005年农用地转用计划。

（九）加强建设项目用地预审管理。凡不符合土地利用总体规划、没有农用地转用计划指标的建设项目，不得通过项目用地预审。发展改革等部门要通过适当方式告知项目单位开展前期工作，项目单位提出用地预审申请后，国土资源部门要依法对建设项目用地进行审查。项目建设单位向发展改革等部门申报核准或审批建设项目时，必须附国土资源部门预审意见；没有预审意见或预审未通过的，不得核准或批准建设项目。

（十）加强村镇建设用地的管理。要按照控制总量、合理布局、节约用地、保护耕地的原则，编制乡（镇）土地利用总体规划、村庄和集镇规划，明确小城镇和农村居民点的数量、布局和规模。鼓励农村建设用地整理，城镇建设用地增加要与农村建设用地减少相挂钩。农村集体建设用地，必须符合土地利用总体规划、村庄和集镇规划，并纳入土地利用年度计划，凡占用农用地的必须依法办理审批手续。禁止擅自通过“村改居”等方式将农民集体所有土地转为国有土地。禁止农村集体经济组织非法出让、出租集体土地用于非农业建设。改革和完善宅基地审批制度，加强农村宅基地管理，禁止城镇居民在农村购置宅基地。引导新办乡村工业向建制镇和规划确定的小城镇集中。在符合规划的前提下，村庄、集镇、建制镇中的农民集体所有建设用地使用权可以依法流转。

（十一）严格保护基本农田。基本农田是确保国家粮食安全的基础。土地利用总体规划修编，必须保证现有基本农田总量不减少，质量不降低。基本农田要落实到地块和农户，并在土地所有权证书和农村土地承包经营权证书中注明。基本农田保护图件备案工作，应在新一轮土地利用总体规划修编后三个月内完成。基本农田一经划定，任何单位和个人不得擅自占用，或者擅自改变用途，这是不可逾越的“红线”。符合法定条件，确需改变和占用基本农田的，必须报国务院批准；经批准占用基本农田的，征地补偿按法定最高标准执行，对以缴纳耕地开垦费方式补充耕地的，缴纳标准按当地最高标准执行。禁止占用基本农田挖鱼塘、种树和其他破坏耕作层的活动，禁止以建设“现代农业园区”或者“设施农业”等任何名义，占用基本农田变相从事房地产开发。

三、完善征地补偿和安置制度

（十二）完善征地补偿办法。县级以上地方人民政府要采取切实措施，使被征地农民生活水平不因征地而降低。要保证依法足额和及时支付土地补偿费、安置补助费以及地上附着物和青苗补偿费。依照现行法律规定支付土地补偿费和安置补助费，尚不能使被征地农民保持原有生活水平的，不足以支付因征地而导致无地农民社会保障费用的，省、自治区、直辖市人民政府应当批准增加安置补助费。土地补偿费和安置补助费的总和达到法定上限，尚不足以使被征地农民保持原有生活水平的，当地人民政府可以用国有土地有偿使用收入予以补贴。省、自治区、直辖市人民政府要制定并公布各市县征地的统一年产值标准或区片综合地价，征地补偿做到同地同价，国家重点建设项目必须将征地费用足额列入概算。大中型水利、水电工程建设征地的补偿费标准和移民安置办法，由国务院另行规定。

（十三）妥善安置被征地农民。县级以上地方人民政府应当制定具体办法，使被征地农民的长远生计有保障。对有稳定收益的项目，农民可以经依法批准的建设用地土地使用权入股。在城市规划区内，当地人民政府应当将因征地而导致无地的农民，纳入城镇就业体系，并建立社会保障制度；在城市规划区外，征收农民集体所有土地时，当地人民政府要在本行政区域内为被征地农民留有必要的耕作土地或安排相应的工作岗位；对不具备基本生产生活条件的无地农民，应当异地移民安置。劳动和社会保障部门要会同有关部门尽快提出建立被征地农民的就业培训和社会保障制度的指导性意见。

（十四）健全征地程序。在征地过程中，要维护农民集体土地所有权和农民土地承包经营权的权益。在征地依法报批前，要将拟征地的用途、位置、补偿标准、安置途径告知被征地农民；对拟征土地现状的调查结果须经被征地农村集体经济组织和农户确认；确有必要的，国土资源部门应当依照有关规定组织听证。要将被征地农民知情、确认的有关材料作为征地报批的必备材料。要加快建立和

完善征地补偿安置争议的协调和裁决机制，维护被征地农民和用地者的合法权益。经批准的征地事项，除特殊情况外，应予以公示。

（十五）加强对征地实施过程监管。征地补偿安置不落实的，不得强行使用被征土地。省、自治区、直辖市人民政府应当根据土地补偿费主要用于被征地农户的原则，制定土地补偿费在农村集体经济组织内部的分配办法。被征地的农村集体经济组织应当将征地补偿费用的收支和分配情况，向本集体经济组织成员公布，接受监督。农业、民政等部门要加强对农村集体经济组织内部征地补偿费用分配和使用的监督。

四、健全土地节约利用和收益分配机制

（十六）实行强化节约和集约用地政策。建设用地要严格控制增量，积极盘活存量，把节约用地放在首位，重点在盘活存量上下工夫。新上建设项目首先要利用现有建设用地，严格控制建设占用耕地、林地、草原和湿地。开展对存量建设用地资源的普查，研究制定鼓励盘活存量的政策措施。各地区、各有关部门要按照集约用地的原则，调整有关厂区绿化率的规定，不得圈占土地搞“花园式工厂”。在开发区（园区）推广多层标准厂房。对工业用地在符合规划、不改变原用途的前提下，提高土地利用率和增加容积率的，原则上不再收取或调整土地有偿使用费。基础设施和公益性建设项目，也要节约合理用地。今后，供地时要将土地用途、容积率等使用条件的约定写入土地使用合同。对工业项目用地必须有投资强度、开发进度等控制性要求。土地使用权人不按照约定条件使用土地的，要承担相应的违约责任。在加强耕地占用税、城镇土地使用税、土地增值税征收管理的同时，进一步调整和完善相关税制，加大对建设用地取得和保有环节的税收调节力度。

（十七）推进土地资源的市场化配置。严格控制划拨用地范围，经营性基础设施用地要逐步实行有偿使用。运用价格机制抑制多占、滥占和浪费土地。除按现行规定必须实行招标、拍卖、挂牌出让的用地外，工业用地也要创造条件逐步实行招标、拍卖、挂牌出让。经依法批准利用原有划拨土地进行经营性开发建设的，应当按照市场价补缴土地出让金。经依法批准转让原划拨土地使用权的，应当在土地有形市场公开交易，按照市场价补缴土地出让金；低于市场价交易的，政府应当行使优先购买权。

（十八）制定和实施新的土地使用标准。依照国家产业政策，国土资源部门对淘汰类、限制类项目分别实行禁止和限制用地，并会同有关部门制定工程项目建设用地定额标准，省、自治区、直辖市人民政府可以根据实际情况制定具体实施办法。继续停止高档别墅类房地产、高尔夫球场等用地的审批。

（十九）严禁闲置土地。农用地转用批准后，满两年未实施具体征地或用地行为的，批准文件自动失效；已实施征地，满两年未供地的，在下达下一年度的农用地转用计划时扣减相应指标，对具备耕作条件的土地，应当交原土地使用者继续耕种，也可以由当地人民政府组织耕种。对用地单位闲置的土地，严格依照《中华人民共和国土地管理法》的有关规定处理。

（二十）完善新增建设用地土地有偿使用费收缴办法。新增建设用地土地有偿使用费实行先缴后分，按规定的标准就地全额缴入国库，不得减免，并由国库按规定的比例就地分成划缴。审计部门要加强对新增建设用地土地有偿使用费征收和使用的监督检查。对减免和欠缴的，要依法追缴。财政部、国土资源部要适时调整新增建设用地土地有偿使用费收取标准。新增建设用地土地有偿使用费要严格按法定用途使用，由中央支配的部分，要向粮食主产区倾斜。探索建立国有土地收益基金，遏制片面追求土地收益的短期行为。

五、建立完善耕地保护和土地管理的责任制度

（二十一）明确土地管理的权力和责任。调控新增建设用地总量的权力和责任在中央，盘活存量建设用地的权力和利益在地方，保护和合理利用土地的责任在地方各级人民政府，省、自治区、直辖市人民政府应负主要责任。在确保严格实施土地利用总体规划，不突破土地利用年度计划的前提下，省、自治区、直辖市人民政府可以统筹本行政区域内的用地安排，依照法定权限对农用地转用和土地征收进行审批，按规定用途决定新增建设用地土地有偿使用费地方分成部分的分配和使用，组织本行政区域内耕地占补平衡，并对土地管理法律法规执行情况进行监督检查。地方各级人民政府要对土地利用总体规划确定的本行政区域内的耕地保有量和基本农田保护面积负责，政府主要领导是第一责任人。地方各级人民政府都要建立相应的工作制度，采取多种形式，确保耕地保护目标落实到基层。

（二十二）建立耕地保护责任的考核体系。国务院定期向各省、自治区、直辖市下达耕地保护责任考核目标。各省、自治区、直辖市人民政府每年要向国务院报告耕地保护责任目标的履行情况。实行耕地保护责任考核的动态监测和预警

制度。国土资源部会同农业部、监察部、审计署、统计局等部门定期对各省、自治区、直辖市耕地保护责任目标履行情况进行检查和考核，并向国务院报告。对认真履行责任目标，成效突出的，要给予表彰，并在安排中央支配的新增建设用地土地有偿使用费时予以倾斜。对没有达到责任目标的，要在全国通报，并责令限期补充耕地和补划基本农田。对土地开发整理补充耕地的情况也要定期考核。

（二十三）严格土地管理责任追究制。对违反法律规定擅自修改土地利用总体规划的、发生非法占用基本农田的、未完成耕地保护责任考核目标的、征地侵害农民合法权益引发群体性事件且未能及时解决的、减免和欠缴新增建设用地土地有偿使用费的、未按期完成基本农田备案工作的，要严肃追究责任，对有关责任人员由上级主管部门或监察机关依法定权限给予行政处分。同时，上级政府要责令限期整改，整改期间暂停农用地转用和征地审批。具体办法由国土资源部会同有关部门另行制定。实行补充耕地监督的责任追究制，国土资源部门和农业部门负责对补充耕地的数量和质量进行验收，并对验收结果承担责任。省、自治区、直辖市国土资源部门和农业部门要加强监督检查。

（二十四）强化对土地执法行为的监督。建立公开的土地违法立案标准。对有案不查、执法不严的，上级国土资源部门要责令其作出行政处罚决定或直接给予行政处罚。坚决纠正违法用地只通过罚款就补办合法手续的行为。对违法用地及其建筑物和其他设施，按法律规定应当拆除或没收的，不得以罚款、补办手续取代；确需补办手续的，依法处罚后，从新从高进行征地补偿和收取土地出让金及有关规费。完善土地执法监察体制，建立国家土地督察制度，设立国家土地总督察，向地方派驻土地督察专员，监督土地执法行为。

（二十五）加强土地管理行政能力建设。2004年年底以前要完成省级以下国土资源管理体制改革，理顺领导干部管理体制、工作机制和加强基层队伍建设。市、县人民政府要保证基层国土资源管理所机构、编制、经费到位，切实发挥基层国土资源管理所在土地管理执法中的作用。国土资源部要会同有关部门抓紧建立和完善统一的土地分类、调查、登记和统计制度，启动新一轮土地调查，保证土地数据的真实性。组织实施“金土工程”。充分利用现代高新技术加强土地利用动态监测，建立土地利用总体规划实施、耕地保护、土地市场的动态监测网络。

各地区、各有关部门要以“三个代表”重要思想为指导，牢固树立科学发展观和正确的政绩观，把落实好最严格的土地管理制度作为对执政能力和依法行政能力的检验。高度重视土地的保护和合理利用，认真总结经验，积极推进土地管理体制改革，不断完善土地法制，建立严格、科学、有效的土地管理制度，维护好广大人民群众的根本利益，确保经济社会的可持续发展。

第二章 最高人民法院关于审理涉及农村土地承包纠纷案件适用法律问题的解释

（2005年3月29日最高人民法院审判委员会第1346次会议通过 2005年7月29日最高人民法院公告公布 自2005年9月1日起施行）

法释［2005］6号

根据《中华人民共和国民法通则》、《中华人民共和国合同法》、《中华人民共和国民事诉讼法》、《中华人民共和国农村土地承包法》、《中华人民共和国土地管理法》等法律的规定，结合民事审判实践，对审理涉及农村土地承包纠纷案件适用法律的若干问题解释如下：

一、受理与诉讼主体

第一条 下列涉及农村土地承包民事纠纷，人民法院应当依法受理：

（一）承包合同纠纷；

（二）承包经营权侵权纠纷；

（三）承包经营权流转纠纷；

（四）承包地征收补偿费用分配纠纷；

（五）承包经营权继承纠纷。

集体经济组织成员因未实际取得土地承包经营权提起民事诉讼的，人民法院应当告知其向有关行政主管部门申请解决。

集体经济组织成员就用于分配的土地补偿费数额提起民事诉讼的，人民法院不予受理。

第二条 当事人自愿达成书面仲裁协议的，受诉人民法院应当参照最高人民法院《关于适用（中华人民共和国民事诉讼法）若干问题的意见》第145条至第148条的规定处理。

当事人未达成书面仲裁协议，一方当事人向农村土地承包仲裁机构申请仲裁，另一方当事人提起诉讼的，人民法院应予受理，并书面通知仲裁机构。但另一方当事人接受仲裁管辖后又起诉的，人民法院不予受理。

当事人对仲裁裁决不服并在收到裁决书之日起三十日内提起诉讼的，人民法院应予受理。

第三条 承包合同纠纷，以发包方和承包方为当事人。

前款所称承包方是指以家庭承包方式承包本集体经济组织农村土地的农户，以及以其他方式承包农村土地的单位或者个人。

第四条 农户成员为多人的，由其代表人进行诉讼。

农户代表人按照下列情形确定：

（一）土地承包经营权证等证书上记载的人；

（二）未依法登记取得土地承包经营权证等证书的，为在承包合同上签字的人；

（三）前两项规定的人死亡、丧失民事行为能力或者因其他原因无法进行诉讼的，为农户成员推选的人。

二、家庭承包纠纷案件的处理

第五条 承包合同中有关收回、调整承包地的约定违反农村土地承包法第**二十六条、第二十七条、第三十条、第三十五条**规定的，应当认定该约定无效。

第六条 因发包方违法收回、调整承包地，或者因发包方收回承包方弃耕、撂荒的承包地产生的纠纷，按照下列情形，分别处理：

（一）发包方未将承包地另行发包，承包方请求返还承包地的，应予支持；

（二）发包方已将承包地另行发包给第三人，承包方以发包方和第三人为共同被告，请求确认其所签订的承包合同无效、返还承包地并赔偿损失的，应予支持。但属于承包方弃耕、撂荒情形的，对其赔偿损失的诉讼请求，不予支持。

前款第（二）项所称的第三人，请求受益方补偿其在承包地上的合理投入的，应予支持。

第七条 承包合同约定或者土地承包经营权证等证书记载的承包期限短于农村土地承包法规定的期限，承包方请求延长的，应予支持。

第八条 承包方违反农村土地承包法**第十七条**规定，将承包地用于非农建设或者对承包地造成永久性损害，发包方请求承包方停止侵害、恢复原状或者赔偿损失的，应予支持。

第九条　发包方根据农村土地承包法**第二十六条**规定收回承包地前，承包方已经以转包、出租等形式将其土地承包经营权流转给第三人，且流转期限尚未届满，因流转价款收取产生的纠纷，按照下列情形，分别处理：

（一）承包方已经一次性收取了流转价款，发包方请求承包方返还剩余流转期限的流转价款的，应予支持；

（二）流转价款为分期支付，发包方请求第三人按照流转合同的约定支付流转价款的，应予支持。

第十条　承包方交回承包地不符合农村土地承包法**第二十九条**规定程序的，不得认定其为自愿交回。

第十一条　土地承包经营权流转中，本集体经济组织成员在流转价款、流转期限等主要内容相同的条件下主张优先权的，应予支持。

但下列情形除外：

（一）在书面公示的合理期限内未提出优先权主张的；

（二）未经书面公示，在本集体经济组织以外的人开始使用承包地两个月内未提出优先权主张的。

第十二条　发包方强迫承包方将土地承包经营权流转给第三人，承包方请求确认其与第三人签订的流转合同无效的，应予支持。

发包方阻碍承包方依法流转土地承包经营权，承包方请求排除妨碍、赔偿损失的，应予支持。

第十三条　承包方未经发包方同意，采取转让方式流转其土地承包经营权的，转让合同无效。但发包方无法定理由不同意或者拖延表态的除外。

第十四条　承包方依法采取转包、出租、互换或者其他方式流转土地承包经营权，发包方仅以该土地承包经营权流转合同未报其备案为由，请求确认合同无效的，不予支持。

第十五条　承包方以其土地承包经营权进行抵押或者抵偿债务的，应当认定无效。对因此造成的损失，当事人有过错的，应当承担相应的民事责任。

第十六条　因承包方不收取流转价款或者向对方支付费用的约定产生纠纷，当事人协商变更无法达成一致，且继续履行又显失公平的，人民法院可以根据发生变更的客观情况，按照公平原则处理。

第十七条　当事人对转包、出租地流转期限没有约定或者约定不明的，参照

合同法第二百三十二条规定处理。除当事人另有约定或者属于林地承包经营外，承包地交回的时间应当在农作物收获期结束后或者下一耕种期开始前。

对提高土地生产能力的投入，对方当事人请求承包方给予相应补偿的，应予支持。

第十八条 发包方或者其他组织、个人擅自截留、扣缴承包收益或者土地承包经营权流转收益，承包方请求返还的，应予支持。

发包方或者其他组织、个人主张抵消的，不予支持。

三、其他方式承包纠纷的处理

第十九条 本集体经济组织成员在承包费、承包期限等主要内容相同的条件下主张优先承包权的，应予支持。但在发包方将农村土地发包给本集体经济组织以外的单位或者个人，已经法律规定的民主议定程序通过，并由乡（镇）人民政府批准后主张优先承包权的，不予支持。

第二十条 发包方就同一土地签订两个以上承包合同，承包方均主张取得土地承包经营权的，按照下列情形，分别处理：

（一）已经依法登记的承包方，取得土地承包经营权；

（二）均未依法登记的，生效在先合同的承包方取得土地承包经营权；

（三）依前两项规定无法确定的，已经根据承包合同合法占有使用承包地的人取得土地承包经营权，但争议发生后一方强行先占承包地的行为和事实，不得作为确定土地承包经营权的依据。

第二十一条 承包方未依法登记取得土地承包经营权证等证书，即以转让、出租、入股、抵押等方式流转土地承包经营权，发包方请求确认该流转无效的，应予支持。但非因承包方原因未登记取得土地承包经营权证等证书的除外。

承包方流转土地承包经营权，除法律或者本解释有特殊规定外，按照有关家庭承包土地承包经营权流转的规定处理。

四、土地征收补偿费用分配及土地

承包经营权继承纠纷的处理

第二十二条 承包地被依法征收，承包方请求发包方给付已经收到的地上附着物和青苗的补偿费的，应予支持。

承包方已将土地承包经营权以转包、出租等方式流转给第三人的，除当事人另有约定外，青苗补偿费归实际投入人所有，地上附着物补偿费归附着物所有人所有。

第二十三条　承包地被依法征收，放弃统一安置的家庭承包方，请求发包方给付已经收到的安置补助费的，应予支持。

第二十四条　农村集体经济组织或者村民委员会、村民小组，可以依照法律规定的民主议定程序，决定在本集体经济组织内部分配已经收到的土地补偿费。征地补偿安置方案确定时已经具有本集体经济组织成员资格的人，请求支付相应份额的，应予支持。但已报全国人大常委会、国务院备案的地方性法规、自治条例和单行条例、地方政府规章对土地补偿费在农村集体经济组织内部的分配办法另有规定的除外。

第二十五条　林地家庭承包中，承包方的继承人请求在承包期内继续承包的，应予支持。

其他方式承包中，承包方的继承人或者权利义务承受者请求在承包期内继续承包的，应予支持。

五、其他规定

第二十六条　人民法院在审理涉及本解释**第五条**、**第六条**第一款第（二）项及第二款、**第十六条**的纠纷案件时，应当着重进行调解。

必要时可以委托人民调解组织进行调解。

第二十七条　本解释自2005年9月1日起施行。施行后受理的第一审案件，适用本解释的规定。

施行前已经生效的司法解释与本解释不一致的，以本解释为准。

第 2 篇

新农村建设基本政策

第一部　新农村建设基本政策的意见

第一章　中共中央　国务院关于推进社会主义新农村建设的若干意见

（2005年12月31日　中发［2006］1号）

党的十六届五中全会通过的《中共中央关于制定国民经济和社会发展第十一个五年规划的建议》，明确了今后5年我国经济社会发展的奋斗目标和行动纲领，提出了建设社会主义新农村的重大历史任务，为做好当前和今后一个时期的“三农”工作指明了方向。

近几年，党中央、国务院以科学发展观统领经济社会发展全局，按照统筹城乡发展的要求，采取了一系列支农惠农的重大政策。各地区各部门认真落实中央部署，切实加强“三农”工作，农业和农村发展出现了积极变化，迎来了新的发展机遇。粮食连续两年较大幅度增产，农业结构调整向纵深推进，农民收入较快增长，农村税费改革取得重大成果，社会事业进一步发展，农村基层组织建设得到加强，干群关系明显改善。农业和农村发展的好形势，对保持国民经济平稳较快增长和社会稳定，发挥了重要的支撑作用。但必须看到，当前农业和农村发展仍然处在艰难的爬坡阶段，农业基础设施脆弱、农村社会事业发展滞后、城乡居民收入差距扩大的矛盾依然突出，解决好“三农”问题仍然是工业化、城镇化进程中重大而艰巨的历史任务。

各级党委和政府必须按照党的十六届五中全会的战略部署，始终把“三农”工作放在重中之重，切实把建设社会主义新农村的各项任务落到实处，加快农村全面小康和现代化建设步伐。

一、统筹城乡经济社会发展，扎实推进社会主义新农村建设

（1）建设社会主义新农村是我国现代化进程中的重大历史任务。

全面建设小康社会，最艰巨最繁重的任务在农村。加速推进现代化，必须妥善处理工农城乡关系。构建社会主义和谐社会，必须促进农村经济社会全面进步。农村人口众多是我国的国情，只有发展好农村经济，建设好农民的家园，让农民过上宽裕的生活，才能保障全体人民共享经济社会发展成果，才能不断扩大内需和促进国民经济持续发展。当前，我国总体上已进入以工促农、以城带乡的发展阶段，初步具备了加大力度扶持“三农”的能力和条件。“十一五”时期，必须抓住机遇，加快改变农村经济社会发展滞后的局面，扎实稳步推进社会主义新农村建设。

（2）围绕社会主义新农村建设做好农业和农村工作。“十一五”时期是社会主义新农村建设打下坚实基础的关键时期，是推进现代农业建设迈出重大步伐的关键时期，是构建新型工农城乡关系取得突破进展的关键时期，也是农村全面建设小康加速推进的关键时期。“十一五”时期要高举邓小平理论和“三个代表”重要思想伟大旗帜，全面贯彻落实科学发展观，统筹城乡经济社会发展，实行工业反哺农业、城市支持农村和“多予少取放活”的方针，按照“生产发展、生活宽裕、乡风文明、村容整洁、管理民主”的要求，协调推进农村经济建设、政治建设、文化建设、社会建设和党的建设。当前，要完善强化支农政策，建设现代农业，稳定发展粮食生产，积极调整农业结构，加强基础设施建设，加强农村民主政治建设和精神文明建设，加快社会事业发展，推进农村综合改革，促进农民持续增收，确保社会主义新农村建设有良好开局。

（3）扎实稳步推进社会主义新农村建设。推进新农村建设是一项长期而繁重的历史任务，必须坚持以发展农村经济为中心，进一步解放和发展农村生产力，促进粮食稳定发展、农民持续增收；必须坚持农村基本经营制度，尊重农民的主体地位，不断创新农村体制机制；必须坚持以人为本，着力解决农民生产生活中最迫切的实际问题，切实让农民得到实惠；必须坚持科学规划，实行因地制宜、分类指导，有计划有步骤有重点地逐步推进；必须坚持发挥各方面积极性，依靠农民辛勤劳动、国家扶持和社会力量的广泛参与，使新农村建设成为全党全社会的共同行动。在推进新农村建设工作中，要注重实效，不搞形式主义；要量力而行，不盲目攀比；要民主商议，不强迫命令；要突出特色，不强求一律；要引导扶持，不包办代替。

（4）加快建立以工促农、以城带乡的长效机制。顺应经济社会发展阶段性变化和建设社会主义新农村的要求，坚持“多予少取放活”的方针，重点在“多予”上下工夫。调整国民收入分配格局，国家财政支出、预算内固定资产投资和信贷投放，要按照存量适度调整、增量重点倾斜的原则，不断增加对农业和农村的投入。扩大公共财政覆盖农村的范围，建立健全财政支农资金稳定增长机制。2006年，国家财政支农资金增量要高于上年，国债和预算内资金用于农村建设的比重要高于上年，其中直接用于改善农村生产生活条件的资金要高于上年，并逐步形成新农村建设稳定的资金来源。要把国家对基础设施建设投入的重点转向农村。提高耕地占用税税率，新增税收应主要用于“三农”。抓紧制定将土地出让金一部分收入用于农业土地开发的管理和监督办法，依法严格收缴土地出让金和新增建设用地有偿使用费，土地出让金用于农业土地开发的部分和新增建设用地有偿使用费安排的土地开发整理项目，都要将小型农田水利设施建设作为重要内容，建设标准农田。进一步加大支农资金整合力度，提高资金使用效率。金融机构要不断改善服务，加强对“三农”的支持。要加快建立有利于逐步改变城乡二元结构的体制，实行城乡劳动者平等就业的制度，建立健全与经济发展水平相适应的多种形式的农村社会保障制度。充分发挥市场配置资源的基础性作用，推进征地、户籍等制度改革，逐步形成城乡统一的要素市场，增强农村经济发展活力。

二、推进现代农业建设，强化社会主义新农村建设的产业支撑

（5）大力提高农业科技创新和转化能力。深化农业科研体制改革，加快建设国家创新基地和区域性农业科研中心，在机构设置、人员聘任和投资建设等方面实行新的运行机制。鼓励企业建立农业科技研发中心，国家在财税、金融和技术改造等方面给予扶持。改善农业技术创新的投资环境，发展农业科技创新风险投资。加强农业高技术研究，继续实施现代农业高技术产业化项目，尽快取得一批具有自主知识产权的重大农业科技成果。针对农业生产的迫切需要，加快农作物和畜禽良种繁育、动植物疫病防控、节约资源和防治污染技术的研发、推广。把农业科研投入放在公共财政支持的优先位置，提高农业科技在国家科技投入中的比重。继续安排农业科技成果转化资金和国外先进农业技术引进资金。加强种子资源和知识产权保护。要加快农业技术推广体系改革和建设，积极探索对公益性职能与经营性服务实行分类管理的办法，完善农技推广的社会化服务机制。深入实施农业科技入户工程，扩大重大农业技术推广项目专项补贴规模。鼓励各类

农科教机构和社会力量参与多元化的农技推广服务。加强气象为农业服务，保障农业生产和农民生命财产安全。大力推进农业机械化，提高重要农时、重点作物、关键生产环节和粮食主产区的机械化作业水平。

（6）加强农村现代流通体系建设。积极推进农产品批发市场升级改造，促进入市农产品质量等级化、包装规格化。鼓励商贸企业、邮政系统和其他各类投资主体通过新建、兼并、联合、加盟等方式，在农村发展现代流通业。积极发展农产品、农业生产资料和消费品连锁经营，建立以集中采购、统一配送为核心的新型营销体系，改善农村市场环境。继续实施"万村千乡市场工程"，建设连锁化"农家店"。培育和发展农村经纪人队伍。加快农业标准化工作，健全检验检测体系，强化农业生产资料和饲料质量管理，进一步提高农产品质量安全水平。供销合作社要创新服务方式，广泛开展联合、合作经营，加快现代经营网络建设，为农产品流通和农民生产生活资料供应提供服务。2006年要完善全国鲜活农产品"绿色通道"网络，实现省际互通。

（7）稳定发展粮食生产。确保国家粮食安全是保持国民经济平稳较快增长和社会稳定的重要基础。必须坚持立足国内实现粮食基本自给的方针，稳定发展粮食生产，持续增加种粮收益，不断提高生产能力，适度利用国际市场，积极保持供求平衡。坚决落实最严格的耕地保护制度，切实保护基本农田，保护农民的土地承包经营权。继续实施优质粮食产业工程和粮食丰产科技工程，加快建设大型商品粮生产基地和粮食产业带，稳定粮食播种面积，不断提高粮食单产、品质和生产效益。坚持和完善重点粮食品种最低收购价政策，保持合理的粮价水平，加强农业生产资料价格调控，保护种粮农民利益。继续执行对粮食主产县的奖励政策，增加中央财政对粮食主产县的奖励资金。

（8）积极推进农业结构调整。按照高产、优质、高效、生态、安全的要求，调整优化农业结构。加快建设优势农产品产业带，积极发展特色农业、绿色食品和生态农业，保护农产品知名品牌，培育壮大主导产业。继续实施种子工程。大力发展畜牧业，扩大畜禽良种补贴规模，推广健康养殖方式，安排专项投入支持标准化畜禽养殖小区建设试点。要加强动物疫病特别是禽流感等重大疫病防控的基础设施建设，完善突发疫情应急机制，加快推进兽医管理体制改革，稳定基层兽医队伍。积极发展水产业，扩大优质水产品养殖，发展远洋渔业，保护渔业资源，继续做好渔民转产转业工作。提高农产品国际竞争力，扩大园艺、畜牧、水产等优势农产品出口，加强农产品对外贸易磋商，提高我国农业应对国际贸易争端的能力。

（9）发展农业产业化经营。要着力培育一批竞争力、带动力强的龙头企业和企业集群示范基地，推广龙头企业、合作组织与农户有机结合的组织形式，让农民从产业化经营中得到更多的实惠。各级财政要增加扶持农业产业化发展资金，支持龙头企业发展，并可通过龙头企业资助农户参加农业保险。发展大宗农产品期货市场和“订单农业”。通过创新信贷担保手段和担保办法，切实解决龙头企业收购农产品资金不足的问题。开展农产品精深加工增值税改革试点。积极引导和支持农民发展各类专业合作经济组织，加快立法进程，加大扶持力度，建立有利于农民合作经济组织发展的信贷、财税和登记等制度。

（10）加快发展循环农业。要大力开发节约资源和保护环境的农业技术，重点推广废弃物综合利用技术、相关产业链接技术和可再生能源开发利用技术。制定相应的财税鼓励政策，组织实施生物质工程，推广秸秆气化、固化成型、发电、养畜等技术，开发生物质能源和生物基材料，培育生物质产业。积极发展节地、节水、节肥、节药、节种的节约型农业，鼓励生产和使用节电、节油农业机械和农产品加工设备，努力提高农业投入品的利用效率。加大力度防治农业面源污染。

三、促进农民持续增收，夯实社会主义新农村建设的经济基础

（11）拓宽农民增收渠道。要充分挖掘农业内部增收潜力，按照国内外市场需求，积极发展品质优良、特色明显、附加值高的优势农产品，推进“一村一品”，实现增值增效。要加快转移农村劳动力，不断增加农民的务工收入。鼓励和支持符合产业政策的乡镇企业发展，特别是劳动密集型企业和服务业。着力发展县城和在建制的重点镇，从财政、金融、税收和公共品投入等方面为小城镇发展创造有利条件，外来人口较多的城镇要从实际出发，完善社会管理职能。要着眼兴县富民，着力培育产业支撑，大力发展民营经济，引导企业和要素集聚，改善金融服务，增强县级管理能力，发展壮大县域经济。

（12）保障务工农民的合法权益。进一步清理和取消各种针对务工农民流动和进城就业的歧视性规定和不合理限制。建立健全城乡就业公共服务网络，为外出务工农民免费提供法律政策咨询、就业信息、就业指导和职业介绍。严格执行最低工资制度，建立工资保障金等制度，切实解决务工农民工资偏低和

拖欠问题。完善劳动合同制度，加强务工农民的职业安全卫生保护。逐步建立务工农民社会保障制度，依法将务工农民全部纳入工伤保险范围，探索适合务工农民特点的大病医疗保障和养老保险办法。认真解决务工农民的子女上学问题。

（13）稳定、完善、强化对农业和农民的直接补贴政策。要加强国家对农业和农民的支持保护体系。对农民实行的“三减免、三补贴”和退耕还林补贴等政策，深受欢迎，效果明显，要继续稳定、完善和强化。2006年，粮食主产区要将种粮直接补贴的资金规模提高到粮食风险基金的50%以上，其他地区也要根据实际情况加大对种粮农民的补贴力度。增加良种补贴和农机具购置补贴。适应农业生产和市场变化的需要，建立和完善对种粮农民的支持保护制度。

（14）加强扶贫开发工作。要因地制宜地实行整村推进的扶贫开发方式，加大力度改善贫困地区的生产生活条件，抓好贫困地区劳动力的转移培训，扶持龙头企业带动贫困地区调整结构，拓宽贫困农户增收渠道。对缺乏生存条件地区的贫困人口实行易地扶贫。继续增加扶贫投入，完善管理机制，提高使用效益。继续动员中央和国家机关、沿海发达地区和社会各界参与扶贫开发事业。切实做好贫困缺粮地区的粮食供应工作。

四、加强农村基础设施建设，改善社会主义新农村建设的物质条件

（15）大力加强农田水利、耕地质量和生态建设。在搞好重大水利工程建设的同时，不断加强农田水利建设。加快发展节水灌溉，继续把大型灌区续建配套和节水改造作为农业固定资产投资的重点。加大大型排涝泵站技术改造力度，配套建设田间工程。大力推广节水技术。实行中央和地方共同负责，逐步扩大中央和省级小型农田水利补助专项资金规模。切实抓好以小型灌区节水改造、雨水集蓄利用为重点的小型农田水利工程建设和管理。继续搞好病险水库除险加固，加强中小河流治理。要大力加强耕地质量建设，实施新一轮沃土工程，科学施用化肥，引导增施有机肥，全面提升地力。增加测土配方施肥补贴，继续实施保护性耕作示范工程和土壤有机质提升补贴试点。农业综合开发要重点支持粮食主产区改造中低产田和中型灌区节水改造。按照建设环境友好型社会的要求，继续推进生态建设，切实搞好退耕还林、天然林保护等重点生态工程，稳定完善政策，培育后续产业，巩固生态建设成果。继续推进退牧还草、山区综合开发。建立和完善生态补偿机制。做好重大病虫害防治工作，采取有效措施防止外来有害生物入侵。加强荒漠化治理，积极实施石漠化地区和东北黑土区等水土流失综合防治工程。建立和完善水电、采矿等企业的环境恢复治理责任机制，从水电、矿产等资源的开发收益中，安排一定的资金用于企业所在地环境的恢复治理，防止水土流失。

（16）加快乡村基础设施建设。要着力加强农民最急需的生活基础设施建设。在巩固人畜饮水解困成果基础上，加快农村饮水安全工程建设，优先解决高氟、高砷、苦咸、污染水及血吸虫病区的饮水安全问题。有条件的地方，可发展集中式供水，提倡饮用水和其他生活用水分质供水。要加快农村能源建设步伐，在适宜地区积极推广沼气、秸秆气化、小水电、太阳能、风力发电等清洁能源技术。从2006年起，大幅度增加农村沼气建设投资规模，有条件的地方，要加快普及户用沼气，支持养殖场建设大中型沼气。以沼气池建设带动农村改圈、改厕、改厨。尽快完成农村电网改造的续建配套工程。加强小水电开发规划和管理，扩大小水电代燃料试点规模。要进一步加强农村公路建设，到“十一五”期末基本实现全国所有乡镇通油（水泥）路，东、中部地区所有具备条件的建制村通油（水泥）路，西部地区基本实现具备条件的建制村通公路。要积极推进农业信息化建设，充分利用和整合涉农信息资源，强化面向农村的广播电视电信等信息服务，重点抓好“金农”工程和农业综合信息服务平台建设工程。引导农民自愿出资出劳，开展农村小型基础设施建设，有条件的地方可采取以奖代补、项目补助等办法给予支持。按照建管并重的原则，逐步把农村公路等公益性基础设施的管护纳入国家支持范围。

（17）加强村庄规划和人居环境治理。随着生活水平提高和全面建设小康社会的推进，农民迫切要求改善农村生活环境和村容村貌。各级政府要切实加强村庄规划工作，安排资金支持编制村庄规划和开展村庄治理试点；可从各地实际出发制定村庄建设和人居环境治理的指导性目录，重点解决农民在饮水、行路、用电和燃料等方面的困难，凡符合目录的项目，可给予资金、实物等方面的引导和扶持。加强宅基地规划和管理，大力节约村庄建设用地，向农民免费提供经济安全适用、节地节能节材的住宅设计图样。引导和帮助农民切实解决住宅与畜禽圈舍混杂问题，搞好农村污水、垃圾治理，改善农村环境卫生。注重村庄安全建设，防止山洪、泥石流等灾害对村庄的危害，加强农村消防工作。村庄治理要突

出乡村特色、地方特色和民族特色，保护有历史文化价值的古村落和古民宅。要本着节约原则，充分立足现有基础进行房屋和设施改造，防止大拆大建，防止加重农民负担，扎实稳步地推进村庄治理。

五、加快发展农村社会事业，培养推进社会主义新农村建设的新型农民

（18）加快发展农村义务教育。着力普及和巩固农村九年制义务教育。2006年对西部地区农村义务教育阶段学生全部免除学杂费，对其中的贫困家庭学生免费提供课本和补助寄宿生生活费，2007年在全国农村普遍实行这一政策。继续实施国家西部地区“两基攻坚”工程和农村中小学现代远程教育工程。建立健全农村义务教育经费保障机制，进一步改善农村办学条件，逐步提高农村中小学公用经费的保障水平。加强农村教师队伍建设，加大城镇教师支援农村教育的力度，促进城乡义务教育均衡发展。加大力度监管和规范农村学校收费，进一步减轻农民的教育负担。

（19）大规模开展农村劳动力技能培训。提高农民整体素质，培养造就有文化、懂技术、会经营的新型农民，是建设社会主义新农村的迫切需要。继续支持新型农民科技培训，提高农民务农技能，促进科学种田。扩大农村劳动力转移培训阳光工程实施规模，提高补助标准，增强农民转产转岗就业的能力。加快建立政府扶助、面向市场、多元办学的培训机制。各级财政要将农村劳动力培训经费纳入预算，不断增加投入。整合农村各种教育资源，发展农村职业教育和成人教育。

（20）积极发展农村卫生事业。积极推进新型农村合作医疗制度试点工作，从2006年起，中央和地方财政较大幅度提高补助标准，到2008年在全国农村基本普及新型农村合作医疗制度。各级政府要不断增加投入，加强以乡镇卫生院为重点的农村卫生基础设施建设。健全农村三级医疗卫生服务和医疗救助体系。有条件的地方，可对乡村医生实行补助制度。建立与农民收入水平相适应的农村药品供应和监管体系，规范农村医疗服务。加大农村地方病、传染病和人畜共患疾病的防治力度。增加农村卫生人才培养的经费预算，组织城镇医疗机构和人员对口支持农村，鼓励各种社会力量参与发展农村卫生事业。加强农村计划生育服务设施建设，继续稳定农村低生育水平。

（21）繁荣农村文化事业。各级财政要增加对农村文化发展的投入，加强县文化馆、图书馆和乡镇文化站、村文化室等公共文化设施建设，继续实施广播电视“村村通”和农村电影放映工程，发展文化信息资源共享工程农村基层服务点，构建农村公共文化服务体系。推动实施农民体育健身工程。积极开展多种形式的群众喜闻乐见、寓教于乐的文体活动，保护和发展有地方和民族特色的优秀传统文化，创新农村文化生活的载体和手段，引导文化工作者深入乡村，满足农民群众多层次、多方面的精神文化需求。扶持农村业余文化队伍，鼓励农民兴办文化产业。加强农村文化市场管理，抵制腐朽落后文化。

（22）逐步建立农村社会保障制度。按照城乡统筹发展的要求，逐步加大公共财政对农村社会保障制度建设的投入。进一步完善农村“五保户”供养、特困户生活救助、灾民补助等社会救助体系。探索建立与农村经济发展水平相适应、与其他保障措施相配套的农村社会养老保险制度。落实军烈属优抚政策。积极扩大对农村部分计划生育家庭实行奖励扶助制度试点和西部地区计划生育“少生快富”扶贫工程实施范围。有条件的地方，要积极探索建立农村最低生活保障制度。

（23）倡导健康文明新风尚。大力弘扬以爱国主义为核心的民族精神和以改革创新为核心的时代精神，激发农民群众发扬艰苦奋斗、自力更生的传统美德，为建设社会主义新农村提供强大的精神动力和思想保证。加强思想政治工作，深入开展农村形势和政策教育，认真实施公民道德建设工程，积极推动群众性精神文明创建活动，开展和谐家庭、和谐村组、和谐村镇创建活动。引导农民崇尚科学，抵制迷信，移风易俗，破除陋习，树立先进的思想观念和良好的道德风尚，提倡科学健康的生活方式，在农村形成文明向上的社会风貌。

六、全面深化农村改革，健全社会主义新农村建设的体制保障

（24）进一步深化以农村税费改革为主要内容的农村综合改革。2006年，在全国范围取消农业税。通过试点、总结经验，积极稳妥地推进乡镇机构改革，切实转变乡镇政府职能，创新乡镇事业站所运行机制，精简机构和人员，5年内乡镇机构编制只减不增。妥善安置分流人员，确保社会稳定。要按照强化公共服务、严格依法办事和提高行政效率的要求，认真解决机构臃肿的问题，切实加强政府社会管理和公共服务的职能。加快农村义务教育体制改革，建立和完善各级政府责任明确、财政分级投入、经费稳定增长、管理以县为主的农村义务教育管理体制，中央和省级政府要更多地承担发展农村义务教

育的责任，深化农村学校人事和财务等制度改革。有条件的地方可加快推进“省直管县”财政管理体制和“乡财县管乡用”财政管理方式的改革。各地要对乡村债务进行清理核实，2006年选择部分县（市）开展化解乡村债务试点工作，妥善处理历年农业税尾欠，完善涉农税收优惠方式，确保农民直接受益。深化国有农场税费改革，将农业职工土地承包费中类似农村“乡镇五项统筹”的费用全部减除，农场由此减少的收入由中央和省级财政给予适当补助。国有农场要逐步剥离办社会的职能，转变经营机制，在现代农业建设中发挥示范作用。

（25）加快推进农村金融改革。巩固和发展农村信用社改革试点成果，进一步完善治理结构和运行机制。县域内各金融机构在保证资金安全的前提下，将一定比例的新增存款投放当地，支持农业和农村经济发展，有关部门要抓紧制定管理办法。扩大邮政储蓄资金的自主运用范围，引导邮政储蓄资金返还农村。调整农业发展银行职能定位，拓宽业务范围和资金来源。国家开发银行要支持农村基础设施建设和农业资源开发。继续发挥农业银行支持农业和农村经济发展的作用。在保证资本金充足、严格金融监管和建立合理有效的退出机制的前提下，鼓励在县域内设立多种所有制的社区金融机构，允许私有资本、外资等参股。大力培育由自然人、企业法人或社团法人发起的小额贷款组织，有关部门要抓紧制定管理办法。引导农户发展资金互助组织。规范民间借贷。稳步推进农业政策性保险试点工作，加快发展多种形式、多种渠道的农业保险。各地可通过建立担保基金或担保机构等办法，解决农户和农村中小企业贷款抵押担保难问题，有条件的地方政府可给予适当扶持。

（26）统筹推进农村其他改革。稳定和完善以家庭承包经营为基础、统分结合的双层经营体制，健全在依法、自愿、有偿基础上的土地承包经营权流转机制，有条件的地方可发展多种形式的适度规模经营。加快集体林权制度改革，促进林业健康发展。完善粮食流通体制，深化国有粮食企业改革，建立产销区稳定的购销关系，加强国家对粮食市场的宏观调控。加快征地制度改革步伐，按照缩小征地范围、完善补偿办法、拓展安置途径、规范征地程序的要求，进一步探索改革经验。完善对被征地农民的合理补偿机制，加强对被征地农民的就业培训，拓宽就业安置渠道，健全对被征地农民的社会保障。推进小型农田水利设施产权制度改革。

七、加强农村民主政治建设，完善建设社会主义新农村的乡村治理机制

（27）不断增强农村基层党组织的战斗力、凝聚力和创造力。充分发挥农村基层党组织的领导核心作用，为建设社会主义新农村提供坚强的政治和组织保障。要以建设社会主义新农村为主题，在全国农村深入开展保持共产党员先进性教育活动，引导广大农村党员学习贯彻党章，坚定理想信念，坚持党的宗旨。要结合农村实际，有针对性地开展正面教育，解决党组织和党员队伍中存在的突出问题，解决影响改革发展稳定的主要问题，解决群众最关心的重点问题，务求取得实效。加强农村基层组织的阵地建设，继续搞好农村党员干部现代远程教育，加大政策理论、法律法规和实用技术培训力度，引导农村基层干部发扬求真务实、踏实苦干的工作作风，广泛联系群众，增强带领群众增收致富的能力。关心和爱护农村基层干部，继续开展农村党的建设“三级联创”活动，加强基层党风廉政建设，巩固党在农村的执政基础。充分发挥农村共青团和妇联组织的作用。

（28）切实维护农民的民主权利。健全村党组织领导的充满活力的村民自治机制，进一步完善村务公开和民主议事制度，让农民群众真正享有知情权、参与权、管理权、监督权。完善村民“一事一议”制度，健全农民自主筹资筹劳的机制和办法，引导农民自主开展农村公益性设施建设。开展村务公开民主管理示范活动，推动农村基层志愿服务活动。加强农村法制建设，深入开展农村普法教育，增强农民的法制观念，提高农民依法行使权利和履行义务的自觉性。妥善处理农村各种社会矛盾，加强农村社会治安综合治理，打击“黄赌毒”等社会丑恶现象，建设平安乡村，创造农民安居乐业的社会环境。

（29）培育农村新型社会化服务组织。在继续增强农村集体组织经济实力和服务功能、发挥国家基层经济技术服务部门作用的同时，要鼓励、引导和支持农村发展各种新型的社会化服务组织。推动农产品行业协会发展，引导农业生产者和农产品加工、出口企业加强行业自律，搞好信息服务，维护成员权益。鼓励发展农村法律、财务等中介组织，为农民发展生产经营和维护合法权益提供有效服务。

八、切实加强领导，动员全党全社会关心、支持和参与社会主义新农村建设

（30）加强对社会主义新农村建设工作的领导。推进社会主义新农村建设事关我国农业和农村的长远发展，事关改革开放和现代化建设的大局，各级党委

和政府要从战略和全局的高度出发，把建设社会主义新农村作为一件大事，真正列入议事日程，切实加强领导，明确工作重点，每年为农民办几件实事。各级党委和政府的工作部门都要明确自身在新农村建设中的职责和任务，特别是宏观管理、基础产业和公共服务部门，在制定发展规划、安排建设投资和事业经费时，要充分考虑统筹城乡发展的要求，更多地向农村倾斜。各地区各部门要建立推进新农村建设的工作协调机制，加强统一领导，明确职责分工，搞好配合协作。各级领导干部要深入农村调查研究，总结实践经验，加强指导服务，帮助基层解决新农村建设中遇到的各种矛盾和问题。

（31）科学制定社会主义新农村建设规划。新农村建设涉及经济、政治、文化和社会各个方面，是一项十分复杂的系统工程，必须切实加强规划工作。各地要按照统筹城乡经济社会发展的要求，把新农村建设纳入当地经济和社会发展的总体规划。要明确推进新农村建设的思路、目标和工作措施，统筹安排各项建设任务。做好第二次全国农业普查工作，为制定规划提供科学依据。要充分考虑农民的切身利益和发展要求，在促进农村经济发展的基础上，区分轻重缓急，突出建设重点，加强饮水安全、农田水利、乡村道路、农村能源等基础设施建设，加快教育、卫生等公共事业发展。要尊重自然规律、经济规律和社会发展规律，广泛听取基层和农民群众的意见和建议，提高规划的科学性、民主性、可行性，确保新农村建设扎实稳步推进。

（32）动员全社会力量关心、支持和参与社会主义新农村建设。建设社会主义新农村是全社会的事业，需要动员各方面力量广泛参与。各行各业都要关心支持新农村建设，为新农村建设作出贡献。充分发挥城市带动农村发展的作用，加大城市经济对农村的辐射，加大城市人才、智力资源对农村的支持，加大城市科技、教育、医疗等方面对农民的服务。要形成全社会参与新农村建设的激励机制，鼓励各种社会力量投身社会主义新农村建设，引导党政机关、人民团体、企事业单位和社会知名人士、志愿者对乡村进行结对帮扶，加强舆论宣传，努力营造全社会关心、支持、参与建设社会主义新农村的浓厚氛围。做好2006年和“十一五”时期的农业和农村工作，任务艰巨，意义重大。我们要紧密团结在以胡锦涛同志为总书记的党中央周围，高举邓小平理论和“三个代表”重要思想伟大旗帜，全面贯彻落实科学发展观，解放思想，振奋精神，开拓进取，扎实工作，为建设社会主义新农村而努力奋斗。

第二章　最高人民法院关于人民法院为建设社会主义新农村提供司法保障的意见

（2006年8月21日　法发［2006］17号）

为了贯彻落实中共中央十六届五中全会的战略部署，更好地发挥人民法院审判职能作用，现就进一步做好涉农案件审判工作，为建设社会主义新农村提供强有力的司法保障，提出以下意见。

一、充分认识进一步做好涉农案件审判工作的重要意义

1．各级人民法院要采取多种形式，组织审判人员和其他工作人员认真学习党的十六大和十六届三中、四中、五中全会文件以及《中共中央国务院关于推进社会主义新农村建设的若干意见》，深刻领会党和国家有关政策措施的丰富内涵和精神实质，充分认识建设社会主义新农村的必要性和紧迫性，以及在我国现代化进程中的重大历史意义。要从贯彻“三个代表”重要思想，树立科学发展观，坚持社会主义法治理念，坚持“公正司法，一心为民”工作指导方针的高度，进一步提高对加强涉农案件审判工作重要性的认识。要结合本地实际情况，制定切实可行的具体措施，为在建设社会主义新农村进程中全面发挥人民法院各项审判职能作用建立制度保障机制。

二、加强涉农案件的立案、审判和执行工作

2．对符合立案条件的各类涉农纠纷案件，要依法及时立案，尽量做到当日立案，及时移送。切实贯彻落实最高人民法院《关于全面加强人民法庭工作的决定》中有关“人民法庭直接受理案件”的规定，真正从制度和机制上为方便广大农民群众诉讼提供保障。

3．落实诉讼风险提示工作，加大司法救助力度，对符合缓、减、免交诉讼费用条件并提出相应申请的农民当事人，应当准许其缓、减、免交诉讼费用。

4．对下列危害农村社会稳定、破坏农业生产、损害农民利益、危害农村民主管理的犯罪，要坚决依法惩处，全力维护农业生产发展和农村社会稳定：

（1）生产、销售假冒伪劣农药、兽药、化肥、种子等农业生产资料犯罪；

（2）利用职权截留、挪用、侵占国家涉农财政补贴、农业生产投入、农村社会保障资金、征地补偿资金和用于救灾、抢险、防汛、优抚、扶贫等各项农业救济款物，侵占农村集体和个人财产的犯罪；

（3）黑社会性质组织犯罪及黑恶势力团伙犯罪；

（4）非法转让、倒卖土地使用权，非法占用耕地，非法批准征用、占用土地的犯罪；

（5）利用“六合彩”等方式的赌博犯罪；

（6）破坏选举犯罪；

（7）破坏农田水利、电力等生产生活设施的犯罪；

（8）其他严重危害农业生产、农村社会治安或者侵害农民权益的犯罪。

5．针对农民当事人的实际情况，切实加强诉讼指导工作，为涉农案件当事人正确行使诉讼权利、合理实施诉讼行为提供帮助。

6．在审理各类农村土地承包纠纷过程中，严格执行《农村土地承包法》、最高人民法院《关于审理涉及农村土地承包纠纷案件适用法律问题的解释》等相关法律、司法解释的规定，依法维护包括农民工在内的农民各项土地承包经营权益。

7．案件事实清楚，法律关系明确，农民一方当事人申请财产保全但提供担保确有困难且不采取保全措施可能导致申请人利益受损的，人民法院可以免除申请人的担保义务，裁定采取财产保全措施。

8．在审理下列民事案件过程中，对符合先予执行法定条件的，人民法院应当及时裁定先予执行：

（1）因假冒伪劣农用物资造成损失，农民要求赔偿损失的损害赔偿纠纷；

（2）因拖欠农民当事人农副产品货款产生的支付欠款纠纷；

（3）拖欠农民工工资或者劳务报酬纠纷以及有财产给付内容的涉及农民工的劳动争议纠纷；

（4）涉农人身伤害损害赔偿纠纷；

（5）其他符合先予执行法定条件的情形。

发包人与承包人存在结算争议，但拖欠农民工工资或者劳务报酬的事实清楚，经承包人申请并依法提供担保，人民法院可以就工程款中涉及农民工工资或者劳务报酬部分裁定先予执行。但应采取一定措施确保工资、报酬发放到位。

9．因农业生产季节性强等特殊情况需要快审、快结的案件，人民法院应当尽快审理，及时裁判。确有必要的，可以裁定先予执行。

10．依法慎重、妥善处理涉及农村集体土地征用的民事纠纷，切实保障被征地农民的合法权益。对群体性纠纷以及其他涉及面广、影响力大的案件，要做好耐心细致的思想工作，防止矛盾激化，在当地党委领导、人大监督和政府的支持下，力争把矛盾化解在当地、化解在基层。

11．在审理婚姻家庭、继承、赡养、抚养以及相邻关系等普通涉农民事纠纷过程中，要切实保护妇女、老人和未成年人的合法权益，协调好各种利益关系和社会关系，促进家庭和睦、邻里和谐、乡风文明，弘扬社会主义道德风尚。

12．在审理各类涉农民事纠纷案件时，应当充分发挥诉讼调解的作用，将诉讼调解贯穿案件审理的全过程。要加大调解力度，按照“能调则调，当判则判，调判结合，案结事了”的原则，努力提高调解工作的效率和水平，尽量促成当事人达成调解，做到消除矛盾、减少对抗、定纷止争，实现法律效果与社会效果的有机统一，避免机械办案。

13．充分发挥行政审判职能，正确、及时审理行政乱收费乱摊派、土地确权、集体土地征收、土地征收中的房屋拆迁及安置补偿、行政赔偿等涉农行政案件，依法保护行政相对人的合法权益，维护和监督行政机关依法行使行政职权。

14．认真做好涉农案件的执行工作，保障胜诉农民的合法权益尽快得以实现。农民当事人申请执行的，不预收申请执行费用，该笔费用在执行财产清偿债务后予以扣除。被执行人也是农民当事人且经济困难的，人民法院可以根据其申请适当减免。

15．要加强和充实涉农案件的审判力量，指定业务水平高、经验丰富、责任心强的审判人员负责审理涉农案件，必要时可以设立专门合议庭或配备专门人员审理该类案件。

三、加强涉农案件的审判监督和涉诉信访工作

16．对案件尚在审理过程中的上访人员，应当告知其继续参加诉讼，并督促相关人民法院依法及时审判。

17．对符合法定再审条件的申诉或当事人申请再审案件，要依法及时启动再审程序。进入再审程序后，应当依法及时审结。

18. 上访老户无理缠诉的，要在当地党委领导、人大监督和政府、村民自治组织的支持、配合下，做好服判息诉工作。

四、继续发挥基层人民法院及其派出人民法庭的重要作用

19. 充分发挥民事简易程序及时、简便、快捷的制度功能，提高审判效率，降低当事人的诉讼成本，最大限度保护当事人的合法权益。

20. 按照最高人民法院《关于全面加强人民法庭工作的决定》要求，尽快完成人民法庭的各项建设任务，为人民法庭工作面向农村、面向基层、面向群众奠定坚实基础。

21. 高度重视深入实际、深入基层、深入群众的现实意义，与时俱进地发扬和丰富“马锡五审判方式”的便民精神。大力加强巡回审判工作，特别是对交通不便的地方，以及农忙时节，要尽量下到当地，就地办案，力争起到审理一案、教育一片的效果。

五、加强对人民调解组织的指导和支持

22. 大力支持人民调解工作，切实加强和改进对农村基层人民调解组织的工作指导，提高指导水平，并积极探索委托人民调解的有效途径。密切协助和配合司法行政机关，因地制宜采取多种形式加强对人民调解员的业务培训工作和送法下乡等法制宣传教育工作。

23. 根据当地具体情况，可以安排人民调解员参加庭审前的辅助性工作，也可以通过规定程序任命有经验的人民调解员担任人民陪审员。

24. 对涉及人民调解协议的涉农民事案件，应当严格按照最高人民法院《关于审理涉及人民调解协议的民事案件的若干规定》，确认该调解协议的效力。

25. 密切配合有关部门，拓宽涉农民事纠纷解决途径，探索和建立多元化的文明、和谐的替代性纠纷解决机制。

第二部　新农村建设国家扶持政策新规

第一章　2015～2016年全国两会关于国家对新农村建设扶持政策的实施

2016年3月8日，参加全国人大、政协“两会”的农业部、国家发改委、财政部联合召开新闻发布会，就代表和媒体关注的，建设社会主义新农村问题做了回答。

农业部副部长尹成杰说：

根本任务放在大力发展农村生产力上。建设社会主义新农村，经济是基础，必须大力发展农村生产力。发展农村生产力，最重要的是发展现代农业，重点是提高粮食综合生产能力，核心是要增加农民收入。

尹成杰介绍说，目前中国现代农业的建设还是初步的，农业和农村经济发展正处在艰难的爬坡阶段，粮食增产和农民增收的长效机制还没有建立起来。今后几年，建设现代农业要紧紧围绕粮食增产和农民增收，采取综合性措施，扎实地加以推进。这些措施包括不断加强粮食综合生产能力建设，积极推进农业和农村经济结构的战略性调整，大力推进农业科技的自主创新和成果转化，广开农民增收渠道，提高广大农民科技文化素质等。

国家发改委副主任杜鹰说：

改善农民生产生活条件，加强农村基础设施建设。国家发改委会同有关部门研究确定了三个方面的投资建设重点。

第一，在提高农业综合生产能力方面，围绕促进粮食稳定增产和农民持续增收，今年拟安排120亿元人民币，继续加强多项工程建设，包括种子工程、大型商品粮基地建设、优质粮食产业工程、大型灌区的节水改造、中部四省大型泵站改造、病险水库除险加固、小型农田水利设施建设、动物防疫体系建设等。

第二，在改善农民生产生活条件方面，将集中力量办好“水、气、路、电”四件事。在农村安全饮水方面，今年将安排40亿元，计划再解决2000万农村人口的饮水安全问题。在农村能源方面，将安排25亿元投资，再建250万口户用沼气池。在农村公路建设方面，将安排国债和车购税资金170多亿元，改建新建乡村公路18万公里。在农村电力建设方面，将安排12亿元国债，对中西部部分地区农网进行完善，启动无电乡的建设工程。

第三，在加快农村社会事业发展方面。将安排60多亿元投资，加快农村教育、卫生、文化事业发展。主要项目包括：围绕西部地区“两基”攻坚，继续搞好农村寄宿制学校建设，实施农村中小学现代远程教育工程，加强职业教育能力建设。配合农村新型合作医疗制度建设，加强以乡镇卫生院为重点的县、乡、村三级农村公共卫生服务网建设。在农村文化事业方面，继续推进广播电视“村村通”工程和农村电影放映工程。希望通过这些项目的实施，能够为新农村建设奠定越来越厚实的物质基础。

财政部副部长朱志刚说：

公共财政增量重点向农村倾斜。财政部门将按照多予、少取、放活的方针，让农民更多地享受发展和改革所取得的成果。财政部将建立一个财政支农资金稳定增长的机制。通过调整财政支出的存量，同时把增量重点向农村倾斜，不断地加大对农村和农业的投入。使建设社会主义新农村有一个稳定的资金来源。今年预算安排支持农业的资金达到3397亿元，比上年增长14.2%，占总支出增量的21.4%。也就是说，将把今年总支出增量的1/5以上都用到农村。

全国全面取消农业税以后，8亿农民可以因此受益1250亿元，人均受益140元。为此，中央财政为地方增加了转移支付782亿元。此外，对粮食直补、良种补贴、农机具补贴这三个补贴，将继续完善和强化。据介绍，今年粮食直补资金在13个主产区达到粮食风险基金的50%，比上年增长10个亿。同时良种补贴和农机具补贴也比上年有了很大幅度的增长。另外，财政部还将加大对产粮大县的奖励制度，由去年的55亿元调整到今年的85亿元。

朱志刚说，为了解决农村上学难和看病难等问题，财政部也安排了相关投入。在“十一五”期间，中央财政将与地方财政一道，增加2182亿元投入，建立农村义务教育经费保障机制。今年率先在西部中小学免收学杂费，明年在全国农村全面实行义务教育免收学杂费。今年合作医疗试点将扩大到农村40%的县，明年争取达到60%，在2008年全面实行农村合作医疗制度。为此。今年中央财政对农村合作医疗的补助达到了47亿元，是去年的7倍多。

为了防范支农资金被挪用，财政部和国家有关部门在安排项目的时候，都将采取公开、透明的程序，要严格进行专家论证，对资金的规模、用途、使用方向进行严格审核，很多项目都要在网上予以公开公布。

第二章　2016年农业政策性银行支持新农村建设相关政策研究

党的十六届五中全会提出，建设社会主义新农村是我国现代化进程中的重大历史任务。中央1号文件强调，调整农业发展银行职能定位，拓宽业务范围和资金来源。农业发展银行（以下简称农发行）作为我国唯一的农业政策性银行，面临新的形势和任务，如何充分发挥职能作用，全面支持社会主义新农村建设，是新时期农村金融改革面临的重要议题，也是农发行改革与发展必须解决的重要议题。我国政策性银行发展已经进入一个新阶段，政策性银行转型成为政府及社会各界关注的焦点话题。通过开办以农村基础设施建设为主的农业开发性贷款业务，不断拓展业务范围，加大政策性金融支农力度，全面支持新农村建设，成为现阶段农发行加快改革与发展和实现顺利转型的重要任务。在研究国内外开发性金融理论与机构发展历程的基础上，结合农发行业务实际，对开办农业开发性贷款业务有关政策问题进行探讨，显得十分重要。

一、农业开发性贷款业务的主要内涵与需求分析

农发行作为我国唯一的农业政策性金融机构，支持“三农”发展，为农村经济社会发展提供政策性金融支持是其基本职能。开办农业开发性贷款业务是农发行针对农村金融服务职能弱化和高度缺失的现状，充分发挥政策性金融支农作用，促进农村金融体系不断完善、自身可持续发展能力不断增强的重要举措和必然选择。

（一）农业开发性贷款的主要内涵

农业开发性贷款是指农发行为执行国家支农政策，对具有资金使用周期较长、外部性突出、市场失灵明显特点，而严重制约农业和农村经济发展的领域，

进行中长期贷款支持的业务。主要支持领域包括，农村基础设施（如农村道路、通讯、电网、水网建设）、农业综合开发（如土地治理、农田水利、生态环境建设）、农村公共事业（如学校、医院、文化、体育设施建设）等。政策性贷款、开发性贷款、商业性贷款构成农发行贷款业务的整体格局。

（二）农业开发性贷款的需求分析

1. 完善农业政策性银行职能，推进社会主义新农村建设的客观需要。为完善农业政策性银行职能，加大支农力度，促进农业和农村经济发展，中央连续三年的1号文件都对农发行完善职能提出了明确要求。2014年中央1号文件指出，农业发展银行等政策性银行要调整职能，合理分工，扩大对农业、农村的服务范围。2015年中央1号文件要求，要加大政策性金融支农力度，增加支持农业和农村发展的中长期贷款，在完善运行机制的基础上，强化农业发展银行的支农作用，拓宽业务范围。2016年中央1号文件强调，调整农发行职能定位，拓宽业务范围和资金来源。长期以来，农发行认真履行国家政策性金融支农职能，认真执行国家支农政策，是国家和地方政府支持农村全面发展的重要金融工具。但由于受业务范围的制约，农发行还主要局限于信贷支持粮棉领域，与新农村建设的全面资金需求特别是支农中长期贷款严重缺乏的巨大资金需求不相适应。开办农业开发性贷款业务，可以充分发挥政策性金融财政支农的辅助作用和商业性金融支农的导向作用，采取资金推动和引导的方式，促进现代农业建设，改善农村基础设施，大力支持教育、卫生、文化等农村公共事业的发展，提高农民收入，推进农村经济社会持续、快速、和谐发展。

2. 增加农村金融投放总量，完善农村金融服务职能的重要举措。随着经济体制改革的深入和农村经济的发展，农村金融体系结构性缺陷、服务功能弱化的问题日益突出，与农村经济发展不相适应的矛盾愈加尖锐。农村信用社实力不足、支农力度有限，农发行业务单一、作用难以发挥，国有商业银行县域机构大幅撤并、贷款投向非农化调整，邮政储蓄制度调整尚未到位，直接导致农村领域贷款投放总量明显不足、大量资金出现外流。金融是现代经济的核心，但农村金融还远不是农村经济的核心，农村金融体系建设滞后已成为农村经济社会发展的瓶颈。据统计，2014年我国农村固定资产投资为1.15万亿元，仅占全社会固定资产投资总额的16.34%；农业贷款.98万亿元，仅占金融机构各项贷款余额的5.55%。农发行开办农业开发性贷款业务，有利于完善农村金融组织结构，促进政策性银行、商业银行、农村金融合作组织及其他金融组织形式在内的农村金融组织的合理分工；有利于增加农村贷款投放总量，完善农村金融产品结构，弥补农村固定资产投资的不足，健全和强化农村金融组织的服务功能，改善农村金融服务。

3．优化农业政策性银行业务结构，提高自身可持续发展能力的必然需要。自1994年成立特别是1998年调整业务范围以来，农发行以支持粮棉油收购、储备、调销为主要业务，促进了粮棉市场化改革的顺利进行，支持了国家粮棉储备体系建设和农民增收，确保了国家粮食安全和社会稳定。随着粮棉市场化改革的不断深入，农发行业务功能单一、业务量明显萎缩等问题更加显现。一方面，不适应农业和农村经济全面发展的需要，信贷支农作用没有得到充分发挥，农村经济社会发展缺乏资金助力的局面并没有因为农业政策性银行的存在而得到根本性改变；另一方面，业务范围和贷款品种（主要是短期贷款）的单一，使资产结构难以优化，资产质量难以改善，可持续发展能力难以增强。开办农业开发性贷款业务，形成政策性、开发性、商业性业务的合理布局和短期、中长期贷款品种的有机结合，将有助于农发行完善业务体系，优化资产结构，提高资产质量和效益，切实增强可持续发展能力。

二、农业开发性贷款业务的基本思路和主要政策设计

农发行开办农业开发性贷款业务的基本思路是，以建设社会主义新农村为目标，坚持“政策导向、市场运作、商业管理、持续发展”的方针，在充分借鉴国内外金融机构成功经验的基础上，立足自身实际，依托国家信用，运用政府优势，以农为本，开拓市场，创新管理，建立一套具有农业政策性银行特点又符合现代银行运营规律的开发性业务管理制度体系，确保开发性业务的可持续发展，强化农业政策性银行职能作用，促进农村经济社会的全面发展。

（一）开展开发性贷款业务的原则

1．坚持执行政策原则。要以执行国家支农政策为前提，与国家有关部门和地方政府建立沟通与合作机制，充分体现国家政策导向。

2．坚持市场运作原则。要充分发挥市场对资源配置的基础性作用，利用市场手段，按照商业化金融规律运作，降低营运成本，提高经营效率和效益。

3．坚持银行规律原则。要遵循银行业发展的一般规律，实现政策性与效益性的统一，不断增强可持续发展能力。

4．坚持防控风险原则。要以风险的防范和控制为主线，建立健全责任制，规范操作流程，完善风险管理手段，加强风险预警系统建设。

（二）开发性贷款业务支持的主要领域

农发行开展开发性业务主要集中在商业性金融缺失，但具有较高的社会效益，政府高度关注并积极引导扶持的农业和农村经济社会发展的“瓶颈”领域。根据国家“十一五”规划和农业、农村发展实际，当前应把农村基础设施、农业综合开发、农村公共事业等领域作为重点支持的领域。

（三）开发性贷款业务支持的主要对象

开发性业务支持的对象为经工商行政管理机关（或主管机关）核准登记，具备贷款资格，能够按期偿还贷款本息，对项目建设的全过程及资产的保值增值负责的企（事）业法人单位，以及其他经济组织、农户，或国家允许农发行发放贷款的其他经济实体。企（事）业单位是指在农发行业务范围内的涉农企业和政府指定的承贷企业，以及政府有关部门的科教文卫等事业单位。其他经济组织主要指农发行与各级政府开展金融合作中，为促进信用制度建设和完善金融服务而共同建立的信用、融资、担保等平台。

（四）开发性贷款业务规模的确定

农发行在开展每项具体开发性业务之前，各省级分行要全面调查业务的有效需求，按年度科学测算所需贷款资金总量。年度执行过程中，各省级分行要根据业务运行、经济形势变化等情况，适当调整测算贷款变量，并将下年度贷款规模的测算结果上报总行。总行在充分考虑风险承受能力和与有关部门沟通的前提下，制定业务整体发展规划，并按照当年宏观经济形势、国家信贷政策、开发性业务资金需求和农发行总体信贷规模，确定开发性业务的贷款总规模。对开发性业务贷款规模在总规模中所占比例进行科学确定，做到严格贷款总量控制，确保贷款有效发放。

（五）开发性贷款业务的资金来源

1．发行金融债券。在金融市场上发行债券筹资是国际开发性金融机构的主要筹资方式。采用发行金融债券方式筹措资金，能够增强资金来源的稳定性和资金使用的自主性，增加负债期限安排的灵活性，同时也可大量减少农发行对央行基础货币的需求。

2．组织单位存款。存款是筹措成本最低的资金，组织开户单位的存款可以作为开发性金融业务资金筹措的补充方式。要尽量增加较长期限的定期存款，优化存款结构。通过为客户提供全面的金融咨询服务，帮助客户合理制定用款计划，将部分活期存款向定期存款转化，增加中长期资金来源。

3. 发展协议存款和同业存款。邮政储蓄的资金量大而且集中，资金来源成本及费用相对较低，符合开发性信贷资金来源稳定、长期、成本低而优惠的要求，通过向邮政储蓄、保险公司等部门借款，已成为国外开发性金融机构信贷资金的又一来源，在我国还能起到引导资金回流农村的特殊作用，是国家政策的重要导向。同时，要积极开展包括商业银行、信用社等机构的同业合作存款，扩大支农资金来源。

4. 补充资本金。目前，农发行的注册资本金只有1亿元，自成立以来一直没有增加资本金，并且资本金充足率也未达到8%。传统的粮棉油收购、调销、储备信贷业务，因为具有较强的政策性，对资本金并没有实质要求。但开发性业务要市场化运作、商业化管理，进行风险整体控制十分必要。国家要在提高资本金充足率的基础上，根据业务发展需要增加资本金。

5. 政府出资设立一般账户。参照日本、韩国的成功经验，由政府出资在农发行设立一般账户，提供长期、低息贷款，专门用于支持农业和农村发展，特别是中长期贷款，支持农业和农村基本建设的中长期资金需求。

三、农业开发性贷款业务的主要管理制度安排

开发性业务制度体系建设，既要考虑与农发行基本制度框架的结合，更要注重遵循开发性业务自身规律。具体安排上要体现以下制度要点：

（一）实行贷款利率风险定价制。按照风险与收益对称的原则，在法规和政策允许的范围内，根据贷款项目风险水平、筹资成本、管理成本、贷款目标收益、资本回报要求以及当地市场利率水平等因素自主确定贷款利率，对不同借款人实行差别利率。

（二）实行审慎授权管理制。开发性业务开办初期，为更好的防范风险和控制规模，审批权原则上集中在总行和省级分行。在总结经验、完善相关管理制度的基础上，按照循序渐进的原则，根据受权人的经营管理水平与经营效益、资产质量、风险控制能力、当地经济发展情况、实际业务需求等条件，实施差别授权和动态调整，逐步将一定类别和一定额度内的开发性业务审批权限下放到部分二级分行，以简化审批流程，切实提高办贷效率。

（三）实行项目库管理制。制定开发性项目库管理制度，明确入库手续和出库、清库条件，项目库要体现项目的编号、名称、总投资金额、贷款金额、借款人信用等级、受理进度情况等内容。客户经理按照项目库标明的项目进展程度，相应进行培育、调查、贷后监管等工作。项目库实行动态管理，随时更新。通过项目库的建立，了解项目基本情况，加快项目培育，强化项目管理。在项目选择上，要建立与政府有关部门的合作协调机制，项目入库优先选择政府部门推荐的项目。

（四）实行技术专家评审制。对专业性较强和技术性较高的贷款项目进行专家评审。总行和省级分行分别建立开发性贷款业务专家库，成立不同行业领域的专家组。根据业务需要可以从专家库中选择行业、技术等专家参与贷款的评审，出具独立评审意见，保证贷款审查的科学性、专业性和公正性。

（五）实行科学绩效管理制。对开发性业务要建立专项激励约束机制，突出对各行和信贷人员的正向激励，调动在有效控制风险的前提下发挥主观能动性，参与市场竞争的积极性。在收入分配上将信贷人员收入与其业务量、经营效益和贷款质量等综合绩效指标挂钩。同时建立与开发性业务相适应的问责制，区别信贷人员的尽职情况和信贷风险的不同成因，认定和追究信贷责任。

作为政策性银行开办新的业务品种，不同于商业性银行，需要争取国家有关部门的大力支持，必须营造良好的外部政策环境，才能确保开发性业务的顺利、有序、持续发展。

（一）加强与地方政府的合作。重视与地方政府的沟通与合作，强化服务地方政府和区域经济发展的意识，配合地方政府农业和农村发展规划的实施，择优支持政府推荐的项目。充分发挥各级政府的组织协调作用，努力探索创新与各级政府的合作模式，共同开展融资、担保等平台建设，推动农村金融市场体系的完善和金融生态环境的优化。

（二）加强与业务主管部门的沟通。农发行业务管理特别是新业务品种的开办事实上已经形成银监会以及人民银行、财政、发改委等部门共同审批的模式，对农发行的业务管理呈现部门多、内容具体的特点。在当前对政策性银行管理还没有健全的法律法规作为依据、政策性银行间在农业和农村领域已经出现业务范围交叉、业务发展竞争的情况下，要加强与主管部门不同层次的沟通，探索建立工作协调机制，不断扩展业务范围，完善支农职能。监管部门要努力为农发行营造相对宽松的监管政策环境，如支持农发行根据国家“三农”、金融政策的变化，自主开展新业务创新。财政部门要不断改革管理制度，支持农发行的业务发展和相关激励机制的建立。

（三）加强与相关行业主管部门的协作。要加强与扶贫、西部开发、科技、农业、水利、林业等涉农行业主管部门的协调与合作，也可以采取签署合作框架协议的形式加强合作，及时了解国家产业发展政策，争取有利的政策支持，共同研究农业政策性金融支持农业和农村区域发展的合作方案，积极参与各部门农业、农村领域的项目开发工作。

（四）加强前瞻性政策理论研究与舆论宣传。通过组织内部专门力量和委托具有重要影响的科研机构、高校开展农业政策性、开发性金融理论和实证研究，为农发行的长远发展和农业开发性贷款业务的开展奠定理论基础。同时，与新闻单位、学术机构、政府部门积极配合，大力宣传农发行支农政策和支持新农村建设的成果，让社会各界更多地了解农发行，为农发行的改革发展营造宽松的舆论氛围，树立良好的社会形象。

征地房屋拆迁法律适用法律救济

关键词 征地房屋拆迁，是指国家依法强制、有偿地将农民集体所有的土地征收为国家所有；被征收土地的所有权人、使用权人及相关权利人必须服从；违反土地管理法律、法规规定，阻挠国家建设征收土地的，由县级以上人民政府国土资源部门责令当事人交出土地；拒不交出土地的，由县级以上人民政府国土资源部门申请人民法院司法强制执行；人民法院在依照法定程序强制执行当事人交出土地时，对该宗土地上的附着物（房屋等建筑物及其他设施）强行拆除搬迁的司法活动。

农民集体所有土地被国家依法全部征收的村庄，其房屋拆迁法律适用“征地房屋拆迁”，由国家依法定程序对该村庄实施“撤村转户”。国家通过“统拆统建”的方式安置原村民及集体经济组织。该法律适用不能混同于“新农村建设房屋拆迁”、“城中村改造房屋拆迁”。

第一章 征地房屋拆迁法律适用

征地房屋拆迁法律适用，是指国家土地行政主管部门通过直接负责的主管人员和其他责任人员与被征收土地的所有权人、使用权人及相关权利人和与此相关的国家机关、司法机关依照职权范围将国家征收土地房屋拆迁的法律规范应用于征地房屋拆迁的具体事项，从而实现法律规范要求的活动。

法律链接

《中华人民共和国宪法》

第十条第三款 国家为了公共利益的需要。可以依照法律规定对土地实行征收或者征用并给予补偿。

《中华人民共和国土地管理法》

第五条 国务院土地行政主管部门统一负责全国土地的管理和监督工作。

县级以上地方人民政府土地行政主管部门的设置及其职责，由省、自治区、直辖市人民政府根据国务院有关规定确定。

第四十七条第一款 征收土地的，按照被征收十地的原用途给予补偿。

第八十五条 中外合资经营企业、中外合作经营企业、外资企业使用土地的，适用本法；法律另有规定的，从其规定。

《中华人民共和国土地管理法实施条例》

第四十五条 违反土地管理法律、法规规定，阻挠国家建设征用土地的，由县级以上人民政府土地行政主管部门责令交出土地；拒不交出土地的，申请人民法院强制执行。

第四十六条 本条例自1999年1月1日起施行。1991年1月4日国务院发布的《中华人民共和国土地管理法实施条例》同时废止。

《中华人民共和国村土地承包法》

第六十四条 各省、自治区、直辖市人民代表大会常务委员会可以根据本法，结合本行政区域的实际情况，制定实施办法。

第六十五条 本法自2003年3月1日起施行。

《铁路用地管理办法》

第四条第一款 铁路用地是指铁路部门依法取得使用权的土地，包括留用的和征（拨）用的运输生产用地、辅助生产用地、生活设施用地和其他用地。

第七条 铁路用地管理机构的职责：

一、宣传、贯彻、执行国家有关土地管理的法律、法规和政策，在土地管理部门的指导下制定铁路用地的规章制度。

二、按照国家统一规定，负责铁路用地的调查、申报登记、统计和计划工作。

三、承办国家批准的铁路建设征（拨）用地的申报工作。

四、负责对铁路用地的利用状况进行指导、检查和监督；受县级以上人民政府土地管理部门委托，开展铁路用地的监察工作。

五、依据国家、地方有关法规。配合县级以上人民政府土地管理部门处理土地纠纷。

六、负责国家和省级土地管理部门委托的有关事宜。

第八条 铁路建设需要征用集体所有土地或划拨国有土地，应严格按照《土地管理法》和《铁路法》有关条款规定的审批程序和审批权限办理征（拨）土地手续。依法批准的铁路建设用地，在领取建设用地批准书后。方可正式使用。

第九条 铁路用地管理机构负责办理铁路建设征（拨）用地的申报工作。

第十一条 铁路建设项目用地需支付的征（拨）土地费用应根据《土地管理法》的有关规定，经过实地调查和科学测算后，合理确定。

征（拨）土地费用要兼顾国家、地方、集体的利益。

第三十三条　凡因征（拨）用地，无理阻碍铁路建设影响铁路生产的单位或个人，土地管理部门和铁路用地管理机构可提请县级以上人民政府予以制止，制止无效的，由有关部门依法处理。

《国土资源行政复议规定》

第二条　公民、法人或者其他组织认为土地行政主管部门和地质矿产主管部门的具体行政行为侵犯其合法权益，依法申请行政复议，土地行政主管部门、地质矿产主管部门受理行政复议申请、作出行政复议决定，适用本规定。

《国土资源听证规定》

第二条　县级以上人民政府国土资源行政部门（以下简称主管部门）依职权或者依当事人的申请组织听证的，适用本规定。

《建设用地审查报批管理办法》

第二条　依法应当报国务院和省、自治区、直辖市人民政府批准的建设用地的申请、审查、报批和实施，适用本办法。

《征用土地公告办法》

第一条　为规范征用土地公告工作，保护农村集体经济组织、农村村民或者其他权利人的合法权益，保障经济建设用地。根据《中华人民共和国土地管理法》和《中华人民共和国土地管理法实施条例》，制定本办法。

第二条　征用土地公告和征地补偿、安置方案公告，适用本办法。

《中华人民共和国电力法》

第十六条　电力建设项目使用土地，应当依照有关法律、行政法规的规定办理；依法征用土地的，应当依法支付土地补偿费和安置补偿费，做好迁移居民的安置工作。

电力建设应当贯彻切实保护耕地，节约利用土地的原则。

地方人民政府对电力事业依法使用土地和迁移居民，应当予以支持和协助。

第二章　征地房屋拆迁法律依据及相关政策

（1）自1992年12月1日起施行的《铁路用地管理办法》；

（2）自1995年6月12日起施行的《土地监察暂行规定》；

（3）自1996年3月1日起施行的《土地违法案件查处办法》；

（4）自1996年4月1日起施行的《中华人民共和国电力法》；

（5）自1999年1月1日起施行的《中华人民共和国土地管理法实施条例》；

（6）自1999年3月2日起施行的《建设用地审查报批管理办法》；

（7）1999年9月17日（国土资源部关于贯彻执行《中华人民共和国土地管理法》和《中华人民共和国土地管理法实施条例》若干问题的意见）；

（8）国土资发[1999]480号《国土资源部关于加强征地管理工作的通知》；

（9）自2000年3月2日起施行的《关于违反土地管理规定行为行政处分暂行办法》；

（10）自2000年6月22日起施行的《最高人民法院关于审理破坏土地资源刑事案件具体应用法律若干问题的解释》；

（11）2000年12月29日（国土资源部《国土资源执法监察错案责任追究制度》）；

（12）自2001年7月27日起施行的《国土资源行政复议规定》；

（13）国土资发【2001]358号《国土资源部关于切实做好征地补偿安置工作的通知》；

（14）2001年12月31日法研[2001]116号《最高人民法院关于村民因土地补偿费、安置补助费问题与村民委员会发生纠纷人民法院应否受理问题的答复》；

（15）自2002年1月1日起施行的《征用土地公告办法》；

（16）国土资发［2002］225号《国土资源部关于切实维护被征地农民合法权益的通知》；

（17）自2002年7月1日起施行的《国土资源信访规定》；

（18）国土资发［2002］233号《国土资源部关于进一步规范建设用地审查

报批工作有关问题的通知》；

（19）自2003年3月1日起施行的《中华人民共和国农村土地承包法》；

（20）国办发［2003］70号《国务院办公厅关于清理整顿各类开发区加强建设用地管理的通知》；

（21）自2003年8月1日起施行的《协议出让国有土地使用权规定》；

（22）2003年9月4日《国土资源部关于加强城市建设用地审查报批工作有关问题的通知》；

（23）2004年3月14日修正的《中华人民共和国宪法》；

（24）自2004年5月1日起施行的《国土资源听证规定》；

（25）2004年8月28日修正的《中华人民共和国土地管理法》；

（26）国办发明电［2004］20号《国务院办公厅关于深入开展土地市场治理整顿严格土地管理的紧急通知》；

（27）国发［2004］28号《国务院关于深化改革严格土地管理的决定》；

（28）建规［2004］185号（建设部关于贯彻《国务院关于深化改革严格土地管理的决定》的通知）；

（29）2004年10月31日（国土资源部关于贯彻落实《国务院关于深化改革严格土地管理的决定》的通知）；

（30）2004年11月2日《国土资源部关于完善农用地转用和土地征收审查报批工作的意见》；

（31）国土资发［2004］238号《国土资源部关于完善征地补偿安置制度的指导意见》；

（32）2005年1月24日农经发［2005］1号《农业部关于加强农村集体经济组织征地补偿费监督管理指导工作的意见》；

（33）各省、自治区、直辖市以及较大的市制定的有关征收土地房屋拆迁的地方性法规和规范性文件；

（34）与《中华人民共和国土地管理法》征收土地相关联的其他法律依据及相关政策。

第三章　征地房屋拆迁法律救济

征地房屋拆迁法律救济，是指国家土地行政主管部门和人民法院基于被征收土地的所有权人，使用权人及相关权利人的请求或者起诉，对在征地房屋拆迁过程中有关部门、单位损害被征收土地的所有权人、使用权人及相关权利人合法权益的违法或不当的征收土地的行政行为进行矫正的行政救济或司法救济的活动；征地房屋拆迁法律救济，规范着公权力对征收土地行政行为的管理，调整着公民、法人和其他组织在国家征收土地这一事件中的权利义务，是社会主义国家依法行政、公正司法的基本要求。

（1）中华人民共和国实行依法治国，建设社会主义法治国家。

一切国家机关和武装力量、各政党和各社会团体、各企业事业组织都必须遵守宪法和法律。一切违反宪法和法律的行为，必须予以追究。

任何组织或者个人都不得有超越宪法和法律的特权。

公民、法人或者其他组织对于任何国家机关和国家工作人员，有提出批评和建议的权利；对于任何国家机关和国家工作人员的违法失职行为，有向有关国家机关提出申诉、控告或者检举的权利，但是不得捏造或者歪曲事实进行诬告陷害。

对于公民、法人或者其他组织的申诉、控告或者检举，有关国家机关必须查清事实，负责处理，任何人不得压制和打击报复。

由于国家机关和国家工作人员侵犯公民、法人或者其他组织权利而受到损失的人，有依照法律规定取得赔偿的权利。

（2）公民、法人或者其他组织认为具体行政行为侵犯其合法权益，向行政机关提出行政复议申请，行政机关应当受理该行政复议申请，保护公民、法人或者其他组织的合法权益。防止和纠正违法的或者不当的具体行政行为。

（3）没有法定依据或者不遵守法定程序的，行政处罚无效。

公民、法人或者其他组织对行政机关所给予的行政处罚，享有陈述权、申辩权；对行政处罚不服的，有权依法申请行政复议或者提起行政诉讼。

（4）公民、法人或者其他组织认为行政机关和行政工作人员的具体行政行为侵犯其合法权益，有权依照《中华人民共和国行政诉讼法》向人民法院提起行政诉讼。

（5）无权批准征收、使用土地的单位或者个人非法批准占用土地的，超越批准权限非法批准占用土地的，不按照土地利用总体规划确定的用途批准用地的，或者违反法律规定的程序批准占用、征收土地的，其批准文件无效。对非法批准征收、使用土地的直接负责的主管人员和其他直接责任人员，依法给予行政处分；构成犯罪的，依法追究刑事责任。非法批准、使用的土地应当收回，有关当事人拒不归还的，以非法占用土地论处。

非法批准征收、使用土地的，对当事人造成损失的，依法应当承担赔偿责任。

（6）违反土地管理法规，非法征收、占用土地或者贪污、挪用土地征收补偿费用。构成犯罪的。依法追究刑事责任，造成他人损害的，应当承担损害赔偿等责任。

（7）县级以上地方人民政府土地行政主管部门公开设置举报电话、信箱。

举报案件可以用书面或者口头举报方式。

土地行政主管部门受理口头举报案件，必须详细记录，经核对无误后，由举报人签名或者盖章。

举报人举报案件，应当尽量使用真实姓名；举报人不愿意使用真实姓名并要求保密的，土地行政主管部门应当尊重举报人的意愿。

（8）公民、法人或者其他组织认为具体行政行为侵犯其合法权益的，可以自知道土地行政主管部门作出具体行政行为之日起六十日内提出国土资源行政复议申请。

因不可抗力或者被申请人设置障碍等其他正当理由耽误法定申请期限的，申请期限自障碍消除之日起继续计算。

（9）（一）公民、法人或者其他组织对土地行政主管部门作出的具体行政行为不服申请复议的，作出具体行政行为的土地行政主管部门是被申请人。

（二）对由上级土地行政主管部门批准的具体行政行为不服申请行政复议的，批准具体行政行为的土地行政主管部门是被申请人。

（三）对依法受委托的组织作出的具体行政行为不服，向委托的土地行政主管部门的本级人民政府申请行政复议，也可以向委托的土地行政主管部门的上一级土地行政主管部门申请行政复议。委托的土地行政主管部门是被申请人。

（四）对土地行政主管部门与政府其他部门以共同名义作出的具体行政行为

不服的，可以向其共同的上一级行政机关申请行政复议。共同作出具体行政行为的土地行政主管部门是共同被申请人之一。

（五）对县级以上土地行政主管部门的具体行政行为不服的，可以向该部门的本级人民政府申请行政复议，也可以向上一级土地行政主管部门申请行政复议。

（六）对土地行政主管部门依法设立的派出机构，依据规章的规定，以自己的名义作出的具体行政行为不服的，向设立该派出机构的土地行政主管部门或者土地行政主管部门的本级地方人民政府申请行政复议。

（七）对土地行政主管部门所属的机构，依据法律、法规的授权作出的具体行政行为不服的，向其主管的土地行政主管部门申请行政复议。

（八）对国土资源部的具体行政行为不服的，向国土资源部申请行政复议。对行政复议决定不服的，可以向中级人民法院提起行政诉讼；也可以按照《中华人民共和国行政复议法》**第十四条**的规定向国务院申请裁决。

（10）国土资源信访，是指公民、法人或者其他组织利用书信、电话、电报、电子邮件、走访等形式，向各级国土资源管理部门反映问题，举报违法行为，提出意见、建议和要求，依法应当由国土资源管理部门处理的活动。

信访人提出信访事项，应当表明被反映者的基本情况和信访要求，不得捏造、歪曲事实，不得诬告、陷害他人。

信访人采用走访形式提出信访事项，应当在国土资源管理部门设立或者指定的场所提出。

多人反映共同意见、建议和要求的，应当采用书信、电话、电报、电子邮件等形式提出；需要走访的，由推选的代表提出，代表人数最多不得超过5人。

有下列情形之一的，主管部门应当组织听证：

（一）拟定或者修改基准地价；

（二）编制或者修改土地利用总体规划和矿产资源规划；

（三）拟定或者修改区域性征地补偿标准。

有下列情形之一的，直接涉及公民、法人或者其他组织的重大利益的，主管部门根据需要组织听证：

（一）制定规章和规范性文件；

（二）主管部门规定的其他情形。

有下列情形之一的，主管部门在报批之前，应当书面告知当事人有要求举行听证的权利：

（一）拟定征地项目的补偿标准和安置方案的；

（二）拟定非农业建设占用基本农田方案的。

有下列情形之一的，主管部门在作出决定之前，应当书面告知当事人有要求举行听证的权利：

较大数额罚款、责令停止违法勘查或者违法开采行为、吊销勘查许可证或者采矿许可证等行政处罚的：

（二）国有土地使用权、探矿权、采矿权的许可直接涉及申请人与他人之间重大利益关系的；

（三）法律、法规或者规章规定的其他相关情形。

（11）农用地转用和土地征收的审批权在国务院和省、自治区、直辖市人民政府。

各省、自治区、直辖市人民政府不得违反法律和行政法规的规定下放土地审批权。

严禁规避法定审批权限，将单个建设项目用地拆分审批。

（12）当前要着重解决有法不依、执法不严、违法不究和滥用行政权力侵犯农民合法权益的问题。

要加大土地管理执法力度，严肃查处非法批地、占地等违法案件。建立国土资源与监察等部门联合办案和案件移送制度。既查处土地违法行为，又查处违法责任人。典型案件，要公开处理。

对非法批准占用土地、征收土地和非法低价出让国有土地使用权的国家机关工作人员，依照《监察部国土资源部关于违反土地管理规定行为行政处分暂行办法》给予行政处分；构成犯罪的，依照《中华人民共和国刑法》、《中华人民共和国土地管理法》、《最高人民法院关于审理破坏土地资源刑事案件具体应用法律若干问题的解释》和最高人民检察院关于渎职犯罪案件立案标准规定，追究刑事责任。

对非法批准征收、使用土地，给当事人造成损失的，还必须依法承担赔偿责任。

（13）在征地过程中，要维护农民集体土地所有权和农民土地承包经营权的权益。

在征地依法报批前，要将拟征地的用途、位置、补偿标准、安置途径告知被征地农民。

对拟征土地现状的调查结果须经被征地农村集体经济组织和农户确认，确有必要的，国土资源部门应当依照有关规定组织听证。

要将被征地农民知情、确认的有关材料作为征地报批的必备材料。

要加快建立和完善征地补偿安置争议的协调和裁决机制，维护被征地农民和用地者的合法权益。

经批准的征地事项，除特殊情况外，应予以公示。

（14）征地补偿安置不落实的，不得强行使用被征土地。

农业、民政等部门要加强对农村集体经济组织内部征地补偿费用分配和使用的监督。

当前要特别做好土地信访工作，对群众反映的问题。凡符合法律政策规定的，要及时加以解决；对群众反映的即使不符合法律政策规定的问题，也要耐心做好群众的宣传解释工作，化解矛盾，防止群体性事件的发生。

（15）征地的各项费用必须依照法律规定按时发放，全额到位，不得拖欠。

土地补偿费、安置补助费统一安排使用的，应征得农村集体经济组织2／3以上成员同意。征地补偿费用的收取、支出、用途等情况均应向本集体经济组织成员公布，以接受监督，防止出现徇私舞弊的行为。

（16）没有依法进行征用土地公告的，被征地农村集体经济组织、农村村民或者相关权利人有权依法要求公告，有权拒绝办理征地补偿登记手续。

（17）没有依法进行征地补偿、安置方案公告的，被征地农村集体经济组织、农村村民或者其他权利人有权依法要求公告，有权拒绝办理征地补偿、安置手续。

（18）因没有按照依法批准的征收土地方案和征地补偿、安置方案进行补偿，安置引发争议的，由市、县人民政府协调；协调不成的，由上一级地方人民政府裁决。

征地补偿、安置争议不影响征收土地方案的实施。

（19）没有按期支付征收土地补偿、安置费用的，市、县不得为建设单位发放建设用地批准书，农村集体经济组织和农民有权拒绝建设单位动土用地。

法律链接

《中华人民共和国宪法》

第五条　中华人民共和国实行依法治国，建设社会主义法治国家。

国家维护社会主义法制的统一和尊严。

一切法律、行政法规和地方性法规都不得同宪法相抵触。

一切国家机关和武装力量、各政党和各社会团体、各企业事业组织都必须遵守宪法和法律。一切违反宪法和法律的行为，必须予以追究。

任何组织或者个人都不得有超越宪法和法律的特权。

第十条　城市的土地属于国家所有。

农村和城市郊区的土地，除由法律规定属于国家所有的以外，属于集体所有；宅基地和自留地、自留山，也属于集体所有。

国家为了公共利益的需要，可以依照法律规定对土地实行征收或者征用并给予补偿。

任何组织或者个人不得侵占、买卖、出租或者以其他形式非法转让土地。土地的使用权可以依照法律的规定转让。

一切使用土地的组织和个人必须合理地利用土地。

第四十一条　中华人民共和国公民对于任何国家机关和国家工作人员，有提出批评和建议的权利；对于任何国家机关和国家工作人员的违法失职行为，有向有关国家机关提出申诉、控告或者检举的权利，但是不得捏造或者歪曲事实进行诬告陷害。

对于公民的申诉、控告或者检举，有关国家机关必须查清事实，负责处理，任何人不得压制和打击报复。

由于国家机关和国家工作人员侵犯公民权利而受到损失的人，有依照法律规定取得赔偿的权利。

《中华人民共和国行政复议法》

第一条　为了防止和纠正违法的或者不当的具体行政行为，保护公民、法人和其他组织的合法权益，保障和监督行政机关依法行使职权，根据宪法，制定本法。

第二条　公民、法人或者其他组织认为具体行政行为侵犯其合法权益，向行政机关提出行政复议申请，行政机关受理行政复议申请、作出行政复议决定，适用本法。

第四条 行政复议机关履行行政复议职责。应当遵循合法、公正、公开、及时、便民的原则，坚持有错必纠，保障法律、法规的正确实施。

第五条 公民、法人或者其他组织对行政复议决定不服的，可以依照行政诉讼法的规定向人民法院提起行政诉讼，但是法律规定行政复议决定为最终裁决的除外。

《中华人民共和国行政处罚法》

第一条 为了规范行政处罚的设定和实施，保障和监督行政机关有效实施行政管理，维护公共利益和社会秩序，保护公民、法人或者其他组织的合法权益，根据宪法，制定本法。

第二条 行政处罚的设定和实施，适用本法。

第三条 公民、法人或者其他组织违反行政管理秩序的行为，应当给予行政处罚的．依照本法由法律、法规或者规章规定，并由行政机关依照本法规定的程序实施。

没有法定依据或者不遵守法定程序的，行政处罚无效。

第六条 公民、法人或者其他组织对行政机关所给予行政处罚，享有陈述权、申辩权；对行政处罚不服的，有权依法申请行政复议或者提起行政诉讼。

公民、法人或者其他组织因行政机关违法给予行政处罚受到损害的，有权依法提出赔偿要求。

《中华人民共和国行政诉讼法》

第一条 为保证人民法院正确、及时审理行政案件，保护公民、法人和其他组织的合法权益，维护和监督行政机关依法行使行政职权，根据宪法制定本法。

第二条 公民、法人或者其他组织认为行政机关和行政机关工作人员的具体行政行为侵犯其合法权益，有权依照本法向人民法院提起诉讼。

第三十七条 对属于人民法院受案范围的行政案件，公民、法人或者其他组织可以先向上一级行政机关或者法律、法规规定的行政机关申请复议，对复议不服的，再向人民法院提起诉讼；也可以直接向人民法院提起诉讼。

法律、法规规定应当先向行政机关申请复议，对复议不服再向人民法院提起诉讼的，依照法律、法规的规定。

第三十八条 公民、法人或者其他组织向行政机关申请复议的，复议机关应当在收到申请书之日起两个月内作出决定，法律、法规另有规定的除外。

申请人不服复议决定的，可以在收到复议决定书之日起十五日内向人民法院提起诉讼，复议机关逾期不作决定的，申请人可以在复议期满之日起十五日内向人民法院提起诉讼，法律另有规定的除外。

第三十九条　公民、法人或者其他组织直接向人民法院提起诉讼的，应当在知道作出具体行政行为之日起三个月内提出，法律另有规定的除外。

第四十条　公民、法人或者其他组织因不可抗力或者其他特殊情况耽误法定期限的，在障碍消除后的十日内，可以申请延长期限，由人民法院决定。

第四十一条　提起诉讼应当符合下列条件：

（一）原告是认为具体行政行为侵犯其合法权益的公民、法人或者其他组织；

（二）有明确的被告；

（三）有具体的诉讼请求和事实根据；

（四）属于人民法院受案范围和受诉人民法院管辖。

第四十二条　人民法院接到起诉状，经审查，应当在七日内立案或者作出裁定不予受理。原告对裁定不服的，可以提起上诉。

第四十三条　人民法院应当在立案之日起五日内，将起诉状副本发送被告。被告应当在收到起诉状副本之日起十日内向人民法院提交作出具体行政行为的有关材料，并提出答辩状。人民法院应当在收到答辩状之日起五日内，将答辩状副本发送原告。

被告不提出答辩状的，不影响人民法院审理。

第四十四条　诉讼期间，不停止具体行政行为的执行。但有下列情形之一的，停止具体行政行为的执行：

（一）被告认为需要停止执行的；

（二）原告申请停止执行。人民法院认为该具体行政行为的执行会造成难以弥补的损失，并且停止执行不损害社会公共利益，裁定停止执行的；

（三）法律、法规规定停止执行的。

《中华人民共和国土地管理法》

第七十八条　无权批准征收、使用土地的单位或者个人，非法批准占用土地的，超越批准权限非法批准占用土地的，不按照土地利用总体规划确定的用途批准用地的，或者违反法律规定的程序批准占用、征收土地的，其批准文件无效，

对非法批准征收、使用土地的直接负责的主管人员和其他直接责任人员，依法给予行政处分；构成犯罪的，依法追究刑事责任。非法批准、使用的土地应当收回，有关当事人拒不归还的，以非法占用土地论处。

非法批准征收、使用土地，对当事人造成损失的。依法应当承担赔偿责任。

第八十四条 土地行政主管部门的工作人员玩忽职守、滥川职权、徇私舞弊，构成犯罪的，依法追究刑事责任；尚不构成犯罪的，依法给予行政处分。

《中华人民共和国土地管理法实施条例》

第三十三条 依照《土地管理法》第七十二条规定给予行政处分的，由责令作出行政处罚决定或者直接给予行政处罚决定的上级人民政府土地行政主管部门作出。对于警告、记过、记大过的行政处分决定，上级土地行政主管部门可以直接作出；对于降级、撤职、开除的行政处分决定，上级土地行政主管部门应当按照国家有关人事管理权限和处理程序的规定，向有关机关提出行政处分建议，由有关机关依法处理。

《中华人民共和国农村土地承包法》

第四条 国家依法保护农村土地承包关系的长期稳定。

农村土地承包后，土地的所有权性质不变。承包地不得买卖。

第八条第一款 农村土地承包应当遵守法律、法规、保护土地资源的合理开发和可持续利用，未经依法批准不得将承包地用于非农建设。

第九条 国家保护集体土地所有者的合法权益。保护承包方的土地承包经营权，任何组织和个人不得侵犯。

第五十一条 因土地承包经营发生纠纷的，双方当事人可以通过协商解决，也可以请求村民委员会、乡（镇）人民政府等调解解决。

当事人不愿协商、调解或者协商、调解不成的，可以向农村土地承包仲裁机构申请仲裁，也可以直接向人民法院起诉。

第五十二条 当事人对农村土地承包仲裁机构的仲裁裁决不服的，挪用土地征用补偿费用，构成犯罪的，依法追究刑事责任；造成他人损害的，应当承担损害赔偿责任。下达裁决书之日起三十日内向人民法院起诉。逾期不起诉的，裁决书即发生法律效力。

第五十三条 任何组织和个人侵害承包方的土地承包经营权的，应当承担民事责任。

第五十九条　违反土地管理法规，非法征用、占用土地或者贪污、挪用土地征用补偿费用。构成犯罪的，依法追究刑事责任；造成他人损害的，应当承担损害赔偿等责任。

《土地资源行政规定》

第十五条　土地管理部门报经同级人民政府批准，可以对下级人民政府的违法批地行为予以公告，宣布批准文件无效，注销土地使用证，对有关责任人员由其所在单位或者上级机关给予行政处分；构成犯罪的，依法追究刑事责任。

第二十五条　土地管理部门应当建立土地违法行为举报制度。

县级以上地方人民政府土地管理部门公开设置举报电话、信箱。

土地管理部门应当依法保护举报人的合法权益。

第二十八条　土地违法案件，是指违反土地法律、法规、依法应当追究法律责任的案件。

《土地违法案件查处办法》

第二条　土地违法案件，是指违反土地法律、法规规定，依法应当追究行政法律责任的案件。

第五条　土地违法案件由土地所在地土地管理部门管辖。

第八条　政府非法批地的土地违法案件，由上级人民政府土地管理部门管辖。

第十四条　举报案件可用书面或者口头举报方式。

土地管理部门受理口头举报案件，必须详细记录，经核对无误后，由举报人签名或者盖章。

举报人举报案件，应当尽量使用真实姓名；举报人不愿意使用真实姓名并要求保密的，土地管理部门应当尊重举报人的意愿。

第十五条　土地管理部门受理的举报案件，发现不属于自己管辖的，应当向举报人说明，同时将举报信函或者笔录移交给有权处理的机关。

第十六条　土地管理部门受理土地违法案件后，应当进行审查，凡符合立案条件的，应当及时立案查处；不符合立案条件的，应当告知交办、移送案件的单位或者举报人。

第十七条　符合下列条件的土地违法案件，土地管理部门应当立案：

（一）有明确的行为人；

（二）有违反土地法律、法规的事实；

（三）依照土地法律、法规的规定应当追究法律责任的；

（四）属本部门管辖和职责范围内处理的。

第十八条 土地管理部门对在巡回检查中发现的违反土地法律、法规的行为，应当及时制止。对符合本办法第十七条规定的违法行为，应当立案。

《国土资源行政复议规定》

第二条 公民、法人或者其他组织认为土地行政主管部门和地质矿产主管部门的具体行政行为侵犯其合法权益，依法申请行政复议，土地行政主管部门、地质矿产主管部门受理行政复议申请、作出行政复议决定，适用本规定。

第四条 本规定所称国土资源行政复议机关（以下简称复议机关），是指依照行政复议法的规定履行行政复议职责的县级以上人民政府土地行政主管部门、地质矿产主管部门。

第九条 有下列情形之一的，公民、法人或者其他组织可以依照本规定申请行政复议：

（一）对警告、罚款、没收违法所得、拆除违法建筑、没收违法建筑或者非法采出的矿产品、吊销勘查许可证或者采矿许可证、责令交还土地、责令停止开采、责令停产整顿、无偿收回土地使用权等行政处罚决定不服的；

（二）对查封、扣押财产等行政强制措施不服的；

（三）对有关许可证、资质证、资格证等证书的变更、中止、撤销、注销的决定不服的；

（四）对有关法律、法规规定由土地行政主管部门确认土地他项权利的决定不服或者对地质矿产主管部门审批颁发勘查许可证、采矿许可证的行为不服的；

（五）认为违法集资、征收财物、摊派费用、征收费用或者违法要求履行其他义务的；

（六）认为符合法定条件，申请颁发许可证、资质证、资格证等证书，或者申请审批、登记有关事项，土地行政主管部门、地质矿产主管部门没有依法处理的；

（七）认为其他具体行政行为侵犯其合法权益的。

第十条 公民、法人或者其他组织认为土地行政主管部门、地质矿产主管部门的具体行政行为所依据的下列规定不合法，在对具体行政行为提起行政复议申请时，可以一并提出对该规定的审查申请：

（一）国土资源部和国务院其他部门的规定；

（二）县级以上地方人民政府、县级以上土地行政主管部门、地质矿产主管部门以及县级以上地方人民政府其他部门的规定；

（三）乡、镇人民政府的规定。

前款所列规定不含规章。

第十一条　公民、法人或者其他组织认为具体行政行为侵犯其合法权益的，可以自知道土地行政主管部门、地质矿产主管部门作出具体行政行为之日起六十日内提出行政复议申请。

因不可抗力或者被申请人设置障碍等其他正当理由耽误法定申请期限的，申请期限自障碍消除之日起继续计算。

第十二条　同申请行政复议的具体行政行为有利害关系的其他公民、法人或者其他组织，可以作为第三人参加行政复议。

第三人参加行政复议的，复议机关应当制作第三人加行政复议通知书。送达第三人。

第十三条　公民、法人或者其他组织对土地行政主管部门、地质矿产主管部门作出的具体行政行为不服申请行政复议的，作出具体行政行为的土地行政主管部门、地质矿产主管部门是被申请人；对由上级土地行政主管部门、地质矿产主管部门批准的具体行政行为不服申请行政复议的，批准具体行政行为的土地行政主管部门、地质矿产主管部门是被申请人。

第十四条　申请人申请行政复议，可以信件、传真等书面形式申请，也可以口头申请；口头申请的，复议人员应当当场填写行政复议申请笔录，记录申请人的基本情况、行政复议请求、主要事实、理由和时间，并将记录的行政复议申请内容向申请人宣读，经申请人确认无误后，由记录人、申请人在申请笔录上签名或者盖章。

第十五条　对县级以上土地行政主管部门、地质矿产主管部门的具体行政行为不服的，可以向该部门的本级人民政府申请行政复议，也可以向上一级土地行政主管部门、地质矿产主管部门申请行政复议。

第十六条　对国土资源部的具体行政行为不服的。向国土资源部申请行政复议。对行政复议决定不服的，可以向人民法院提起行政诉讼；也可以按照行政复议法**第十四条**的规定向国务院申请裁决。

第十七条 对土地行政主管部门、地质矿产主管部门依法设立的派出机构，依据法律、法规或者规章的规定，以自己的名义作出的具体行政行为不服的，向设立该派出机构的土地行政主管部门、地质矿产主管部门或者该土地行政主管部门、地质矿产主管部门的本级地方人民政府申请行政复议。

第十八条 对土地行政主管部门、地质矿产主管部门所属的机构，依据法律、法规的授权作出的具体行政行为不服的，向其主管的土地行政主管部门、地质矿产主管部门申请行政复议。

第十九条 对依法受委托的组织作出的具体行政行为不服的，向委托的土地行政主管部门、地质矿产主管部门的本级人民政府申请行政复议，也可以向委托的土地行政主管都门、地质矿产主管部门的上一级土地行政主管部门、地质矿产主管部门申请行政复议。

委托的土地行政主管部门、地质矿产主管部门是被申请人。

第二十条 土地行政主管部门，地质矿产主管部门与政府其他部门以共同名义作出的具体行政行为不服的，可以向其共同的上一级行政机关申请行政复议。共同作出具体行政行为的土地行政主管部门、地质矿产主管部门是共同被申请人之一。

第二十一条 公民、法人或者其他组织认为土地行政主管部门、地质矿产主管部门的具体行政行为侵犯其已经依法取得的土地所有权或者使用权以及探矿权、采矿权，应当先向复议机关申请行政复议。对复议决定不服的，再向人民法院起诉。

第二十二条 公民、法人或者其他组织对不属于本规定**第二十一条**规定的具体行政行为不服，可以申请行政复议，也可以直接向人民法院提起行政诉讼。

第二条 本规定所称国土资源信访，是指公民、法人或者其他组织采用书信、电子邮件、传真、电话、走访等形式，向国土资源管理部门反映情况，提出建议、意见或者投诉请求，依法由国土资源管理部门处理的活动。

本规定所称信访人，是指采用前款规定的形式，反映情况，提出建议、意见或者投诉请求的公民、法人或者其他组织。

第十九条 信访人向国土资源管理部门提出信访事项，一般应当采取书信、电子邮件、传真等书面形式。信访人提出投诉请求的，还应当载明信访人的姓名（名称）、住址和请求、事实、理由。

对采用口头形式提出投诉请求的，国土资源管理部门应当记录信访人的姓名（名称）、住址和请求、事实、理由。

第二十条　信访人采用走访形式向国土资源管理部门提出信访事项的，应当到国土资源管理部门设立、指定的接待场所提出；多人采用走访形式提出共同信访事项的，应当推选代表，代表人数不得超过五人。

《国土资源听证规定》

第二条　县级以上人民政府国土资源行政主管部门（以下简称主管部门）依职权或者依当事人的申请组织听证的，适用本规定。

第五条　法律、法规和规章规定应当听证的事项。当事人放弃听证权利或者因情况紧急须即时决定的，主管部门不组织听证。

第六条　听证参加人包括拟听证事项经办机构的指派人员、听证会代表、当事人及其代理人、证人、鉴定人、翻译等。

第十二条　有下列情形之一的主管部门应当组织听证：

（一）拟定或者修改基准地价；

（二）编制或者修改土地利用总体规划和矿产资源规划；

（三）拟定或者修改区域性征地补偿标准。

有下列情形之一的，直接涉及公民、法人或者其他组织的重大利益的，主管部门根据需要组织听证：

（一）制定规章和规范性文件；

（二）主管部门规定的其他情形。

第十三条　主管部门对本规定**第十二条**规定的事项举行听证的，应当在举行听证会30日前，向社会公告听证会的时间、地点、内容和申请参加听证会须知。

第十四条　符合主管部门规定条件的公民、法人和其他组织，均可申请参加听证会，也可推选代表参加听证会。

主管部门根据拟听证事项与公民、法人和其他组织的申请情况，指定听证会代表；指定的听证会代表应当具有广泛性、代表性。

公民、法人和其他组织推选的代表，符合主管部门条件的，应当优先被指定为听证会代表。

第十五条　听证机构应当在举行听证会的10个工作日前将听证会材料送达听证会代表。

第十六条　听证会代表应当亲自参加听证，并有权对拟听证事项的必要性、可行性以及具体内容发表意见和质询，查阅听证纪要。

听证会代表应当忠于事实，实事求是地反映所代表的公民、法人和其他组织的意见，遵守听证纪律，保守国家秘密。

第十九条　有下列情形之一的，主管部门在报批之前，应当书面告知当事人有要求举行听证的权利：

（一）拟定拟征地项目的补偿标准和安置方案的；

（二）拟定非农业建设占用基本农田方案的。

有下列情形之一的，主管部门在作出决定之前，应当书面告知当事人有要求举行听证的权利：

（一）较大数额罚款、责令停止违法勘查或者违法开采行为、吊销勘查许可证或者采矿许可证等行政处罚的；

（二）国有土地使用权、探矿权、采矿权的许可直接涉及申请人与他人之间重大利益关系的；

（三）法律、法规或者规章规定的其他情形。

第二十条　当事人对本规定**第十九条**规定的事项要求听证的。主管部门应当组织听证。

第二十一条　当事人应当在告知后5个工作日内向听证机构提出书面申请，逾期未提出的，视为放弃听证；但行政处罚听证的时限为3个工作日。放弃听证的，应当书面记载。

第二十二条　当事人可以委托一至二名代理人参加听证，收集、提供相关材料和证据。进行质证和申辩。

第二十三条　听证的书面申请包括以下内容：

（一）当事人的姓名、地址（法人或者其他组织的名称、地址、法定代表人）；

（二）申请听证的具体事项；

（三）申请听证的依据、理由。

申请听证的，应当同时提供相关材料。

第二十四条 听证机构收到听证的书面申请后，应当对申请材料进行审查；申请材料不齐备的，应当一次告知当事人补正。

有下列情形之一的，不予受理：

（一）提出申请的不是听证事项的当事人或者其代理人的；

（二）在告知后超过5个工作日提出听证的；

（三）其他不符合申请听证条件的；

不予受理的，主管部门应当书面告知当事人不予听证。

《国务院关于深化改革严格土地管理的决定》

……

（二）严格依照法定权限审批土地。农用地转用和土地征收的审批权在国务院和省、自治区、直辖市人民政府，各省、自治区、直辖市人民政府不得违反法律和行政法规的规定下放土地审批权。严禁规避法定审批权限，将单个建设项目用地拆分审批。

（五）严格依法查处违反土地管理法律法规的行为。当前要着重解决有法不依、执法不严、违法不究和滥用行政权力侵犯农民合法权益的问题。要加大土地管理执法力度，严肃查处非法批地、占地等违法案件。建立国土资源与监察等部门联合办案和案件移送制度，既查处土地违法行为，又查处违法责任人。典型案件，要公开处理。对非法批准占用土地、征收土地和非法低价出让国有土地使用权的国家机关工作人员，依照《监察部国土资源部关于违反土地管理规定行为行政处分暂行办法》给予行政处分；构成犯罪的，依照《中华人民共和国刑法》、《中华人民共和国土地管理法》、《最高人民法院关于审理破坏土地资源刑事案件具体应用法律若干问题的解释》和最高人民检察院关于渎职犯罪案件立案标准规定，追究刑事责任。对非法批准征收、使用土地，给当事人造成损失的，还必须依法承担赔偿责任。

（十四）健全征地程序。在征地过程中，要维护农民集体土地所有权和农民土地承包经营权的权益，在征地依法报批前，要将拟征地的用途、位置、补偿标准、安置途径告知被征地农民；对拟征土地现状的调查结果须经被征地农村集体经济组织和农户确认；确有必要的，国土资源部门应当依照有关规定组织听证。要将被征地农民知情、确认的有关材料作为征地报批的必备材料。要加快建立和完善征地补偿安置争议的协调和裁决机制，维护被征地农民和用地者的合法权

益。经批准的征地事项，除特殊情况外，应予以公示。

（十五）加强对征地实施过程监管。征地补偿安置不落实的，不得强行使用被征土地。省、自治区、直辖市人民政府应当根据土地补偿费主要用于被征地农户的原则，制定土地补偿费在农村集体经济组织内部的分配办法，被征地的农村集体经济组织应当将征地补偿费用的收支和分配情况，向本集体经济组织成员公布，接受监督。农业、民政等部门要加强对农村集体经济组织内部征地补偿费用分配和使用的监督。

国土资源部关于贯彻落实《国务院关于深化改革严格土地管理的决定》

……

四、切实做好征地补偿安置工作，维护农民合法权益和社会稳定

《决定》按照保证被征地农民生活水平不因征地而降低，长远生计有保障的原则，在完善征地补偿安置办法、健全征地程序、强化征地实施过程监管等方面作出了明确规定。各省、自治区、直辖市国土资源部门要会同有关部门，按照《决定》的要求，结合本地实际，切实做好征地补偿安偿工作。同时，要采取有力措施，做好相关政策的衔接工作，要依法解释和宣传新的政策规定，防止简单攀比，确保社会稳定。当前要特别做好土地信访工作，对群众反映的问题，凡符合法律政策规定的，要及时加以解决；对群众反映的即使不符合法律政策规定的问题，也要耐心做好群众的宣传解释工作，化解矛盾，防止群体性事件的发生。恢复农用地转用和土地征收正常审批后，各地要严格执行《决定》有关征地管理的规定，严把审批关，切实维护被征地农民的合法权益。

《国务院办公厅关于清理整顿各类开发区加强建设用地管理的通知》

……

四、土地出让金按规定金额上缴财政；相当于土地出让金的价款和所得收益，已购公有住房产权属行政机关的，全额上缴财政；属事业单位的，50%上缴财政，50%返还事业单位；属企业的，全额返还企业。

《建设用地审查报批管理办法》

第二十二条　各级土地行政主管部门应当对建设项目用地进行跟踪检查。

对违反本办法批准建设用地或者未经批准非法占用土地的，应当依法予以处罚。

《国土资源部关于加强征地管理工作的通知》

……

四、实行政务公开制度，建立被征地单位群众的监督机制

各地应依照法律规定，公开征地工作程序，提高征地补偿安置工作的透明度。市、县土地行政主管部门应张贴公告或通过新闻媒体搞好依法批准的征用土地方案、征地补偿安置方案公告工作；在做好宣传解释工作的同时，要注意听取被征用土地的农村集体经济组织和农民的意见。对补偿标准或安置途径有争议的，按照法律规定做好协调和裁决工作。在争议解决前，不应影响征用土地方案的实施。

征地的各项费用必须依照法律规定按时发放。全额到位，不得拖欠。对遗留的拖欠征地费用问题，各地应采取有效措施进行清理。市、县土地行政主管部门有责任督促有关单位限期解决。对侵占、截留、挪用征地费用的行为，应依法予以查处。

所有支付给农村集体经济组织的土地补偿费和安置补助费，可采用乡管村（组）用的形式设立财务专户进行管理。市、县土地行政主管部门应加强监督。协助农村集体经济组织建立征地费使用公开制度。土地补偿费、安置补助费统一安排使用的，应征得农村集体经济组织三分之二以上成员同意。征地补偿费用的收取、支出、用途等情况均应向本集体经济组织成员公布，以接受监督，防止出现徇私舞弊的行为。

《征用土地公告办法》

第二条　征用土地公告和征地补偿、安置方案公告，适用本办法。

第三条　征用农民集体所有土地的，征用土地方案和征地补偿、安置方案应当在被征用土地所在地的村、组内以书面形式公告。其中，征用乡（镇）农民集体所有土地的，在乡（镇）人民政府所在地进行公告。

第四条　被征用土地所在地的市、县人民政府应当在收到征用土地方案批准文件之日起十个工作日内进行征用土地公告，该市、县人民政府土地行政主管部门负责具体实施。

第十条　有关市、县人民政府土地行政主管部门应当研究被征地农村集体经济组织，农村村民或者其他权利人对征地补偿、安置方案的不同意见。对当事人要求听证的，应当举行听证会。确需修改征地补偿、安置方案的，应当依照有关法律、法规和批准的征用土地方案进行修改。

有关市、县人民政府土地行政主管部门将征地补偿、安置方案报市、县人民政府审批时，应当附具被征地农村集体经济组织、农村村民或者其他权利人的意见及采纳情况，举行听证会的，还应当附具听证笔录。

第十四条 未依法进行征用土地公告的，被征地农村集体经济组织、农村村民或者其他权利人有权依法要求公告，有权拒绝办理征地补偿登记手续。

未依法进行征地补偿、安置方案公告的，被征地农村集体经济组织、农村村民或者其他权利人有权依法要求公告，有权拒绝办理征地补偿、安置手续。

第十五条 因未按照依法批准的征用土地方案和征地补偿、安置方案进行补偿、安置引发争议的，由市、县人民政府协调；协调不成的，由上一级地方人民政府裁决。

征地补偿、安置争议不影响征用土地方案的实施。

《国土资源部关于切实维护被征地农民合法权益的通知》

……

五、严厉查处征地中的违法违纪行为

对群众信访反映和检查发现的土地未批先用、越权批地和侵占、截留、挪用征地补偿安置费用等严重违法违纪行为，要依法严肃查处；对涉嫌犯罪的，有关国土资源管理部门必须将案件移送司法机关；对有关地方未按规定进行处理的，上级主管部门要责令限期纠正；对不依法处理并严重失职的，要依法追究有关主管部门负责人的法律责任。各地要进一步加大对征用土地的执法力度，强化国土资源管理部门的执法职能，调动农民保护自身权益的积极性，做到事前防范、事中监督与事后查处相结合，确保《土地管理法》确定的各项征地制度落到实处。

《国土资源部关于完善农用地转用和土地征收审查报批工作的意见》

……

一、严格控制农用地转用和土地征收报批条件

（三）对以往拖欠的农民征地补偿安置费，在2004年年底前未足额偿还的市、县，暂缓下达2005年度农用地转用计划指标，暂停农用地转用和土地征收报批。

（四）对2004年底前未按《关于基本农田保护中有关问题的整改意见》（国土）资发［2004］223号）的要求，将现有的基本农田落实到地块的市、县，暂缓下达2005年度农用地转用计划指标，暂停农用地转用和土地征收报批。

第四章 国家征收土地

国家征收土地。是指国家依照《中华人民共和国宪法》和《中华人民共和国土地管理法》等法律、法规强制、有偿地征收农民集体所有的土地为国家所有，为经济建设和社会发展提供用地。被征收土地的农民集体土地所有权人、原农民集体所有土地的使用权人及相关权利人必须服从国家经济建设和社会发展需要，积极配合国家征收土地工作，不得阻挠甚至破坏国家依法征收农民集体所有的土地的活动。

（1）国家征收土地，是国家因社会公共利益的需要，强制征收农民集体所有土地并依法给予一定补偿的国家行为；

（2）国家征收土地并非民事法律行为，其是国家授权的并依照法律规定的依据和程序所实施的行政行为；

（3）国家征收土地法律关系的产生并非基于双方的自愿和协商一致，而是基于国家的单方面的意思表示，无需被征收土地的农民集体所有权人、使用权人及相关权利人同意；

（4）接受征地是农民集体土地所有权人对国家的一种义务，不是农民集体土地所有权人向国家“卖地”，国家只要依法对被征收土地所有权人、使用权人及相关权利人进行补偿即可，是有偿地强制进行；

（5）国家征收土地的行政权力的行使，必须向社会公开，接受社会的监督；

（6）国家征收土地审批行政权力由国务院和省级人民政府行使，国家是征收土地的唯一主体；

（7）国家征收土地的，依照法定程序批准后，由县级以上地方人民政府予以公告并组织实施；

（8）被征收土地的所有权人、使用权人及相关权利人应当在公告规定的期限内，持土地权属证书及相关文件材料到当地人民政府土地行政主管部门办理征地补偿登记；

（9）国家征收土地的法律后果是实现土地所有权的转移，即农民集体土地所有权转变为国家土地所有权；

（10）征收下列土地的，由国务院批准：

（一）基本农田；

（二）基本农田以外的耕地超过三十五公顷的；

（三）其他土地超过七十公顷的。

（11）征收基本农田、基本农田以外的耕地超过三十五公顷的、其他土地超过七十公顷以外的土地，由省、自治区、直辖市人民政府批准，并报国务院备案。

（12）大中型水利、水电工程建设征收土地的补偿费标准和移民安置办法，由国务院另行规定。

（13）建设单位持建设项目的有关批准文件，向市、县人民政府土地行政主管部门提出建设用地的申请，由市、县人民政府土地行政主管部门审查，拟订农用地转用方案、补充耕地方案、征收土地方案和供地方案（涉及国有农用地的，不拟订征收土地方案），经市、县人民政府审核同意后，逐级上报有批准权的人民政府批准；其中，补充耕地方案由批准农用地转用方案的人民政府在批准农用地转用方案时一并批准；供地方案由批准征收土地的人民政府在批准征收土地方案时一并批准（涉及国有农用地的，供地方案由批准农用地转用方案时一并批准）。

（14）农用地转用方案、补充耕地方案、征收土地方案和供地方案经国务院或各省、自治区、直辖市人民政府批准后，由市、县人民政府组织实施，向建设单位颁发建设用地批准书，有偿使用国有土地的，由市、县人民政府土地行政主管部门与土地使用者签订《国有土地有偿使用合同》；划拨使用国有土地的，由市、县人民政府土地行政主管部门向土地使用者核发国有土地划拨决定书。

（15）土地使用者应当依法申请土地登记，领取《中华人民共和国国有土地使用证》。

（16）征收土地的各项费用应当自征地补偿、安置方案批准之日起三个月内全额支付。

（17）违反土地管理法律、法规规定，阻挠国家建设征收土地的，由县级以上人民政府土地行政主管部门责令交出土地；拒不交出土地的，申请人民法院强制执行。

法律链接

《中华人民共和国宪法》

第十条　城市的土地属于国家所有。

农村和城市郊区的土地，除由法律规定属于国家所有的以外，属于集体所有；宅基地和自留地、自留山，也属于集体所有。

国家为了公共利益的需要，可以依照法律规定对土地实行征收或者征用并给予补偿。

任何组织或者个人不得侵占、买卖或者以其他形式非法转让土地。土地的使用权可以依照法律的规定转让。

一切使用土地的组织和个人必须合理地利用土地。

《中华人民共和国土地管理法》

第二条　中华人民共和国实行土地的社会主义公有制，即全民所有制和劳动群众集体所有制。

全民所有，即国家所有土地的所有权由国务院代表国家行使。

任何单位和个人不得侵占、买卖或者以其他形式非法转让土地。土地使用权可以依法转让。

国家为了公共利益的需要，可以依法对土地实行征收或者征用并给予补偿。

国家依法实行国有土地有偿使用制度。但是，国家在法律规定的范围内划拨国有土地使用权的除外。

第三十一条　国家保护耕地，严格控制耕地转为非耕地。

国家实行占用耕地补偿制度。非农业建设经批准占用耕地的，按照“占多少，垦多少”的原则，由占用耕地的单位负责开垦与所占用耕地的数量和质量相当的耕地；没有条件开垦或者开垦的耕地不符合要求的，应当按照省、自治区、直辖市的规定缴纳耕地开垦费。专款用于开垦新的耕地。

省、自治区、直辖市人民政府应当制定开垦耕地计划，监督占用耕地的单位按照计划开垦耕地或者按照计划组织开垦耕地，并进行验收。

第四十三条　任何单位和个人进行建设，需要使用土地的，必须依法申请使用国有土地；但是，兴办乡镇企业和村民建设住宅经依法批准使用本集体经济组织农民集体所有的土地的，或者乡（镇）村公共设施和公益事业建设经依法批准使用农民集体所有的土地的除外。

前款所称依法申请使用的国有土地包括国家所有的土地和国家征收的原属于农民集体所有的土地。

第四十五条　征收下列土地的，由国务院批准：

（一）基本农田；

（二）基本农田以外的耕地超过三十五公顷的；

（三）其他土地超过七十公顷的。

征收前款规定以外的土地的，由省、自治区、直辖市人民政府批准，并报国务院备案。

征收农用地的，应当依照本法**第四十四条**的规定先行办理农用地转用审批。其中，经国务院批准农用地转用的，同时办理征地审批手续，不再另行办理征地审批；经省、自治区、直辖市人民政府在征地批准权限内批准农用地转用的，同时办理征地审批手续。不再另行办理征地审批，超过征地批准权限的，应当依照本条第一款的规定另行办理征地审批。

第四十六条　国家征收土地的，依照法定程序批准后，由县级以上地方人民政府予以公告并组织实施。

被征收土地的所有权人、使用权人应当在公告规定期限内，持土地权属证书到当地人民政府土地行政主管部门办理征地补偿登记。

第四十七条　征收土地的，按照被征收土地的原用途给予补偿。

征收耕地的补偿费用包括土地补偿费、安置补助费以及地上附着物和青苗的补偿费。征收耕地的土地补偿费，为该耕地被征收前三年平均年产值的六至十倍。征收耕地的安置补助费，按照需要安置的农业人口数计算。需要安置的农业人口数，按照被征收的耕地数量除以征地前被征收单位平均每人占有耕地的数量计算。每一个需要安置的农业人口的安置补助费标准，为该耕地被征收前三年平均年产值的四至六倍。但是，每公顷被征收耕地的安置补助费，最高不得超过被征收前三年平均年产值的十五倍。

征收其他土地的土地补偿费和安置补助费标准。由省、自治区、直辖市参照征收耕地的土地补偿费和安置补助费的标准规定。

被征收土地上的附着物和青苗的补偿标准，由省、自治区、直辖市规定。

征收城市郊区的菜地，用地单位应当按照国家有关规定缴纳新菜地开发建设基金。

依照本条第二款的规定支付土地补偿费和安置补助费，尚不能使需要安置的农民保持原有生活水平的，经省、自治区、直辖市人民政府批准，可以增加安置补助费。但是，土地补偿费和安置补助费的总和不得超过土地被征收前三年平均年产值的三十倍。

国务院根据社会、经济发展水平，在特殊情况下，可以提高征收耕地的土地补偿费和安置补助费的标准。

第四十八条　征地补偿安置方案确定后，有关地方人民政府应当公告，并听取被征地的农村集体经济组织和农民的意见。

第四十九条　被征地的农村集体经济组织应当将征收土地的补偿费用的收支状况向本集体经济组织的成员公布，接受监督。

禁止侵占、挪用被征收土地单位的征地补偿费用和其他有关费用。

第五十条　地方各级人民政府应当支持被征地的农村集体经济组织和农民从事开发经营，兴办企业。

第五十一条　大中型水利、水电工程建设征收土地的补偿费标准和移民安置办法，由国务院另行规定。

《中华人民共和国土地管理法实施条例》

第二条　下列土地属于全民所有即国家所有：

（一）城市市区的土地；

（二）农村和城市郊区中已经依法没收、征收、征购为国有的土地；

（三）国家依法征用的土地；

（四）依法不属于集体所有的林地、草地、荒地、滩涂及其他土地；

（五）农村集体经济组织全部成员转为城镇居民的，原属于其成员集体所有的土地；

（六）因国家组织移民、自然灾害等原因，农民成建制地集体迁移后不再使用的原属于迁移农民集体所有的土地。

第二十条　在土地利用总体规划确定的城市建设用地范围内，为实施城市规划占用土地的，按照下列规定办理：

（一）市、县人民政府按照土地利用年度计划拟订农用地转用方案，补充耕地方案、征用土地方案，分批次逐级上报有批准权的人民政府。

（二）有批准权的人民政府土地行政主管部门对农用地转用方案、补充耕地方案、征用土地方案进行审查、提出审查意见，报有批准权的人民政府批准；其中，补充耕地方案由批准农用地转用方案的人民政府在批准农用地转用方案时一并批准。

（三）农用地转用方案、补充耕地方案、征用土地方案经批准后，由市、县人民政府组织实施，按具体建设项目分别供地。

在土地利用总体规划确定的村庄、集镇建设用地范围内，为实施村庄、集镇规划占用土地的，由市、县人民政府拟订农用地转用方案、补充耕地方案，依照前款规定的程序办理。

第二十三条 具体建设项目需要使用土地的，必须依法申请使用土地利用总体规划确定的城市建设用地范围内的国有建设用地。能源、交通、水利、矿山、军事设施等建设项目确需使用土地利用总体规划确定的城市建设用地范围外的土地，涉及农用地的，按照下列规定办理：

（一）建设项目可行性研究论证时，由土地行政主管部门对建设项目用地有关事项进行审查，提出建设项目用地预审报告；可行性研究报告报批时，必须附具土地行政主管部门出具的建设项目用地预审报告。

（二）建设单位持建设项目的有关批准文件，向市、县人民政府土地行政主管部门提出建设用地申请，由市、县人民政府土地行政主管部门审查，拟订农用地转用方案、补充耕地方案、征用土地方案和供地方案（涉及国有农用地的，不拟订征用土地方案），经市、县人民政府审核同意后，逐级上报有批准权的人民政府批准；其中，补充耕地方案由批准农用地转用方案的人民政府在批准农用地转用方案时一并批准；供地方案由批准征用土地的人民政府在批准征用土地方案时一并批准（涉及国有农用地的，供地方案由批准农用地转用的人民攻府在批准农用地转用方案时一并批准）。

（三）农用地转用方案、补充耕地方案、征用土地方案和供地方案经批准后，由市、县人民政府组织实施．向建设单位颁发建设用地批准书。有偿使用国有土地的，由市、县人民政府土地行政主管部门与土地使用者签订国有土地有偿使用合同；划拨使用国有土地的，由市、县人民政府土地行政主管部门向土地使用者核发国有土地划拨决定书。

（四）土地使用者应当依法申请土地登记。

建设项目确需使用土地利用总体规划确定的城市建设用地范围外的土地，涉及农民集体所有的未利用地的，只报批征用土地方案和供地方案。

第二十五条 征用土地方案经依法批准后，由被征用土地所在地的市、县人民政府组织实施，并将批准征地机关、批准文号、征用土地的用途、范围、面积以及征地补偿标准、农业人员安置办法和办理征地补偿的期限等，在被征用土地所在地的乡（镇）、村予以公告。

被征用土地的所有权人、使用权人应当在公告规定的期限内，持土地权属证书到公告指定的人民政府土地行政主管部门办理征地补偿登记。

市、县人民政府土地行政主管部门根据经批准的征用土地方案，会同有关部门拟订征地补偿、安置方案，在被征用土地所在地的乡（镇）、村予以公告，听取被征用土地的农村集体经济组织和农民的意见。征地补偿、安置方案报市、县人民政府批准后，由市、县人民政府土地行政主管部门组织实施。对补偿标准有争议的，由县级以上地方人民政府协调；协调不成的，由批准征用土地的人民政府裁决。征地补偿、安置争议不影响征用土地方案的实施。

征用土地的各项费用应当自征地补偿、安置方案批准之日起三个月内全额支付。

第二十六条　土地补偿费归农村集体经济组织所有；地上附着物及青苗补偿费归地上附着物及青苗的所有者所有。

征用土地的安置补助费必须专款专用，不得挪作他用。需要安置的人员由农村集体经济组织安置的，安置补助费支付给农村集体经济组织，由农村集体经济组织管理和使用；由其他单位安置的，安置补助费支付给安置单位；不需要统一安置的，安置补助费发放给被安置人员个人或者征得被安置人员同意后用于支付被安置人员的保险费用。

市、县和乡（镇）人民政府应当加强对安置补助费使用情况的监督。

第三十七条　阻碍土地行政主管部门的工作人员依法执行职务的，依法给予治安管理处罚或者追究刑事责任。

第四十五条　违反土地管理法律、法规规定，阻挠国家建设征用土地的，由县级以上人民政府土地行政主管部门责令交出土地；拒不交出土地的，申请人民法院强制执行。

《中华人民共和国农村土地承包法》

第五十九条　违反土地管理法规，非法征用、占用土地或者贪污、挪用土地征用补偿费用，构成犯罪的，依法追究刑事责任；造成他人损害的，应当承担损害赔偿等责任。

《建设用地审查报批管理办法》

第二条　依法应当报国务院和省、自治区、直辖市人民政府批准的建设用地的申请、审查、报批和实施，适用本办法。

第三条　县级以上人民政府土地行政主管部门负责建设用地的申请受理、审查、报批工作。

第六条 市、县人民政府土地行政主管部门对材料齐全、符合条件的建设用地申请。应当受理，并在收到申请之日起30日内拟订农用地转用方案、补充耕地方案、征用土地方案和供地方案，编制建设项目用地呈报说明书，经同级人民政府审核同意后，报上一级土地行政主管部门审查。

第十四条 征用土地方案符合下列条件的，土地行政主管部门方可报人民政府批准：

（一）被征用土地界址、地类、面积清楚，权属无争议的；

（二）被征用土地的补偿标准符合法律、法规规定的；

（三）被征用土地上需要安置人员的安置途径切实可行的。

建设项目施工和地质勘查需要临时使用农民集体所有的土地的，依法签订临时使用土地合同并支付临时使使用土地补偿费，不得办理土地征用。

第十七条 经批准的农用地转用方案、补充耕地方案、征用土地方案和供地方案，由土地所在地的市、县人民政府组织实施。

《国土资源部关于加强征地管理工作的通知》

……

一、进一步推行和完善政府统一征地制度，保证征地工作依法进行

征用农村集体所有土地，为经济建设和社会发展提供用地，是政府行为。各地必须依照《土地管理法》确立的征用土地制度，实行由县级以上地方人民政府统一征地。各级土地行政主管部门根据职责及法定的征地批准权限和程序，代表政府负责组织征地的审查报批和具体实施工作，其他任何单位和个人均无权审查报批和组织实施征用土地。

各地应依法规范征地审批和实施行为，确保国家经济建设用地。征用土地必须依法报省级人民政府或国务院批准，严禁越权批准征用土地。征用土地方案经依法批准后，由被征用土地所在地的市、县人民政府组织实施，市、县土地行政主管部门承担实施的具体工作。

《国土资源部关于切实做好征地补偿安置工作的通知》

……

征地工作事关国家经济建设，涉及农民的切身利益和社会稳定。近年来，各级政府和国土资源管理部门通过加强征地管理，保证了国家经济建设用地，安置了被征地农民的生产和生活，维护了社会的稳定。

《国土资源部关于切实维护被征地农民合法权益的通知》

……

一、充分认识做好征地工作的重要性

征地工作事关国家经济建设，涉及被征地农民的切身利益和长远生计。保障各类建设必需用地，切实维护农民的合法权益是征地工作必须长期坚持的基本原则。当前在新的形势下，做好征地补偿安置工作尤为重要。农民失去土地之后，如果生产和生活没有保障，将会成为影响社会稳定的一大隐患。各级国土资源管理部门要高度重视征地管理，通过扎实有效的工作，将落实失地农民的补偿安置作为实践“三个代表”重要思想的具体体现，妥善处理保障经济建设用地与保护农民合法权益的关系，促进经济发展和社会稳定。

第五章　国家征用土地

国家征用土地，是指国家为了公共利益的需要，以国家的名义强行使用农民集体所有土地并给予补偿。使用完毕后由国家将使用的农民集体所有土地返还于农民集体土地所有权人，如果不能返还的，应当照价赔偿。

2004年3月14日第十届全国人民代表大会第二次会议通过、2004年3月14日全国人民代表大会公告公布施行的《中华人民共和国宪法》第十条第三款规定：“国家为了公共利益的需要，可以依照法律规定对土地实行征收或者征用并给予补偿。”根据2004年8月28日第十届全国人民代表大会常务委员会第十一次会议《关于修改<中华人民共和国土地管理法>的决定》第二次修正的《中华人民共和国土地管理法》第二条第四款规定：“国家为了公共利益的需要，可以依法对土地实行征收或者征用并给予补偿。”宪法和法律赋予了国家土地征用权，确立了中华人民共和国土地征用制度。

国家为了公共利益的需要，有权征用农民集体所有的土地。国家征用土地具有强制性和补偿性，被征用土地的农民集体所有权人、使用权人及相关权利人不得以其所有权、使用权对抗国家对其所有的土地的征用；国家对其所有的土地征用予以补偿，以维护、保障被征用土地所有权人、使用权人及相关权利人的合法权益；国家依法征用农民集体所有的土地不发生土地所有权的转移，征用针对的是土地的使用权。使用完毕应当原物返还。

法律链接

《中华人民共和国宪法》

第十条 城市的土地属于国家所有。

农村和城市郊区的土地，除由法律规定属于国家所有的以外，属于集体所有；宅基地和自留地、自留山，也属于集体所有。

国家为了公共利益的需要，可以依照法律规定对土地实行征收或者征用并给予补偿。

任何组织或者个人不得他占、买卖或者以其他形式非法转让土地。土地的使用权可以依照法律的规定转让。

一切使用土地的组织和个人必须合理地利用土地。

第二条 中华人民共和国实行土地的社会主义公有制，即全民所有制和劳动群众集体所有制。

全民所有，即国家所有土地的所有权由国务院代表国家行使。

任何单位和个人不得侵占买卖或者以其他形式非法转让土地。土地使用权可以依法转让。

国家为了公共利益的需要，可以依法对土地实行征收或者征用并给予补偿。

国家依法实行有土地有偿使用制度。但是，国家在法律规定的范围内划拨国有土地使用权的除外。

第六章　国家征收土地工作程序

国家征收土地工作程序，是指国务院和省级人民政府及国家国土资源部门依照法律规定的依据、步骤、次序对农民集体所有的土地进行征收的活动。具体工作程序如下：

（一）向农民告知征收土地的事项

在征收土地方案依法报批前，当地国土资源部门应将拟征收土地的用途、位置、补偿标准、安置途径等，以书面形式告知被征收土地的所有权人、使用权人及相关权利人。在告知后，凡被征收土地的所有权人、使用权人及相关权利人在拟征收土地上抢栽、抢种、抢建的地上附着物和青苗。征收土地时一律不予补偿。

（二）确认征地调查结果

当地国土资源部门应对拟征收土地的权属、地类、面积以及地上的附着物权属、种类、数量等现状进行调查，调查结果应与被征收土地的所有权人、使用权人和地上附着物产权人共同确认。

（三）征收土地方案报批

按照上述步骤进行完毕后，当地国土资源部门将拟定的征收土地方案及相关文件材料报市、县人民政府审核同意，由市、县人民政府逐级上报国务院或省级人民政府审核批准。

（四）公示征收土地批准事项

征收土地方案经国务院或省级人民政府审核批准后，除涉及国家秘密等特殊情形外，国土资源部和省级国土资源部门应当通过媒体向社会公示征收土地批准事项。

（五）公告征收土地方案

征收土地方案经依法批准后，由被征收土地所在地的市、县人民政府具体组织、实施该宗土地的征收工作。

被征收土地所在地的市、县人民政府应当在收到征收土地方案批准文件之日起10个工作日内进行征收土地公告。

（六）征收土地补偿登记

被征收土地的所有权人、使用权人及相关权利人应当在征收土地方案公告规定的期限内，持土地权属证书及相关文件材料到被征收土地所在地市、县人民政府国土资源部门办理征收土地补偿登记。

（七）公告征收土地补偿、安置方案

被征收土地所在地市、县人民政府国土资源部门会同同级人民政府有关部门根据批准的征收土地方案，在征收土地方案公告之日起45日内以被征收土地的所有权人为单位拟订征收土地补偿、安置方案并予以公告。

（八）征收土地补偿、安置方案听证

被征收土地的所有权人、使用权人及相关权利人对征收土地补偿、安置方案拟订的补偿标准有不同意见或者要求举行听证会的，应当在征收土地补偿、安置方案公告之日起5个工作日内向国土资源听证机构提出书面申请。听证依照《国土资源听证规定》规定的程序进行。

（九）支付征收土地补偿、安置费用

征收土地的安置补助费必须专款专用，不得挪作他用。需要安置的村民由农村集体经济组织安置的，安置补助费支付给农村集体经济组织，由农村集体经济组织管理和使用；由其他单位安置的，安置补助费支付给安置单位；不需要统一安置的，安置补助费发放给被安置人员个人或者征得被安置人员同意后用于支付被安置人员的保险费用。

征收土地补偿、安置方案经市、县人民政府批准后，征收土地的补偿、安置费用应当自征收土地补偿安置方案批准之日起3个月内全额支付。土地补偿费归农村集体经济组织所有；地上附着物及青苗补偿费归地上附着物及青苗的所有者所有。当地国土资源部门应配合农业、民政等有关部门对被征收土地所有权人内部征收土地补偿、安置费用的分配和使用情况进行监督。

（十）征收土地批准后监督检查

各级国土资源部门要对依法批准的征收土地方案的实施情况进行监督检查。因征收土地确实导致被征收土地农民原有生活水平下降的，当地国土资源部门应积极会同人民政府有关部门，切实采取有效措施，多渠道解决好被征收土地农民的生产生活、维护社会稳定。

法律链接

《中华人民共和国土地管理法》

第四十五条　征收下列土地的，由国务院批准：

（一）基本农田：

（二）基本农田以外的耕地超过三十五公顷的；

（二）其他土地超过七十公顷的。

征收的款规定以外的土地的，由省、自治区、直辖市人民政府批准，并报国务院备案。

征收农用地的，应当依照本法**第四十四条**的规定先行办理农用地转用审批。其中，经国务院批准农用地转用的，同时办理征地审批手续，不再另行办理征地审批；经省、自治区、直辖市人民政府在征地批准权限内批准农用地转用的，同时办理征地审批手续，不再另行办理征地审批，超过征地批准权限的，应当依照本条第一款的规定另行办理征地审批。

第四十六条　国家征收土地的，依照法定程序批准后，由县级以上地方人民政府予以公告并组织实施。

被征收土地的所有权人、使用权人应当在公告规定期限内，持土地权属证书到当地人民政府土地行政主管部门办理征地补偿登记。

第四十七条　征收土地的，按照被征收土地的原用途给予补偿。

征收耕地的补偿费用包括土地补偿费、安置补助费以及地上附着物和青苗的补偿费。征收耕地的土地补偿费，为该耕地被征收前三年平均年产值的六至十倍。征收耕地的安置补助费，按照需要安置的农业人口数计算。需要安置的农业人口数，按照被征收的耕地数量除以征地前被征收单位平均每人占有耕地的数量计算。每一个需要安置的农业人口的安置补助费标准，为该耕地被征收前三年平均年产值的四至六倍。但是，每公顷被征收耕地的安置补助费，最高不得超过被征收前三年平均年产值的十五倍。

征收其他土地的土地补偿费和安置补助费标准，由省、自治区、直辖市参照征收耕地的土地补偿费和安置补助费的标准规定。

被征收土地上的附着物和青苗的补偿标准，由省、自治区、直辖市规定。

征收城市郊区的菜地，用地单位应当按照国家有关规定缴纳新菜地开发建设基金。

依照本条第二款的规定支付土地补偿费和安置补助费，尚不能使需要安置的农民保持原有生活水平的，经省、自治区、直辖市人民政府批准可以增加安置补助费。但是，土地补偿费和安置补助费的总和不得超过土地被征收前三年平均年产值的三十倍。

国务院根据社会、经济发展水平，在特殊情况下，可以提高征收耕地的土地补偿费和安置补助费的标准。

第四十八条　征地补偿安置方案确定后，有关地方人民政府应当公告，并听取被征地的农村集体经济组织和农民的意见。

第四十九条　被征地的农村集体经济组织应当将征收土地的补偿费用的收支状况向本集体经济组织的成员公布，接受监督。

禁止侵占、挪用被征收土地单位的征地补偿费用和其他有关费用。

第五十条　地方各级人民政府应当支持被征地的农村集体经济组织和农民从事开发经营，兴办企业。

第五十一条 大中型水利、水电工程建设征收土地的补偿费标准和移民安置办法，由国务院另行规定。

《国土资源部关于完善征地补偿安置制度的指导意见》

三、关于征地工作程序

……

（九）告知征地情况。在征地依法报批前，当地国土资源部门应将拟征地的用途、位置、补偿标准、安置途径等，以书面形式告知被征地农村集体经济组织和农户。在告知后，凡被征地农村集体经济组织和农户在拟征地上抢栽、抢种、抢建的地上附着物和青苗，征地时一律不予补偿。

（十）确认征地调查结果。当地国土资源部门应对拟征土地的权属、地类、面积以及地上附着物权属、种类、数量等现状进行调查。调查结果应与被征地农村集体经济组织、农户和地上附着物产权人共同确认。

（十一）组织征地听证。在征地依法报批前，当地国土资源部门应告知被征地农村集体经济组织和农户，对拟征土地的补偿标准、安置途径有申请听证的权利。当事人申请听证的应按照《国土资源听证规定》规定的程序和有关要求组织听证。

四、关于征地实施监管

（十二）公示征地批准事项。经依法批准征收的土地，除涉及国家保密规定等特殊情况外，国土资源部和省级国土资源部门通过媒体向社会公示征地批准事项。县（市）国土资源部门应按照《征用土地公告办法》规定，在被征地所在的村、组公告征地批准事项。

（十三）支付征地补偿安置费用。征地补偿安置方案经市、县人民政府批准后，应按法律规定的时限向被征地农村集体经济组织拨付征地补偿安置费用。当地国土资源部门应配合农业、民政等有关部门对被征地集体经济组织内部征地补偿安置费用的分配和使用情况进行监督。

（十四）征地批准后监督检查。各级国土资源部门要对依法批准的征收土地方案的实施情况进行监督检查。因征地确实导致被征地农民原有生活水平下降的，当地国土资源部门应积极会同政府有关部门，切实采取有效措施。多渠道解决好被征地农民的生产生活，维护社会稳定。

第七章　国家征收土地补偿、安置标准

国家征收土地补偿、安置标准，是指《中华人民共和国土地管理法》及相关的法律、法规规定的征收土地补偿、安置标准。

（1）征收土地的，按照被征收土地的原用途给予补偿。

（2）征收耕地的补偿费用包括土地补偿费、安置补助费以及地上附着物和青苗的补偿费。征收耕地的土地补偿费，为该耕地被征收前三年平均年产值的六至十倍。征收耕地的安置补助费，按照需要安置的农业人口数计算。需要安置的农业人口数，按照被征收的耕地数除以征地前被征收单位平均每人占有耕地的数量计算。每一个需要安置的农业入口的安置补助费标准，为该耕地被征收前三年平均年产值的四至六倍。但是，每公顷被征收耕地的安置补助费，最高不得超过被征收前三年平均年产值的十五倍。

（3）征收其他土地的土地补偿费和安置费标准，由省、自治区、直辖市参照征收耕地的土地补偿费和安置补助费的标准规定。

（4）被征收土地上的附着物和青苗的补偿标准，由省、自治区、直辖市规定。

（5）征收城市郊区的菜地，用地单位应当按照国家有关规定缴纳新菜地开发建设基金。

（6）依照本节第二项的标准支付土地补偿费和安置补助费，尚不能使需要安置的农民保持原有生活水平的，经省、自治区、直辖市人民政府批准，可以增加安置补助。但是，土地补偿费和安置补助费的总和不得超过土地被征收前三年平均年产值的三十倍。

土地补偿费，是指国家对被征收土地的所有权人因土地被征收而造成被征收土地所有权人土地减少或无地可耕的损失的国家补偿。

安置补助费，是指对以土地为主要生产资料、生活来源的农村村民因国家征收土地而失去土地后所造成的生产、生活困难由国家给予的必要的生产、生活补助费用。

青苗补偿费，是指国家征收土地时，对被征收的土地上正处于生长期的青苗不能正常收获而造成该宗土地使用权人、土地承包经营者等损失的补偿。

地上附着物补偿费，地上附着物包括房屋、道路、水井、农用配电室、地

土地下管线及林木等附着在被征收土地上的各种建筑物、构筑物及设施。地上附着物补偿费就是对被征收土地上的各种建筑物、构筑物及设施的拆除、搬迁、恢复、移栽、砍伐等的国家补偿。

《国务院关于深化改革严格土地管理的决定》

……

三、完善征地补偿和安置制度

（十二）完善征地补偿办法。县级以上地方人民政府要采取切实措施，使被征地农民生活水平不因征地而降低。要保证依法足额和及时支付土地补偿费、安置补助费以及地上附着物和青苗补偿费。依照现行法律规定支付土地补偿费和安置补助费。尚不能使被征地农民保持原有生活水平的，不足以支付因征地而导致无地农民社会保障费用的，省、自治区、直辖市人民政府应当批准增加安置补助费。土地补偿费和安置补助费的总和达到法定上限，尚不足以使被征地农民保持原有生活水平的，当地人民政府可用国有土地有偿使用收入予以补贴。省、自治区、直辖市人民政府要制定并公布各市县征地的统一年产值标准或区片综合地价，征地补偿做到同地同价，国家重点建设项目必须将征地费用足额列入概算。大中型水利、水电工程建设征地的补偿费标准和移民安置办法，由国务院另行规定。

（十三）妥善安置被征地农民。县级以上地方人民政府应当制定具体办法，使被征地农民的长远生计有保障。对有稳定收益的项目，农民可以经依法批准的建设用地土地使用权入股。在城市规划区内，当地人民政府应当将因征地而导致无地的农民，纳入城镇就业体系，并建立社会保障制度；在城市规划区外，征收农民集体所有土地时，当地人民政府要在本行政区域内为被征地农民留有必要的耕作土地或安排相应的工作岗位；对不具备基本生产生活条件的无地农民，应当异地移民安置。劳动和社会保障部门要会同有关部门尽快提出建立被征地农民的就业培训和社会保障制度的指导性意见。

《国土资源部关于完善征地补偿安置制度的指导意见》

……

一、关于征地补偿标准

（一）统一年产值标准的制定。省级国土资源部门要会同有关部门制定省域内各县（市）耕地的最低统一年产值标准，报省级人民政府批准后公布执行。制定统一年产值标准可考虑被征收耕地的类型、质量、农民对土地的投入、农产品价格、农用地等级等因素。

（二）统一年产值倍数的确定。土地补偿费和安置补助费的统一年产值倍数，应按照保证被征地农民原有生活水平不降低的原则，在法律规定范围内确定；按法定的统一年产值倍数计算的征地补偿安置费用，不能使被征地农民保持原有生活水平，不足以支付因征地而导致无地农民社会保障费用，经省级人民政府批准应当提高倍数；土地补偿费和安置补助赞合计按30倍计算。尚不足以使被征地农民保持原有生活水平的，由当地人民政府统筹安排，从国有土地有偿使用收益中划出一定比例给予补贴。经依法批准占用基本农田的．征地补偿按当地人民政府公布的最高补偿标准执行。

（三）征地区片综合地价的制定。有条件的地区，省级国土资源部门可会同有关部门制定省域内各县（市）征地区片综合地价，报省级人民政府批准后公布执行，实行征地补偿。制订区片综合地价应考虑地类、产值、土地区位、农用地等级、人均耕地数量、土地供求关系、当地经济发展水平和城镇居民最低生活保障水平等因素。

二、关于被征地农民安置途径

（五）农业生产安置。征收城市规划区外的农民集体土地，应当通过利用农村集体机动地、承包农户自愿交回的承包地、承包地流转和土地开发整理新增加的耕地等，首先使被征地农民有必要的耕作土地，继续从事农业生产。

（六）重新择业安置。应当积极创造条件，向被征地农民提供免费的劳动技能培训，安排相应的工作岗位。在同等条件下用地单位应优先吸收被征地农民就业。征收城市规划区内的农民集体土地应当将因征地导致无地的农民，纳入城镇就业体系，并建立社会保障制度。

（七）入股分红安置。对有长期稳定收益的项目用地，在农户自愿的前提下，被征地农村集体经济组织经与用地单位协商，可以征地补偿安置费用入股，或以经批准的建设用地土地使用权作价入股。农村集体经济组织和农户通过合同约定以优先股的方式获取收益。

（八）异地移民安置。本地区确实无法为因征地而导致无地的农民提供基本生产生活条件的，在充分征求被征地农村集体经济组织和农户意见的前提下，可由政府统一组织，实行异地移民安置。

（国土资源部关于贯彻执行《中华人民共和国土地管理法》和《中华人民共和国土地管理法实条例》若干问题的意见）

五、关于征用土地的安置补助费标准的确定

……

《土地管理法》**第四十七条**第二款规定，“征用耕地的土地补助费，为该耕地被征用前三年平均年产值的六至十倍”。这里的“该耕地”，是指实际征用的耕地数量。而“每一个需要安置的农业人口的安置补助费标准，为该耕地被征用前三年平均年产值的四到六倍”中的“该耕地”，则是指在被征用土地所在地，被征地单位平均每人占有的耕地数量。这样规定，是将每一个需要安置的农业人口的安置补助费与人均耕地面积挂钩。以被征用土地所在地的人均耕地的平均年产值的倍数计算安置补助费，从而使安置补助费标准的确定更加公平、合理，有利于保护农民利益，维护社会稳定。

第4篇

新农村建设房屋拆迁法律适用法律救济

第一部　新农村建设房屋拆迁法律适用及相关政策

关键词　社会主义新农村建设房屋拆迁，是在城市规划区外，村庄和集镇规划区内农民集体所有的土地上，兴办乡镇企业、乡（镇）村公共设施和公益事业设施建设、村民建设住宅期间自拆自建房屋建筑及其构筑物的活动。

社会主义新农村建设房屋拆迁，是建设社会主义新农村的一个重要组成部分。新农村建设房屋拆迁适用的法律是，1993年6月29日国务院第116号令发布、1993年11月1日起施行的《村庄和集镇规划建设管理条例》的规定及其相关联的法律、政策。

建设社会主义新农村，要建设的是农村，而不是要把农村变成城市，社会主义新农村建设不是农村城市化建设。社会主义新农村建设是在中国共产党和人民政府的领导、指导下，以人为本、立足当前、着眼长远、统筹安排、科学规划、尊重农民意愿、维护农民利益、增进农民福祉，按照“生产发展、生活宽裕、乡风文明、村容整洁、管理民主”的要求推进的。

第一章　社会主义新农村建设

建设社会主义新农村，是当前国际国内形势下加强农业、农村、农民工作，更好地推进全面建设小康社会和现代化建设的战略举措。建设社会主义新农村，是贯彻执行《中华人民共和国宪法》规定的“中国各族人民将继续在中国共产党领导下，在马克思列宁主义、毛泽东思想、邓小平理论和“三个代表”重要思想指引下，坚持人民民主专政，坚持社会主义道路，坚持改革开放，不断完善社会主义的各项制度，发展社会主义市场经济，发展社会主义民主，健全社会主义法制，自力更生，艰苦奋斗，逐步实现工业、农业、国防和科学技术的现代化，推动物质文明、政治文明和精神文明协调发展，把我国建设成为富强、民主、文明的社会主义国家”的伟大实践。

法律问题是社会主义新农村建设中的重要问题。建设社会主义新农村必须依法进行，要在宪法和法律的规定下开展社会主义新农村建设，各级党的组织和人民政府应当立足当前，着眼长远；统筹安排，科学规划；加强领导，狠抓落实。当前和今后一个时期的重点是：要进一步解放和发展农村生产力，针对制约农业和农村经济发展的突出问题，抓住关键环节，采取综合措施，加强农村基础设施建设，加快农业科技进步，转变农业增长方式，增强粮食综合生产能力，推进现代农业建设；要坚持把促进农民增收作为农业和农村工作的中心任务，挖掘农业内部增收潜力，广辟农村富余劳动力转移就业途径，形成农民增收的长效机制；要扩大农村基层民主，搞好村民自治，健全村务公开制度，开展普法教育，确保广大农民群众依法行使当家做主的权利；要加强社会主义精神文明建设，加快发展农村教育、科技和文化、卫生事业，倡导健康文明的新风尚，培育造就新型农民；要加强农村社会管理和公共服务，坚持以解决好农民群众最关心、最直接、最现实的利益问题为着力点，改善农民的生产、生活条件，关心困难群众生活，促进农村和谐社会建设，要坚持社会主义市场经济的改革方向，稳定和完善农村基本经营体制，统筹推进农村各项改革，充分尊重广大农民群众的首创精神，全面增强农业和农村发展活力；要充分发挥各方面的积极性，依靠农民辛勤劳动、国家扶持和社会力量的广泛参与，不断改善农村的整体面貌；要充分发挥农村基层党组织的领导核心作用，为建设社会主义新农村提供坚强的政治和组织保障。国家机关工作人员要解放思想、振奋精神、开拓进取、依法行政、公正司法、扎实工作，在中国共产党和人民政府及全社会力量关心、支持和参与下，一个“生产发展、生活宽裕、乡风文明、村容整洁、管理民主”的中国社会主义新农村一定会出现在世界的东方。

法律链接

《中华人民共和国宪法》

序言

……

中国各族人民将继续在中国共产党领导下，在马克思列宁主义、毛泽东思

想、邓小平理论和“三个代表”重要思想指引下，坚持人民民主专政，坚持社会主义道路，坚持改革开放，不断完善社会主义的各项制度，发展社会主义市场经济，发展社会主义民主，健全社会主义法制，自力更生，艰苦奋斗，逐步实现工业、农业、国防和科学技术的现代化，推动物质文明、政治文明和精神文明协调发展，把我国建设成为富强、民主、文明的社会主义国家。

第五条 中华人民共和国实行依法治国，建设社会主义法治国家。

国家维护社会主义法制的统一和尊严。

一切法律、行政法规和地方性法规都不得同宪法相抵触。

一切国家机关和武装力量、各政党和各社会团体、各企业事业组织都必须遵守宪法和法律。一切违反宪法和法律的行为，必须予以追究。

任何组织或者个人都不得有超越宪法和法律的特权。

第八条 农村集体经济组织实行家庭承包经营为基础、统分结合的双层经营体制。农村中的生产、供销、信用、消费等各种形式的合作经济，是社会主义劳动群众集体所有制经济。参加农村集体经济组织的劳动者，有权在法律规定的范围内经营自留地、自留山、家庭副业和饲养自留畜。

城镇中的手工业、工业、建筑业、运输业、商业、服务业等行业的各种形式的合作经济，都是社会主义劳动群众集体所有制经济。

国家保护城乡集体经济组织的合法权利和利益，鼓励、指导和帮助集体经济的发展。

第十七条 集体经济组织在遵守有关法律的前提下，有独立进行经济活动的自主权。

集体经济组织实行民主管理，依照法律规定选举和罢免管理人员，决定经营管理的重大问题。

第二十一条 国家发展医疗卫生事业，发展现代医药和我国传统医药，鼓励和支持农村集体经济组织、国家企业事业组织和街道组织举办各种医疗卫生设施建设，开展群众性的卫生活动，保护人民健康。

国家发展体育事业，开展群众性的体育活动，增强人民体质。

第二十四条 国家通过普及理想教育、道德教育、文化教育、纪律和法制教育，通过在城乡不同范围的群众中制定和执行各种守则、公约，加强社会主义精神文明建设。

国家提倡爱祖国、爱人民、爱劳动、爱科学、爱社会主义的公德，在人民中进行爱国主义、集体主义和国际主义、共产主义的教育，进行辩证唯物主义和历史唯物主义的教育，反对资本主义的、封建主义的和其他的腐朽思想。

第二十七条　一切国家机关实行精简的原则，实行工作责任制，实行工作人员的培训和考核制度，不断提高工作质量和工作效率，反对官僚主义。

一切国家机关和国家工作人员必须依靠人民的支持，经常保持同人民的密切联系，倾听人民的意见和建议，接受人民的监督，努力为人民服务。

第三十三条　凡具有中华人民共和困国籍的人都是中华人民共和国公民。

中华人民共和国公民在法律面前一律平等。

国家尊重和保障人权。

任何公民享有宪法和法律规定的权利，同时必须履行宪法和法律规定的义务。

第四十二条　中华人民共和国公民有劳动的权利和义务。

国家通过各种途径，创造劳动就业条件，加强劳动保护，改善劳动条件，并在发展生产的基础上，提高劳动报酬和福利待遇。

劳动是一切有劳动能力的公民的光荣职责。国有企业和城乡集体经济组织的劳动者都应当以国家主人翁的态度对待自己的劳动。国家提倡社会主义劳动竞赛，奖励劳动模范和先进工作者。国家提倡公民从事义务劳动。

国家对就业前的公民进行必要的劳动就业训练。

第五十三条　中华人民共和国公民必须遵守宪法和法律，保守国家秘密，爱护公共财产，遵守劳动纪律，遵守公共秩序，尊重社会公德。

《中国共产党第十六届中央委员会第五次全体会议公报》

……

会议认为，建设社会主义新农村是我国现代化进程中的重大历史任务。要按照生产发展、生活宽裕、乡风文明、村容整洁、管理民主的要求，扎实稳步加以推进。

《中共中央关于制定国民经济和社会发展第十一个五年规划的建议》

……

建设社会主义新农村是我国现代化进程中的重大历史任务。要按照生产发

展、生活宽裕、乡风文明、村容整洁、管理民主的要求，坚持从各地实际出发，尊重农民意愿，扎实稳步推进新农村建设。

《中国中央、国务院关于推进社会主义新农村建设的若干意见》

一、统筹城乡经济社会发展，扎实推进社会主义新农村建设

（1）建设社会主义新农村是我国现代化进程中的重大历史任务。全面建设小康社会，最艰巨、最繁重的任务在农村。加速推进现代化，必须妥善处理工农城乡关系，构建社会主义和谐社会，必须促进农村经济社会全面进步。农村人口众多是我国的国情，只有发展好农村经济，建设好农民的家园，农民过上宽裕的生活，才能保障全体人民共享经济社会发展成果，才能不断扩大内需和促进国民经济持续发展。当前，我国总体上已进入以工促农、以城带乡的发展阶段，初步具备了加大力度扶持“三农”的能力和条件。“十一五”时期，必须抓好机遇，加快改变农村经济社会发展滞后的局面，扎实稳步推进社会主义新农村建设。

（2）围绕社会主义新农村建设做好农业和农村工作。“十一五”时期是社会主义新农村建设打下坚实基础的关键时期，是推进现代农业建设迈出重大步伐的关键时期，是构建新型工农城乡关系取得突破进展的关键时期，也是农村全面建设小康加速推进的关键时期。“十一五”时期要高举邓小平理论和“三个代表”重要思想伟大旗帜，全面贯彻落实科学发展观，统筹城乡经济社会发展，实行工业反哺农业、城市支持农村和“多予少取放活”的方针，按照“生产发展、生活宽裕、乡风文明、村容整洁、管理民主”的要求，协调推进农村经济建设、政治建设、文化建设、社会建设和党的建设。当前，要完善强化支农政策，建设现代农业，稳定发展粮食生产，积极调整农业结构，加强基础设施建设，加强农村民主政治建设和精神文明建设，加快社会事业发展，推进农村综合改革，促进农民持续增收，确保社会主义新农村建设有良好开局。

（3）扎实稳定推进社会主义新农村建设。推进新农村建设是一项长期而繁重的历史任务，必须坚持以发展农村经济为中心，进一步解放和发展农村生产力，促进粮食稳定发展、农民持续增收；必须坚持农村基本经营制度，尊重农民的主体地位，不断创新农村体制机制；必须坚持以人为本，着力解决农民生产生活中最迫切的实际问题，切实让农民得到实惠；必须坚持科学规划，实行因地制宜、分类指导，有计划、有步骤、有重点地逐步推进；必须坚持发挥各方面积极性，依靠农民辛勤劳动、国家扶持和社会力量的广泛参与，使新农村建设成为全党全社会的共同行动。在推进新农村建设工作中，要注重实效，不搞形式主义；要量力而行，不盲目攀比；要民主商议，不强迫命令；要突出特色，不强求一律；要引导扶持，不包办代替。

四、加强农村基础设施建设，改善社会主义新农村建设的物质条件

（17）加强村庄规划和人居环境治理。随着生活水平提高和全面建设小康社会的推进，农民迫切要求改善农村生活环境和村容村貌。各级政府要切实加强村庄规划工作，安排资金支持编制村庄规划和开展村庄治理试点；可从各地实际出发制定村庄建设和人居环境治理的指导性目录，重点解决农民在饮水、行路、用电和燃料等方面的困难，凡符合目录的项目，可给予资金、实物等方面的引导和扶持。加强宅基地规划和管理，大力节约村庄建设用地，向农民免费提供经济安全适用、节地节能节材的住宅设计图样。引导和帮助农民切实解决住宅与畜禽圈舍混杂问题，搞好农村污水、垃圾治理，改善农村环境卫生。注重村庄安全建设，防止山洪、泥石流等灾害对村庄的危害，加强农村消防工作。村庄治理要突出乡村特色、地方特色和民族特色，保护有历史文化价值的古村落和古民宅。要本着节约原则，充分立足现有基础进行房屋和设施改造，防止大拆大建，防止加重农民负担，扎实稳步地推进村庄治理。

八、切实加强领导，动员全党全社会关心、支持和参与社会主义新农村建设

（31）科学制定社会主义新农村建设规划。新农村建设涉及经济、政治、文化和社会各个方面，是一项十分复杂的系统工程，必须切实加强规划工作。各地要按照统筹城乡经济社会发展的要求，把新农村建设纳入当地经济和社会发展的总体规划。要明确推进新农村建设的思路、目标和工作措施，统筹安排各项建设任务。做好第二次全国农业普查工作，为制定规划提供科学依据。要充分考虑农民的切身利益和发展要求，在促进农村经济发展的基础上，区分轻重缓急，突出建设重点，加强饮水安全、农田水利、乡村道路、农村能源等基础设施建设，加快教育、卫生等公共事业发展。要尊重自然规律、经济规律和社会发展规律，广泛听取基层和农民群众的意见和建议，提高规划的科学性、民主性、可行性，确保新农村建设扎实稳步推进。

（32）动员全社会力量关心、支持和参与社会主义新农村建设。建设社会主义新农村是全社会的事业，需要动员各方面力量广泛参与。各行各业都要关心

支持新农村建设，为新农村建设作出贡献。充分发挥城市带动农村发展的作用，加大城市经济对农村的辐射，加大城市人才、智力资源对农村的支持，加大城市科技、教育、医疗等方面对农民的服务。要形成全社会参与新农村建设的激励机制，鼓励各种社会力量投身社会主义新农村建设，引导党政机关、人民团体、企事业单位和社会知名人士、志愿者对乡村进行结对帮扶，加强舆论宣传，努力营造全社会关心、支持、参与建设社会主义新农村的浓厚氛围。

做好2006年和“十一五”时期的农业和农村工作，任务艰巨，意义重大。我们要紧密团结在以胡锦涛同志为总书记的党中央周围，高举邓小平理论和“三个代表”重要思想伟大旗帜，全面贯彻落实科学发展观，解放思想，振奋精神，开拓进取，扎实工作，为建设社会主义新农村而努力奋斗。

胡锦涛《扎扎实实规划和推进社会主义新村建设》

……

胡锦涛强调，建设社会主义新农村，要以邓小平理论和“三个代表”重要思想为指导，牢固树立和全面落实科学发展观，坚持把解决好“三农”问题作为全党工作的重中之重，统筹城乡经济社会发展，实行工业反哺农业、城市支持农村和“多予少取放活”的方针，坚持以经济建设为中心，协调推进农村社会主义经济建设、政治建设、文化建设、社会建设和党的建设，推动农村走上生产发展、生态良好、生活富裕的文明发展道路。

党的领导是建设社会主义新农村的根本保证。各级党委和政府要把思想统一到中央的决策和部署上来，切实把这件关系全局的大事抓紧抓好。要立足当前、着眼长远，统筹安排、科学规划，广泛听取基层和农民群众的意见和建议，尊重自然规律、经济规律和社会发展规律，区分轻重缓急，突出建设重点，分步实施，扎实推进。要从农民群众最关心、要求最迫切、最容易见效的事情抓起，不断让农民群众得到实实在在的好处。广大干部要弘扬求真务实精神，做到关心农民疾苦、尊重农民意愿、维护农民利益、增进农民福祉。

温家宝《政府工作报告——2006年3月5日在第十届全国人民代表大会第四次会议上》

……

建设社会主义新农村，是党的十六届五中全会提出的重大历史任务，事关全面建设小康社会和现代化建设全局。要贯彻工业反哺农业、城市支持农村的方针，加大对“三农”的支持力度，推进农村体制改革和制度创新，尽快使广大农村面貌有比较明显的变化。

我们国家正站在新的历史起点上，朝着全面建设小康社会的目标阔步前进。我们要更加紧密地团结在以胡锦涛同志为总书记的党中央周围，高举邓小平理论和“三个代表”重要思想伟大旗帜，凝聚13亿人民的智慧和力量，坚定信心，奋发图强，努力把“十一五”规划的宏伟蓝图变为美好现实，谱写社会主义现代化事业的新篇章。任何艰难险阻都挡不住我们前进的步伐。我们的目标一定要达到！我们的目标一定能够达到！

第二章　新农村建设房屋拆迁法律适用

新农村建设房屋拆迁法律适用，是指社会主义新农村建设期间，有关国家机关及其公职人员依职权将与新农村建设房屋拆迁相关联的法律规范应用于新农村建设房屋拆迁事宜的行政、司法活动。

新农村建设房屋拆迁法律适用主要包括：

（1）社会主义新农村建设必须依法进行；

（2）社会主义新农村建设必须依法合理利用土地；

（3）农民的合法的私有财产（特别是房屋财产权）不受侵犯；

（4）农民行使住宅建设自由和权利的时候不得损害国家的、社会的、集体的利益和其他农民群众合法的自由和权利；

（5）村民委员会是社会主义新农村建设的主体之一，是农民自我管理、自我教育、自我服务的基层群众性自治组织，对社会主义新农村建设实施民主决策、民主管理、民主监督；

（6）中国共产党在农村的基层组织对社会主义新农村建设发挥领导核心作用，依照宪法和法律，支持和保障农民群众开展社会主义新农村建设自治活动；

（7）乡、民族乡、镇的人民政府对村民委员会开展的社会主义新农村建设给予指导、支持和帮助，但是不得干预依法属于村民自治范围内的事项；

（8）涉及社会主义新农村建设农民利益的重大事项，村民委员会必须提请村民会议或村民代表大会讨论决定，方可办理；

（9）农民群众在社会主义新农村建设期间的合法的民事权益受法律保护，任何组织和个人不得侵犯；

（10）社会主义新农村建设应当遵循自愿、公平、等价有偿、诚实信用的原则；

（11）社会主义新农村建设必须遵守法律，法律没有规定的，应当遵守国家相关政策；

（12）社会主义新农村建设应当尊重社会公德，不得损害社会公共利益、破坏国家经济计划，扰乱社会经济秩序；

（13）农民对自己所有的私有财产（特别是房屋财产权）享有占有、使用、收益和处分的权利；

（14）农民集体经济组织对法律规定为集体所有的土地和森林、山岭、草原、滩涂等，集体经济组织的财产，集体所有的房屋建筑物及其构筑物、水库、农田水利设施和教育、科学、文化、卫生、体育等设施，集体所有的其他财产享有占有、使用、收益和处分的权利；

（15）农民群众依法享有财产继承权；

（16）农民所有的房屋建筑物及其构筑物等财产可以由两个以上的农民群众共有；

（17）不动产的相邻各方农民或集体经济组织，应当按照有利生产、方便生活、团结互助、公平合理的精神，正确处理截水、排水、通行、通风、采光等方面的相邻关系。给相邻方造成妨碍或者损失的，应当停止侵害，排除妨碍，赔偿损失；

（18）进行社会主义新农村基础设施建设，在公共场所、道旁或者通道上挖坑、修缮安装地下设施等，没有设置明显标志或未采取安全措施造成他人损害的，施工人应当承担民事责任；

（19）农村房屋建筑物及其构筑物或者其他设施以及房屋建筑物及其构筑物上的搁置物、悬挂物发生倒塌、脱落、坠落造成他人损害的，它的所有人或者管理人应当承担民事责任，但能够证明自己没有过错的除外；

（20）有关乡（镇）村企业的厂房等建筑物及其构筑物抵押的法律处置规定；

（21）社会主义新农村建设期间依法订立的各类合同的法律适用；

（22）社会主义新农村建设期间因当事人侵权行为或者其他致害原因直接造成他人生命、健康、身体等人身损害赔偿案件的法律处置规定；

（23）社会主义新农村建设期间涉及当事人婚姻、家庭及其房屋建筑物及其构筑物析产、分割等法律处置规定；

（24）社会主义新农村建设期间涉及当事人遗产（房屋建筑物及其构筑物）继承的法律规定；

（25）社会主义新农村建设期间集体经济组织建设用地、村民建造住宅宅基地所有权、使用权争议中的法律适用；

（26）社会主义新农村建设期间集体经济组织建设用地、村民建造住宅宅基地行政许可引发的行政处理、行政复议、行政诉讼中的法律适用；

（27）社会主义新农村建设期间集体经济组织建设用地、村民建造住宅宅基地违反土地行政管理秩序，当事人受到行政处罚的法律适用；

（28）社会主义新农村建设期间当事人占用耕地建窑、建坟或者擅自在耕地上建房、挖砂、采石、采矿、取土、占用基本农田发展林果业和挖塘养鱼，有关国家机关进行处理涉及的法律适用；

（29）社会主义新农村建设期间村镇建设工程质量安全管理的法律规定；

（30）有关社会主义新农村建设期间村庄、集镇规划原则的法律规定适用；

（31）社会主义新农村建设期间国家关于制止农村建房侵占耕地的法律规定；

（32）社会主义新农村建设期间涉及的其他事项的法律适用。

法律链接

《中华人民共和国宪法》

第五条　中华人民共和国实行依法治国，建设社会主义法治国家。

国家维护社会主义法制的统一和尊严。

一切法律、行政法规和地方性法规都不得同宪法相抵触。

一切国家机关和武装力量、各政党和各社会团体、各企业事业组织都必须遵守宪法和法律。一切违反宪法和法律的行为，必须予以追究。

任何组织或者个人都不得有超越宪法和法律的特权。

第十条第二款、第四款、第五款　农村和城市郊区的土地，除由法律规定属于国家所有的以外，属于集体所有；宅基地和自留地、自留山，也属于集体所有。

任何组织或者个人不得侵占、买卖或者以其他形式非法转让土地。土地的使用权可以依照法律的规定转让。

一切使用土地的组织和个人必须合理地利用土地。

第十三条第一款、第二款　公民的合法的私有财产不受侵犯。

国家依照法律规定保护公民的私有财产权和继承权。

第五十一条　中华人民共和国公民在行使自由和权利的时候，不得损害国家的、社会的、集体的利益和其他公民的合法的自由和权利。

《中华人民共和国村民委员会组织法》

第一条　为了保障农村村民实行自治，由村民群众依法办理自己的事情，发展农村基层民主，促进农村社会主义物质文明和精神文明建设，根据宪法，制定本法。

第二条　村民委员会是村民自我管理、自我教育、自我服务的基层群众性自治组织，实行民主选举、民主决策、民主管理、民主监督。

村民委员会办理本村的公共事务和公益事业，调解民间纠纷，协助维护社会治安，向人民政府反映村民的意见、要求和提出建议。

第三条　中国共产党在农村的基层组织，按照中国共产党章程进行工作，发挥领导核心作用；依照宪法和法律，支持和保障村民开展自治活动、直接行使民主权利。

第四条　乡、民族乡、镇的人民政府对村民委员会的工作给予指导、支持和帮助，但是不得干预依法属于村民自治范围内的事项。

村民委员会协助乡、民族乡、镇的人民政府开展工作。

第五条　村民委员会应当支持和组织村民依法发展各种形式的合作经济和其他经济，承担本村生产的服务和协调工作，促进农村生产建设和社会主义市场经济的发展。

村民委员会应当尊重集体经济组织依法独立进行经济活动的自主权，维护以家庭承包经营为基础、统分结合的双层经营体制，保障集体经济组织和村民、承包经营户、联户或者合伙的合法的财产权和其他合法的权利和利益。

村民委员会依照法律规定，管理本村属于村农民集体所有的土地和其他财产，教育村民合理利用自然资源，保护和改善生态环境。

第六条　村民委员会应当宣传宪法、法律、法规和国家的政策，教育和推动村民履行法律规定的义务，爱护公共财产，维护村民合法的权利和利益，发展文化教育，普及科技知识，促进村和村之间的团结、互助，开展多种形式的社会主义精神文明建设活动。

第十九条　涉及村民利益的下列事项，村民委员会必须提请村民会议讨论决定，方可办理：

（一）乡统筹的收缴办法，村提留的收缴及使用；

（二）本村享受误工补贴的人数及补贴标准；

（二）从村集体经济所得收益的使用；

（四）村办学校、村建道路等村公益事业的经费筹集方案；

（五）村集体经济项目的立项、承包方案及村公益事业的建设承包方案；

（六）村民的承包经营方案；

（七）宅基地的使用方案；

（八）村民会议认为应当由村民会议讨论决定的涉及村民利益的其他事项。

第二十条　村民会议可以制定和修改村民自治章程、村规民约，并报乡、民族乡、镇的人民政府备案。

村民自治章程、村规民约以及村民会议或者村民代表讨论决定的事项不得与宪法、法律、法规和国家的政策相抵触，不得有侵犯村民的人身权利、民主权利和合法财产权利的内容。

第二十八条　地方各级人民代表大会和县级以上地方各级人民代表大会常务委员会在本行政区域内保证本法的实施，保障村民依法行使自治权利。

《中华人民共和国民法通则》

第四条　民事活动应当遵循自愿、公平、等价有偿、诚实信用的原则。

第五条　公民、法人的合法的民事权益受法律保护，任何组织和个人不得侵犯。

第六条　民事活动必须遵守法律，法律没有规定的，应当遵守国家政策。

第七条　民事活动应当尊重社会公德，不得损害社会公共利益，破坏国家经济计划，扰乱社会经济秩序。

第七十一条　财产所有权是指所有人依法对自己的财产享有占有、使用、收益和处分的权利。

第七十二条　财产所有权的取得，不得违反法律规定。

按照合同或者其他合法方式取得财产的，财产所有权从财产交付时起转移，法律另有规定或者当事人另有约定的除外。

第七十四条　劳动群众集体组织的财产属于劳动群众集体所有，包括：

（一）法律规定为集体所有的土地和森林、山岭、草原、荒地、滩涂等；

（二）集体经济组织的财产；

（三）集体所有的建筑物、水库、农田水利设施和教育、科学、文化、卫生、体育等设施；

（四）集体所有的其他财产。

集体所有的土地依照法律属于村农民集体所有，由村农业生产合作社等农业集体经济组织或者村民委员会经营、管理。已经属于乡（镇）农民集体经济组织所有的，可以属于乡（镇）农民集体所有。

集体所有的财产受法律保护，禁止任何组织或者个人侵占、哄抢、私分、破坏或者非法查封、扣押、冻结、没收。

第七十五条 公民的个人财产，包括公民的合法收入、房屋、储蓄、生活用品、文物、图书资料、林木、牲畜和法律允许公民所有的生产资料以及其他合法财产。

公民的合法财产受法律保护，禁止任何组织或者个人侵占、哄抢、破坏或者非法查封、扣押、冻结、没收。

第七十六条 公民依法享有财产继承权。

第七十八条 财产可以由两个以上的公民、法人共有。

共有分为按份共有和共同共有。按份共有人按照各自的份额，对共有财产分享权利，分担义务。共同共有人对共有财产享有权利，承担义务。

按份共有财产的每个共有人有权要求将自已的份额分出或者转让。但在出售时，其他共有人在同等条件下，有优先购买的权利。

第八十三条 不动产的相邻各方，应当按照有利生产、方便生活、团结互助、公平合理的精神，正确处理截水、排水、通行、通风、采光等方面的相邻关系。给相邻方造成妨碍或者损失的，应当停止侵害，排除妨碍，赔偿损失。

第一百二十五条 在公共场所、道旁或者通道上挖坑、修缮安装地下设施等，没有设置明显标志和采取安全措施造成他人损害的，施工人应当承担民事责任。

第一百二十六条 建筑物或者其他设施以及建筑物上的搁置物、悬挂物发生倒塌、脱落、坠落造成他人损害的，它的所有人或者管理人应当承担民事责任，但能够证明自己没有过错的除外。

《中华人民共和国担保法》

第三十三条　本法所称抵押，是指债务人或者第三人不转移对本法第三十四条所列财产的占有，将该财产作为债权的担保。债务人不履行债务时，债权人有权依照本法规定以该财产折价或者以拍卖、变卖该财产的价款优先受偿。

前款规定的债务人或者第三人为抵押人，债权人为抵押权人，提供担保的财产为抵押物。

第三十四条　下列财产可以抵押：

（一）抵押人所有的房屋和其他地上定着物；

（二）抵押人所有的机器、交通运输工具和其他财产；

（三）抵押人依法有权处分的国有的土地使用权、房屋和其他地上定着物；

（四）抵押人依法有权处分的国有的机器、交通运输工具和其他财产；

（五）抵押人依法承包并经发包方同意抵押的荒山、荒沟、荒丘、荒滩等荒地的土地使用权；

（六）依法可以抵押的其他财产。

抵押人可以将前款所列财产一并抵押。

第三十五条　抵押人所担保的债权不得超出其抵押物的价值。

财产抵押后，该财产的价值大于所担保债权的余额部分，可以再次抵押，但不得超出其余额部分。

第三十六条第三款　乡（镇）、村企业的土地使用权不得单独抵押。以乡（镇）、村企业的厂房等建筑物抵押的，其占用范围内的土地使用权同时抵押。

第三十七条　下列财产不得抵押：

（一）土地所有权；

（二）耕地、宅基地、自留地、自留山等集体所有的土地使用权，但本法第三十四条第（五）项、第三十六条第三款规定的除外；

（三）学校、幼儿园、医院等以公益为目的的事业单位、社会团体的教育设施、医疗卫生设施和其他社会公益设施；

（四）所有权、使用权不明或者有争议的财产；

（五）依法被查封、扣押、监管的财产；

（六）依法不得抵押的其他财产。

《中华人民共和国合同法》

第一条 为了保护合同当事人的合法权益，维护社会经济秩序，促进社会主义现代化建设，制定本法。

第二条 本法所称合同是平等主体的自然人、法人、其他组织之间设立、变更、终止民事权利义务关系的协议。

婚姻、收养、监护等有关身份关系的协议，适用其他法律的规定。

依法成立的合同，对当事人具有法律约束力。当事人应当按照约定履行自己的义务，不得擅自变更或者解除合同。

依法成立的合同，受法律保护。

第九条 当事人订立合同，应当具有相应的民事权利能力和民事行为能力。

当事人依法可以委托代理人订立合同。

第十条 当事人订立合同，有书面形式、口头形式和其他形式。

法律、行政法规规定采用书面形式的，应当采用书面形式。当事人约定采用书面形式的，应当采用书面形式。

第十一条 书面形式是指合同书、信件和数据电文（包括电报、电传、传真、电子数据交换和电子邮件）等可以有形地表现所载内容的形式。

第四十四条 依法成立的合同，自成立时生效。

法律、行政法规规定应当办理批准、登记等手续生效的，依照其规定。

第四十五条 当事人对合同的效力可以约定附加条件。附生效条件的合同，自条件成就时生效。附解除条件的合同，自条件成就时失效。

当事人为自己的利益不正当地阻止条件成就的，视为条件已成就；不正当地促成条件成就的，视为条件不成就。

第四十六条 当事人对合同的效力可以约定附期限。附生效期限的合同，自期限届至时生效。附终止期限的合同，自期限届满时失效。

《最高人民法院关于审理人身损害赔偿案件适用法律若干问题的解释》

第一条 因生命、健康、身体遭受侵害，赔偿权利人起诉请求赔偿义务人赔偿财产损失和精神损害的，人民法院应予受理。

本条所称“赔偿权利人”，是指因侵权行为或者其他致害原因直接遭受人身损害的受害人、依法由受害人承担扶养义务的被扶养人以及死亡受害人的近亲属。

本条所称“赔偿义务人”，是指因自己或者他人的侵权行为以及其他致害原因依法应当承担民事责任的自然人、法人或者其他组织。

第九条　雇员在从事雇佣活动中致人损害的，雇主应当承担赔偿责任；雇员因故意或者重大过失致人损害的，应当与雇主承担连带赔偿责任。雇主承担连带赔偿责任的，可以向雇员追偿。

前款所称“从事雇佣活动”，是指从事雇主授权或者指示范围内的生产经营活动或者其他劳务活动。雇员的行为超出授权范围，但其表现形式是履行职务或者与履行职务有内在联系的，应当认定为“从事雇佣活动”。

第十条　承揽人在完成工作过程中对第三人造成损害或者造成自身损害的，定作人不承担赔偿责任。但定作人对定作、指示或者选任有过失的，应当承担相应的赔偿责任。

第十一条　雇员在从事雇佣活动中遭受人身损害，雇主应当承担赔偿责任。雇佣关系以外的第三人造成雇员人身损害的，赔偿权利人可以请求第三人承担赔偿责任，也可以请求雇主承担赔偿责任。雇主承担赔偿责任后，可以向第三人追偿。

雇员在从事雇佣活动中因安全生产事故遭受人身损害，发包人、分包人知道或者应当知道接受发包或者分包业务的雇主没有相应资质或者安全生产条件的，应当与雇主承担连带赔偿责任。

属于《工伤保险条例》调整的劳动关系和工伤保险范围的，不适用本条规定。

第十三条　为他人无偿提供劳务的帮工人，在从事帮工活动中致人损害的，被帮工人应当承担赔偿责任。被帮工人明确拒绝帮工的，不承担赔偿责任。帮工人存在故意或者重大过失，赔偿权利人请求帮工人和被帮工人承担连带责任的，人民法院应予支持。

第十四条　帮工人因帮工活动遭受人身损害的，被帮工人应当承担赔偿责任。被帮工人明确拒绝帮工的，不承担赔偿责任；但可以在受益范围内予以适当补偿。

帮工人因第三人侵权遭受人身损害的，由第三人承担赔偿责任。第三人不能确定或者没有赔偿能力的，可以由被帮工人予以适当补偿。

第三十五条　本解释所称“城镇居民人均可支配收入”、“农村居民人均

纯收入”、“城镇居民人均消费性支出”、“农村居民人均年生活消费支出”、“职工平均工资”，按照政府统计部门公布的各省、自治区、直辖市以及经济特区和计划单列市上一年度相关统计数据确定。

“上一年度”是指一审法庭辩论终结时的上一统计年度。

第三十六条 本解释自2004年5月1日起施行。2004年5月1日后新受理的一审人身损害赔偿案件，适用本解释的规定。已经作出生效裁判的人身损害赔偿案件依法再审的，不适用本解释的规定。

在本解释公布施行之前已经生效施行的司法解释，其内容与本解释不一致的，以本解释为准。

《中华人民共和国婚姻法》

第三十九条 离婚时，夫妻的共同财产由双方协议处理；协议不成时，由人民法院根据财产的具体情况，照顾子女和女方权益的原则判决。

夫或妻在家庭土地承包经营中享有的权益等，应当依法予以保护。

第四十二条 离婚时，如一方生活困难，另一方应从其住房等个人财产中给予适当帮助。具体办法由双方协议；协议不成时，由人民法院判决。

第四十七条 离婚时，一方隐藏、转移、变卖、毁损夫妻共同财产，或伪造债务企图侵占另一方财产的，分割夫妻共同财产时，对隐藏、转移、变卖、毁损夫妻共同财产或伪造债务的一方，可以少分或不分。离婚后，另一方发现有上述行为的，可以向人民法院提起诉讼，请求再次分割夫妻共同财产。

人民法院对前款规定的妨害民事诉讼的行为，依照民事诉讼法的规定予以制裁。

第四十八条 对拒不执行有关抚养费、赡养费、财产分割、遗产继承、探望子女等判决或裁定的，由人民法院依法强制执行。有关个人和单位应负协助执行的责任。

《最高人民法院关于运用<中华人民共和国婚姻法>若干问题的解释（一）》

第二十七条 婚姻法第四十二条所称“一方生活困难”，是指依靠个人财产和离婚时分得的财产无法维持当地基本生活水平。

一方离婚后没有住处的，属于生活困难。

离婚时，一方以个人财产中的住房对生活困难者进行帮助的形式，可以是房屋的居住权或者房屋的所有权。

《最高人民法院关于适用<中华人民共和国婚姻法>若干问题的解释（二）》

第二十条 双方对夫妻共同财产中的房屋价值及归属无法达成协议时，人民法院按以下情形分别处理：

（一）双方均主张房屋所有权并且同意竞价取得的，应当准许；

（二）一方主张房屋所有权的，由评估机构按市场价格对房屋作出评估，取得房屋所有权的一方应当给予另一方相应的补偿；

（三）双方均不主张房屋所有权的，根据当事人的申请拍卖房屋，就所得价款进行分割。

第二十一条 离婚时双方对尚未取得所有权或者尚未取得完全所有权的房屋有争议且协商不成的，人民法院不宜判决房屋所有权的归属，应当根据实际情况判决由当事人使用。

当事人就前款规定的房屋取得完全所有权后，有争议的，可以另行向人民法院提起诉讼。

第二十二条 当事人结婚前，父母为双方购置房屋出资的，该出资应当认定为对自己子女的个人赠与，但父母明确表示赠与双方的除外。

当事人结婚后，父母为双方购置房屋出资的，该出资应当认定为对夫妻双方的赠与，但父母明确表示赠与一方的除外。

《中华人民共和国继承法》

第三条 遗产是公民死亡时遗留的个人合法财产，包括：

（一）公民的收入；

（二）公民的房屋、储蓄和生活用品；

（三）公民的林木、牲畜和家禽；

（四）公民的文物、图书资料；

（五）法律允许公民所有的生产资料；

（六）公民的著作权、专利权中的财产权利；

（七）公民的其他合法财产。

第八条 继承权纠纷提起诉讼的期限为二年，自继承人知道或者应当知道其权利被侵犯之日起计算。但是，自继承开始之日起超过二十年的，不得再提起诉讼。

第九条　继承权男女平等。

第十条　遗产按照下列顺序继承：

第一顺序：配偶、子女、父母。

第二顺序：兄弟姐妹、祖父母、外祖父母。

继承开始后，由第一顺序继承人继承，第二顺序继承人不继承。没有第一顺序继承人继承的，由第二顺序继承人继承。

本法所说的子女，包括婚生子女、非婚生子女、养子女和有扶养关系的继子女。

本法所说的父母，包括生父母、养父母和有扶养关系的继父母。

本法所说的兄弟姐妹，包括同父母的兄弟姐妹、同父异母或者同母异父的兄弟姐妹、养兄弟姐妹、有扶养关系的继兄弟姐妹。

第十六条　公民可以依照本法规定立遗嘱处分个人财产，并可以指定遗嘱执行人。

公民可以立遗嘱将个人财产指定由法定继承人的，一人或者数人继承。

公民可以立遗嘱将个人财产赠给国家、集体或者法定继承人以外的人。

第十七条　公证遗嘱由遗嘱人经公证机关办理。

自书遗嘱由遗嘱人亲笔书写，签名，注明年、月、日。

代书遗嘱应当有两个以上见证人在场见证，由其中一人代书，注明年、月、日，并由代书人、其他见证人和遗嘱人签名。

以录音形式立的遗嘱，应当有两个以上见证人在场见证。

遗嘱人在危急情况下，可以立口头遗嘱。口头遗嘱应当有两个以上见证人在场见证。危急情况解除后，遗嘱人能够用书面或者录音形式立遗嘱的，所立的口头遗嘱无效。

《中华人民共和国行政许可法》

第一条　为了规范行政许可的设定和实施，保护公民、法人和其他组织的合法权益，维护公共利益和社会秩序，保障和监督行政机关有效实施行政管理，根据宪法，制定本法。

第二条　本法所称行政许可，是指行政机关根据公民、法人或者其他组织的申请，经依法审查，准予其从事特定活动的行为。

第七条　公民、法人或者其他组织对行政机关实施行政许可，享有陈述权、申辩权；有权依法申请行政复议或者提起行政诉讼；其合法权益因行政机关违法实施行政许可受到损害的，有权依法要求赔偿。

第八条　公民、法人或者其他组织依法取得的行政许可受法律保护，行政机关不得擅自改变已经生效的行政许可。

行政许可所依据的法律、法规、规章修改或者废止，或者准予行政许可所依据的客观情况发生重大变化的，为了公共利益的需要，行政机关可以依法变更或者撤回已经生效的行政许可。由此给公民、法人或者其他组织造成财产损失的，行政机关应当依法给予补偿。

依法取得的行政许可，除法律、法规规定依照法定条件和程序可以转让的外，不得转让。

《中华人民共和国行政处罚法》

第三条　公民、法人或者其他组织违反行政管理秩序的行为，应当给予行政处罚的，依照本法由法律、法规或者规章规定，并由行政机关依照本法规定的程序实施。

没有法定依据或者不遵守法定程序的，行政处罚无效。

第六条　公民、法人或者其他组织对行政机关所给予的行政处罚，享有陈述权、申辩权；对行政处罚不服的，有权依法申请行政复议或者提起行政诉讼。

公民、法人或者其他组织因行政机关违法给予行政处罚受到损害的，有权依法提出赔偿要求。

《中华人民共和国行政复议法》

第一条　为了防止和纠正违法的或者不当的具体行政行为保护公民、法人和其他组织的合法权益，保障和监督行政机关依法行使职权，根据宪法，制定本法。

第二条　公民、法人或者其他组织认为具体行政行为侵犯其合法权益，向行政机关提出行政复议申请，行政机关受理行政复议申请、作出行政复议决定，适用本法。

第五条　公民、法人或者其他组织对行政复议决定不服的，可以依照行政诉讼法的规定向人民法院提起行政诉讼，但是法律规定行政复议决定为最终裁决的除外。

《中华人民共和国土地管理法》

第八条第二款 农村和城市郊区的土地，除由法律规定属于国家所有的以外，属于农民集体所有；宅基地和自留地、自留山，属于农民集体所有。

第十条 农民集体所有的土地依法属于村农民集体所有的，由村集体经济组织或者村民委员会经营、管理；已经分别属于村内两个以上农村集体经济组织的农民集体所有的，由村内各该农村集体经济组织或者村民小组经营、管理；已经属于乡（镇）农民集体所有的，由乡（镇）农村集体经济组织经营、管理。

第十一条第一款、第二款 农民集体所有的土地，由县级人民政府登记造册，核发证书，确认所有权。

农民集体所有的土地依法用于非农业建设的，由县级人民政府登记造册，核发证书，确认建设用地使用权。

第十三条 依法登记的土地的所有权和使用权受法律保护，任何单位和个人不得侵犯。

第十六条 土地所有权和使用权争议，由当事人协商解决；协商不成的，由人民政府处理。

单位之间的争议，由县级以上人民政府处理；个人之间、个人与单位之间的争议，由乡级人民政府或者县级以上人民政府处理。

当事人对有关人民政府的处理决定不服的，可以自接到处理决定通知之日起三十日内，向人民法院提起诉讼。

在土地所有权和使用权争议解决前，任何一方不得改变土地利用现状。

第二十条 县级土地利用总体规划应当划分土地利用区，明确土地用途。

乡（镇）土地利用总体规划应当划分土地利用区，根据土地使用条件，确定每一块土地的用途，并予以公告。

第三十六条 非农业建设必须节约使用土地，可以利用荒地的，不得占用耕地；可以利用劣地的，不得占用好地。

禁止占用耕地建窑、建坟或者擅自在耕地上建房、挖砂、采石、采矿、取土等。

禁止占用基本农田发展林果业和挖塘养鱼。

第四十三条 任何单位和个人进行建设，需要使用土地的，必须依法申请使用国有土地；但是，兴办乡镇企业和村民建设住宅经依法批准使用本集体经济组织农民集体所有的土地的，或者乡（镇）村公共设施和公益事业建设经依法批准使用农民集体所有的土地的除外。

前款所称依法申请使用的国有土地包括国家所有的土地和国家征收的原属于农民集体所有的土地。

第四十四条第二款　省、自治区、直辖市人民政府批准的道路、管线工程和大型基础设施建设项目、国务院批准的建设项目占用土地，涉及农用地转为建设用地的，由国务院批准。

第五十九条　乡镇企业、乡（镇）村公共设施、公益事业、农村村民住宅等乡（镇）村建设，应当按照村庄和集镇规划，合理布局，综合开发，配套建设；建设用地，应当符合乡（镇）土地利用总体规划和土地利用年度计划，并依照本法**第四十四条、第六十条、第六十一条、第六十二条**的规定办理审批手续。

第六十一条　乡（镇）村公共设施、公益事业建设，需要使用土地的，经乡（镇）人民政府审核，向县级以上地方人民政府土地行政主管部门提出申请，按照省、自治区、直辖市规定的批准权限，由县级以上地方人民政府批准；其中，涉及占用农用地的，依照本法**第四十四条**的规定办理审批手续。

第六十二条　农村村民一户只能拥有一处宅基地，其宅基地的面积不得超过省、自治区、直辖市规定的标准。

农村村民建住宅，应当符合乡（镇）土地利用总体规划，并尽量使用原有的宅基地和村内空闲地。

农村村民住宅用地，经乡（镇）人民政府审核，由县级人民政府批准；其中，涉及占用农用地的，依照本法**第四十四条**的规定办理审批手续。

农村村民出卖、出租住房后，再申请宅基地的，不予批准。

第七十七条　农村村民未经批准或者采取欺骗手段骗取批准，非法占用土地建住宅的，由县级以上人民政府土地行政主管部门责令退还非法占用的土地，限期拆除在非法占用的土地上新建的房屋。

超过省、自治区、直辖市规定的标准，多占的土地以非法占用土地论处。

《中华人民共和国土地管理法实施条例》

第十九条　建设占用土地，涉及农用地转为建设用地的，应当符合土地利用总体规划和土地利用年度计划中确定的农用地转用指标；城市和村庄、集镇建设

占用土地，涉及农用地转用的，还应当符合城市规划和村庄、集镇规划。不符合规定的，不得批准农用地转为建设用地。

《关于加强村镇建设工程质量安全管理的若干意见》

……

二、加强服务和指导力度，提高村镇工程质量安全水平

（一）各地建设行政主管部门应结合本地区实际情况，充分考虑当地的建材及习惯做法。因地制宜，并通过必要的试验，组织编制、修订本行政区域内建制镇、集镇规划区内的居民和村庄建设规划范围内的农民自建住宅标准、通用设计图或标准设计图集。住宅通用设计图或标准设计图集应符合国家规定，并向村庄建设规划范围内的建房农民无偿提供。建筑设计应注意对当地民居建筑风格的继承和保持，方案应多样化，以适应不同层次的需求。

（二）各地建设行政主管部门要有针对性地组织设计力量开展村镇工程设计竞赛，提倡推广新型住宅设计方案，逐步引导村庄建设规划范围内的农民自建住宅由传统结构型式向符合国家标准规范的结构型式转变。同时，结合本地情况，指导农民改革自建住宅的建造模式，通过样板村镇建设活动引导新的村镇工程建造和管理模式。

（三）各地建设行政主管部门要把大力扶持发展土地建筑劳务输出与提高村镇建设工程质量紧密结合起来，加强村镇建筑队伍的技术培训工作，并制定符合本地实际的农民自建住宅施工技术规程等地方标准以指导施工。县级建设行政主管部门对培训合格人员可发给培训合格证书。

《国家建委、国家农业委员会关于印发＜村镇规划原则＞的通知》

第二条　本《原则》适用于农村各级居民点（统称为村镇），即公社所在地、社辖集镇和不同规模的村庄。也可供林、牧、渔业等为主的村镇以及国营农、林、牧、渔场场部和分场部等所在地规划设计时参考。

第三条　本《原则》适用于原有村镇的改建、扩建和选址新建。

第四条　村镇规划是指导村镇建设的依据，其基本任务是：研究确定村镇的性质与发展规模，合理组织村镇各项用地妥善安排建设项目，以便科学地、有计划地进行建设，适应农业现代化建设和广大农民生活水平不断提高的需要。

第五条 村镇规划要贯彻有利生产、方便生活的原则，对村镇各项建设做到合理布局，协调发展，并适当留有发展余地。

第六条 要十分珍惜土地。村镇各项建设应充分挖掘原有村镇用地的潜力，必须选址扩建或新建时，尽量利用坡地、荒地、薄地，严格控制扩占耕地、林地、人工牧场。在人多地少的农业高产地区和有条件的地方，提倡建楼房。

第八条 要充分利用原有设施，逐步改建，不断完善，避免求新过急，大拆大建。

第九条 要结合当地现状、自然条件、生活习惯等特点，为农民创造舒适、卫生的生活环境。规划布局和空间组织要因地制宜、灵活多样、具有鲜明的地方特色和民族特点，避免追求脱离实际的形式主义。

第十一条 要保护有价值的名胜古迹、革命历史遗迹和民间传统建筑。

第十二条 要认真贯彻群众路线，广泛听取当地农民对村镇规划的意见，集思广益，群策群力，避免主观片面性。

第十五条 村镇建设规划，是在总体规划的指导下，具体选定有关规划的各项定额指标；安排各项建设用地；确定各项建筑及公用设施的建设方案；规划村镇范围内的交通运输系统、绿化以及环境卫生工程；确定道路红线、断面设计和控制点的坐标、标高；布置各项工程管线及构筑物；提出各项工程的工程量和概算；确定规划实施的步骤和措施。

第十八条 弄清现状与建设条件是搞好村镇规划与建设的基础。内容一般应包括：（1）当地的自然资源情况；（2）各行业现状与发展计划；（3）气象、水文、地质、地震资料；（4）土地使用情况及现状地形图；（5）人口资料；（6）住宅现状资料；（7）公共福利及公用设施现状资料。

第二十四条 住宅建筑用地必须选择在自然环境良好，空气、水质不受污染，符合居住卫生和防火要求的地段。

第二十五条 为保证住宅建筑用地不被有害气体及污水的污染，应布置在大气污染源的上风位和水污染源的上游。并与工副业、畜牧业用地有一定的隔离。注意防止厕所、畜圈以及堆肥场等对饮用水源的污染。

第二十六条 住宅建筑的布置应当紧凑合理，节约用地，要注意朝向和安全防火，适当组建成建筑群。

要教育农村干部、社员正确处理个人和集体的关系、眼前利益和长远利益的关系，顾全大局，维护集体利益，保护耕地，节约用地，绝不允许任何个人和单位乱占滥用耕地。

《国务院批转第二次全国农村房屋建设工作会议纪要的通知》

农村房屋建设，是关系8亿农民切身利益和改变农村面貌的一件大事。随着农村经济的不断发展和农民生活水平的逐步提高，广大农民不仅要求改善居住条件，而且要求改善生活服务条件、环境条件，增设商业、文化、卫生、公用福利等各种设施。形势的发展，要求把农房建设工作扩大到有规划地建设村庄和集镇上来。对于这种新的形势，各级政府要有充分的估计，要有一个设想，从农村发展的全局出发，把村镇规划和建设摆上议事日程，认真加以研究，作出部署，定期检查。特别是县一级政府要在抓好农业生产的基础上，抓好村镇建设，采取有效措施，加强组织领导，切实搞好规划，要十分珍惜和节约用地，制止乱占滥用耕地的现象。主管村镇建设的部门、农业部门和其他有关部门要密切配合，大力协同，充分调动社队和广大农民的积极性，依靠农民自己的力量，在统一规划下，逐步把我国现在还比较落后的村镇建设成为现代化的、高度文明的社会主义新村镇。

《村庄和集镇规划建设管理条例》

第一条 为加强村庄、集镇的规划建设管理，改善村庄、集镇的生产、生活环境，促进农村经济和社会发展，制定本条例。

第二条 制定和实施村庄、集镇规划，在村庄、集镇规划区内进行居民住宅、乡（镇）村企业、乡（镇）村公共设施和公益事业等的建设，必须遵守本条例。但是，国家征用集体所有的土地进行的建设除外。

在城市规划区内的村庄、集镇规划的制定和实施，依照城市规划法及其实施条例执行。

第三条 本条例所称村庄，是指农村村民居住和从事各种生产的聚居点。

本条例所称集镇，是指乡、民族乡人民政府所在地和经县级人民政府确认由集市发展而成的作为农村一定区域经济、文化和生活服务中心的非建制镇。

本条例所称村庄、集镇规划区，是指村庄、集镇建成区和因村庄、集镇建设及发展需要实行规划控制的区域。村庄、集镇规划区的具体范围，在村庄、集镇总体规划中划定。

第四条　村庄、集镇规划建设管理，应当坚持合理布局、节约用地的原则，全面规划，正确引导，依靠群众，自力更生，因地制宜，量力而行，逐步建设，实现经济效益、社会效益和环境效益的统一。

第三章　新农村建设房屋拆迁法律依据及相关政策

（1）1980年3月14日《国家建委、国家农业委员会、农业部、建材工业部、国家建工总局关于印发<全国农村房屋建设工作会议的报告>的通知》；

（2）1981年4月17日《国务院关于制止农村建房侵占耕地的紧急通知》；

（3）1982年1月7日《国务院批转第二次全国农村房屋建设工作会议纪要的通知》；

（4）1982年10月8日《中共中央书记处农村政策研究室、城乡建设环境保护部关于切实解决滥占耕地建房问题的报告》；

（5）1982年10月29日《中共中央办公厅、国务院办公厅转发中共中央书记处农村政策研究室、城乡建设环境保护部<关于切实解决滥占耕地建房问题的报告>的通知》；

（6）1982年1月14日《国家建委、国家农业委员会关于印发<村镇规划原则>的通知》；

（7）1985年9月11日（法（民）发［1985］22号）《最高人民法院关于贯彻执行<中华人民共和国继承法>若干问题的意见》；

（8）自1985年10月1日起施行的《中华人民共和国草原法》；

（9）自1985年10月1日起施行的<中华人民共和国继承法》；

（10）1985年11月21日《最高人民法院关于解放前劳动人民之间宅基地租赁契约是否承认和保护问题的批复》；

（11）1986年11月14日《最高人民法院关于公民对宅基地只有使用权没有所有权的批复》；

（12）（［1987］民他字第48号）《最高人民法院关于土改时部分确权，部

分未确权的祖遗房产应如何继承问题的批复》；

（13）自1987年1月1日起施行的《中华人民共和国民法通则》；

（14）1988年1月26日《最高人民法院关于贯彻执行<中华人民共和国民法通则>若干问题的意见（试行）》；

（15）1989年11月7日《最高人民法院民事审判庭关于董文忠与郑明德宅基地纠纷案的电话答复》；

（16）1990年1月3日《国务院批转国家土地管理局<关于加强农村宅基地管理工作的请求>的通知》；

（17）自1990年10月1日起施行的《中华人民共和国行政诉讼法》；

（18）自1991年4月9日起施行的《中华人民共和国民事诉讼法》；

（19）1992年7月14日《最高人民法院关于适用<中华人民共和国民事诉讼法>若干问题的意见》；

（21）自1993年11月1日起施行的《村庄和集镇规划建设管理条例》；

（22）1995年3月11日《国家土地管理局<确定土地所有权和使用权的若干规定>》；

（23）自1996年10月1日起施行的《中华人民共和国行政处罚法》；

（24）1998年4月29日修正文本《中华人民共和国森林法》；

（25）自1998年11月4日起施行的《中华人民共和国村民委员会组织法》；

（26）1998年12月27日《中华人民共和国土地管理法实施条例》；

（27）自1999年10月1日起施行的《中华人民共和国合同法》；

（28）自1999年10月1日起施行的《中华人民共和国行政复议法》；

（29）1999年12月19日《最高人民法院关于适用<中华人民共和国合同法>若干问题的解释（一）》；

（30）2000年3月10日《最高人民法院关于执行<中华人民共和国行政诉讼法>若干问题的解释》；

（31）2001年4月28日修正版《中华人民共和国婚姻法》；

（32）（法释［2001］30号）《最高人民法院关于适用<中华人民共和国婚姻法>若干问题的解释（一）》；

（33）自2002年7月1日起施行的《国土资源信访规定》；

（34）自2002年10月1日起施行的《最高人民法院关于行政诉讼证据若干问

题的规定》；

（35）自2003年3月1日起施行的《土地权属争议调查处理办法》；

（36）2003年12月25日《最高人民法院关于适用<中华人民共和国婚姻法>若干问题的解释（二）》；

（37）2004年3月14日修正的《中华人民共和国宪法》；

（38）自2004年7月1日起施行的《中华人民共和国行政许可法》；

（39）2004年8月28日修正的《中华人民共和国土地管理法》；

（40）（建质［2004］216号）《建设部关于加强村镇建设工程质量安全管理的若干意见》；

（41）2004年11月2日《国土资源部印发<关于加强农村宅基地管理的意见>的通知》；

（42）（建规［2004］185号）《关于贯彻<国务院关于深化改革严格土地管理的决定>的通知》；

（43）2005年4月28日《建设部信访工作管理办法》；

（44）自2005年5月1日起施行的《信访条例》；

（45）2005年10月11日《中国共产党第十六届中央委员会第五次全体会议公报》；

（46）2005年10月11日《中共中央关于制定国民经济和社会发展第十一个五年计划的建议》；

（47）2005年12月31日《中共中央、国务院关于推进社会主义新农村建设的若干意见》；

（48）胡锦涛《扎扎实实规划和推进社会主义新农村建设——2006年2月14日在中共中央举办的省部级主要领导干部建设社会主义新农村专题研讨班上》；

（49）温家宝《政府工作报告——2006年3月5日在第十届全国人民代表大会第四次会议上》；

（50）与《中共中央、国务院关于推进社会主义新农村建设若干意见》适用相关联的法律依据及相关政策。

第四章　新农村建设房屋拆迁法律救济

新农村建设房屋拆迁法律救济，是指违法或者不当的具体行政行为给新农村

建设房屋拆迁当事人造成损害时，法律给予其事后救济的行政执行或司法诉讼活动。新农村建设房屋拆迁法律救济是依法保障新农村建设房屋拆迁当事人合法建设行为不受侵犯的不可或缺的法律救济途径，是社会主义法治国家依法行政、公正司法的基本要求。

法律链接

《中华人民共和国宪法》

第五条第四款、第五款 一切国家机关和武装力量、各政党和各社会团体、各企业事业组织都必须遵守宪法和法律。一切违反宪法和法律的行为，必须予以追究。

任何组织或者个人都不得有超越宪法和法律的特权。

第十三条第一款、第二款 公民的合法的私有财产不受侵犯。

国家依照法律规定保护公民的私有财产权和继承权。

第四十一条 中华人民共和国公民对于任何国家机关和国家工作人员，有提出批评和建议的权利；对于任何国家机关和国家工作人员的违法失职行为，有向有关国家机关提出申诉、控告或者检举的权利，但是不得捏造或者歪曲事实进行诬告陷害。

对于公民的申诉、控告或者检举，有关国家机关必须查清事实，负责处理。任何人不得压制和打击报复。

由于国家机关和国家工作人员侵犯公民权利而受到损失的人，有依照法律规定取得赔偿的权利。

《中华人民共和国行政复议法》

第二条 公民、法人或者其他组织认为具体行政行为侵犯其合法权益，向行政机关提出行政复议申请，行政机关受理行政复议申请、作出行政复议决定，适用本法。

第三条 依照本法履行行政复议职责的行政机关是行政复议机关。行政复议机关负责法制工作的机构具体办理行政复议事项，履行下列职责：

（一）受理行政复议申请；

（二）向有关组织和人员调查取证，查阅文件和资料

（三）审查申请行政复议的具体行政行为是否合法与适当，拟订行政复议决定；

（四）处理或者转送对本法第七条所列有关规定的审查申请；

（五）对行政机关违反本法规定的行为依照规定的权限和程序提出处理建议；

（六）办理因不服行政复议决定提起行政诉讼的应诉事项；

（七）法律、法规规定的其他职责。

第五条　公民、法人或者其他组织对行政复议决定不服的，可以依照行政诉讼法的规定向人民法院提起行政诉讼，但是法律规定行政复议决定为最终裁决的除外。

第六条　有下列情形之一的，公民、法人或者其他组织可以依照本法申请行政复议：

（一）对行政机关作出的警告、罚款、没收违法所得、没收非法财物、责令停产停业、暂扣或者吊销许可证、暂扣或者吊销执照、行政拘留等行政处罚决定不服的；

（二）对行政机关作出的限制人身自由或者查封、扣押、冻结财产等行政强制措施决定不服的；

（三）对行政机关作出的有关许可证、执照、资质证、资格证等证书变更、中止、撤销的决定不服的；

（四）对行政机关作出的关于确认土地、矿藏、水流、森林、山岭、草原、荒地、滩涂、海域等自然资源的所有权或者使用权的决定不服的；

（五）认为行政机关侵犯合法的经营自主权的；

（六）认为行政机关变更或者废止农业承包合同，侵犯其合法权益的；

（七）认为行政机关违法集资、征收财物、摊派费用或者违法要求履行其他义务的；

（八）认为符合法定条件，申请行政机关颁发许可证、执照、资质证、资格证等证书，或者申请行政机关审批、登记有关事项，行政机关没有依法办理的；

（九）申请行政机关履行保护人身权利、财产权利、受教育权利的法定职责，行政机关没有依法履行的；

（十）申请行政机关依法发放抚恤金、社会保险金或者最低生活保障费，行政机关没有依法发放的；

（十一）认为行政机关的其他具体行政行为侵犯其合法权益的。

第七条 公民、法人或者其他组织认为行政机关的具体行政行为所依据的下列规定不合法，在对具体行政行为申请行政复议时，可以一并向行政复议机关提出对该规定的审查申请：

（一）国务院部门的规定；

（二）县级以上地方各级人民政府及其工作部门的规定；

（三）乡、镇人民政府的规定。

前款所列规定不含国务院部、委员会规章和地方人民政府规章。规章的审查依照法律、行政法规办理。

第九条第一款 公民、法人或者其他组织认为具体行政行为侵犯其合法权益的，可以自知道该具体行政行为之日起六十日内提出行政复议申请；但是法律规定的申请期限超过六十日的除外。

第十条 依照本法申请行政复议的公民、法人或者其他组织是申请人。

有权申请行政复议的公民死亡的，其近亲属可以申请行政复议。有权申请行政复议的公民为无民事行为能力人或者限制民事行为能力人的，其法定代理人可以代为申请行政复议。有权申请行政复议的法人或者其他组织终止的，承受其权利的法人或者其他组织可以申请行政复议。

同申请行政复议的具体行政行为有利害关系的其他公民、法人或者其他组织，可以作为第三人参加行政复议。

公民、法人或者其他组织对行政机关的具体行政行为不服申请行政复议的，作出具体行政行为的行政机关是被申请人。

申请人、第三人可以委托代理人代为参加行政复议。

第三十九条 行政复议机关受理行政复议申请，不得向申请人收取任何费用。行政复议活动所需经费，应当列入本机关的行政经费，由本级财政予以保障。

《中华人民共和国行政处罚法》

第一条 为了规范行政处罚的设定和实施，保障和监督行政机关有效实施行政管理，维护公共利益和社会秩序，保护公民、法人或者其他组织的合法权益，根据宪法，制定本法。

第二条 行政处罚的设定和实施，适用本法。

第三条第一款　公民、法人或者其他组织违反行政管理秩序的行为，应当给予行政处罚的，依照本法由法律、法规或者规章规定，并由行政机关依照本法规定的程序实施。

第六条　公民、法人或者其他组织对行政机关所给予的行政处罚，享有陈述权、申辩权；对行政处罚不服的，有权依法申请行政复议或者提起行政诉讼。

公民、法人或者其他组织因行政机关违法给予行政处罚受到损害的，有权依法提出赔偿要求。

第五十五条　行政机关实施行政处罚，有下列情形之一的，由上级行政机关或者有关部门责令改正，可以对直接负责的主管人员和其他直接责任人员依法给予行政处分：

（一）没有法定的行政处罚依据的；

（二）擅自改变行政处罚种类、幅度的；

（三）违反法定的行政处罚程序的；

（四）违反本法第十八条关于委托处罚的规定的。

第五十六条　行政机关对当事人进行处罚不使用罚款、没收财物单据或者使用非法定部门制发的罚款、没收财物单据的，当事人有权拒绝处罚，并有权予以检举。上级行政机关或者有关部门对使用的非法单据予以收缴销毁，对直接负责的主管人员和其他直接责任人员依法给予行政处分。

第六十条　行政机关违法实行检查措施或者执行措施，给公民人身或者财产造成损害、给法人或者其他组织造成损失的，应当依法予以赔偿，对直接负责的主管人员和其他直接责任人员依法给予行政处分；情节严重构成犯罪的，依法追究刑事责任。

《中华人民共和国行政许可法》

第七条　公民、法人或者其他组织对行政机关实施行政许可，享有陈述权、申辩权；有权依法申请行政复议或者提起行政诉讼；其合法权益因行政机关违法实施行政许可受到损害的，有权依法要求赔偿。

第八条　公民、法人或者其他组织依法取得的行政许可受法律保护，行政机关不得擅自改变已经生效的行政许可。

行政许可所依据的法律、法规、规章修改或者废止，或者准予行政许可所依

据的客观情况发生重大变化的，为了公共利益的需要，行政机关可以依法变更或者撤回已经生效的行政许可。由此给公民、法人或者其他组织造成财产损失的，行政机关应当依法给予补偿。

第六十三条 行政机关实施监督检查，不得妨碍被许可人正常的生产经营活动，不得索取或者收受被许可人的财物，不得谋取其他利益。

第七十三条 行政机关工作人员办理行政许可、实施监督检查，索取或者收受他人财物或者谋取其他利益，构成犯罪的，依法追究刑事责任；尚不构成犯罪的，依法给予行政处分。

第七十六条 行政机关违法实施行政许可，给当事人的合法权益造成损害的，应当依照国家赔偿法的规定给予赔偿。

《中华人民共和国民法通则》

第七十五条第一款 公民的个人财产，包括公民的合法收入、房屋、储蓄、生活用品、文物、图书资料、林木、牲畜和法律允许公民所有的生产资料以及其他合法财产。

第一百一十九条 侵害公民身体造成伤害的，应当赔偿医疗费、因误工减少的收入、残废者生活补助费等费用；造成死亡的，并应当支付丧葬费、死者生前扶养的人必要的生活费等费用。

第一百二十一条 国家机关或者国家机关工作人员在执行职务中，侵犯公民、法人的合法权益造成损害的，应当承担民事责任。

《国土资源信访规定》

第二条 本规定所称国土资源信访，是指公民、法人和其他组织采用书信、电话、电报、电子邮件、走访等形式，向各级国土资源管理部门反映问题，举报违法行为，提出意见、建议和要求，依法应当由国土资源管理部门处理的活动。

《中华人民共和国土地管理法》

第六十八条 土地管理监督检查人员履行职责，需要进入现场进行勘测、要求有关单位或者个人提供文件、资料和作出说明的，应当出示土地管理监督检查证件。

第七十条 县级以上人民政府土地行政主管部门在监督检查工作中发现国家

工作人员的违法行为，依法应当给予行政处分的，应当依法予以处理；自己无权处理的，应当向同级或者上级人民政府的行政监察机关提出行政处分建议书，有关行政监察机关应当依法予以处理。

第八十四条　土地行政主管部门的工作人员玩忽职守、滥用职权、徇私舞弊，构成犯罪的，依法追究刑事责任；尚不构成犯罪的，依法给予行政处分。

第五章　新农村建设主管部门

国务院建设行政主管部门主管全国新农村建设规划建设管理工作。

县级以土地方人民政府建设行政主管部门主管本行政区域的村庄、集镇规划建设管理工作。

乡级人民政府负责本行政区域的村庄、集镇规划建设管理工作。

国务院农业行政主管部门主管全国新农村建设农业和农村经济发展工作，国务院林业行政主管部门和其他有关部门在各自的职责范围内，负责有关新农村建设的农业和农村经济发展工作。

县级以上地方人民政府各农业行政主管部门负责本行政区域内的新农村建设种植业、畜牧业、渔业等农业和农村经济发展工作，林业行政主管部门负责本行政区域内的新农村建设林业工作。县级以上地方人民政府其他有关部门在各自的职责范围内，负责本行政区域内新农村建设有关的为农业生产经营服务的工作。

县级以上人民政府土地行政主管部门依照有关法律、行政法规的规定，负责与新农村建设有关的土地管理工作。

各级党委和人民政府要从战略和全局的高度出发，对建设社会主义新农村负总责。各级党委和人民政府的工作部门都要明确自身在新农村建设中的职责和任务，特别是宏观管理、基础产业和公共服务部门要对新农村建设工作加强指导服务，帮助基层解决新农村建设中遇到的各种矛盾和问题。

法律链接

《中华人民共和国农业法》

第一条　为了巩固和加强农业在国民经济中的基础地位，深化农村改革，发展农业生产力，推进农业现代化，维护农民和农业生产经营组织的合法权益，增

加农民收入，提高农民科学文化素质，促进农业和农村经济的持续、稳定、健康发展，实现全面建设小康社会的目标，制定本法。

第二条 本法所称农业，是指种植业、林业、畜牧业和渔业等产业，包括与其直接相关的产前、产中、产后服务。

本法所称农业生产经营组织，是指农村集体经济组织、农民专业合作经济组织、农业企业和其他从事农业生产经营的组织。

第三条 国家把农业放在发展国民经济的首位。

农业和农村经济发展的基本目标是：建立适应发展社会主义市场经济要求的农村经济体制，不断解放和发展农村生产力，提高农业的整体素质和效益，确保农产品供应和质量，满足国民经济发展和人口增长、生活改善的需求，提高农民的收入和生活水平，促进农村富余劳动力向非农产业和城镇转移，缩小城乡差别和区域差别，建设富裕、民主、文明的社会主义新农村，逐步实现农业和农村现代化。

第四条 国家采取措施，保障农业更好地发挥在提供食物、工业原料和其他农产品，维护和改善生态环境，促进农村经济社会发展等多方面的作用。

第五条 国家坚持和完善公有制为主体、多种所有制经济共同发展的基本经济制度，振兴农村经济。

国家长期稳定农村以家庭承包经营为基础、统分结合的双层经营体制，发展社会化服务体系，壮大集体经济实力，引导农民走共同富裕的道路。

国家在农村坚持和完善以按劳分配为主体、多种分配方式并存的分配制度。

第六条 国家坚持科教兴农和农业可持续发展的方针。

国家采取措施加强农业和农村基础设施建设，调整、优化农业和农村经济结构，推进农业产业化经营，发展农业科技、教育事业，保护农业生态环境，促进农业机械化和信息化，提高农业综合生产能力。

第七条 国家保护农民和农业生产经营组织的财产及其他合法权益不受侵犯。

各级人民政府及其有关部门应当采取措施增加农民收入，切实减轻农民负担。

第八条 全社会应当高度重视农业，支持农业发展。

国家对发展农业和农村经济有显著成绩的单位和个人，给予奖励。

第九条 各级人民政府对农业和农村经济发展工作统一负责，组织各有关部门和全社会做好发展农业和为发展农业服务的各项工作。

国务院农业行政主管部门主管全国农业和农村经济发展工作，国务院林业行政主管部门和其他有关部门在各自的职责范围内，负责有关的农业和农村经济发展工作。

县级以上地方人民政府各农业行政主管部门负责本行攻区域内的种植业、畜牧业、渔业等农业和农村经济发展工作，林业行政主管部门负责本行政区域内的林业工作。县级以上地方人民政府其他有关部门在各自的职责范围内，负责本行政区域内有关的为农业生产经营服务的工作。

《村庄和集镇规划建设管理条例》

第六条　国务院建设行政主管部门主管全国的村庄、集镇规划建设管理工作。

县级以上地方人民政府建设行政主管部门，主管本行政区域的村庄、集镇规划建设管埋工作。

乡级人民政府负责本行政区域的村庄、集镇规划建设管理工作。

《中共中央、国务院关于推进社会主义新农村建设的若干意见》

……

八、切实加强领导，动员全党全社会关心、支持和参与社会主义新农村建设

（三十）加强对社会主义新农村建设工作的领导。推进社会主义新农村建设事关我国农业和农村的长远发展，事关改革开放和现代化建设的大局，各级党委和政府要从战略和全局的高度出发，把建设社会主义新农村作为一件大事，真正列入议事日程，切实加强领导，明确工作重点，每年为农民办几件实事。各级党委和政府的工作部门都要明确自身在新农村建设中的职责和任务，特别是宏观管理、基础产业和公共服务部门，在制定发展规划、安排建设投资和事业经费时，要充分考虑统筹城乡发展的要求，更多地向农村倾斜。各地区各部门要建立推进新农村建设的工作协调机制，加强统一领导，明确职责分工，搞好配合协作。各级领导干部要深入农村调查研究，总结实践经验，加强指导服务，帮助基层解决新农村建设中遇到的各种矛盾和问题。

《中华人民共和国土地管理法》

第五条　国务院土地行政主管部门统一负责全国土地的管理和监督工作。

县级以上地方人民政府土地行政主管部门的设置及其职责，由省、自治区、

直辖市人民政府根据国务院有关规定确定。

第六章 新农村建设主体

主体是指实践活动和认识活动的承担者。在哲学上同“客体"相对。客体指主体实践活动和认识活动的对象。辩证唯物主义认为，主体是具有意识性、自觉触动性和社会历史性的现实的人；客体是主体活动所指向的对象。人类历史是主体和客体形成以及他们之间不断相互作用、相互转化的发展历史。民事法律关系的主体，是民事法律关系主体、内容、客体三要素之一，主要指自然人与法人、合伙组织特殊情况下国家也可以成为民事主体。

社会主义新农村建设主体，是新农村建设所在村庄的农民群众。建设社会主义新农村为的是农民，靠的是农民。2006年中共中央1号文件指示：“必须坚持以人为本，着力解决农民生产生活中最迫切的实际问题，切实让农民得到实惠”。“尊重农民的主体地位”，“必须坚持发挥各方面积极性，依靠农民辛勤劳动、国家扶持和社会力量的广泛参与，使新农村建设成为全党全社会的共同行动”。主体能动性是新农村建设持久的力量之源，是保持农村生机的永续动力。《中共中央、国务院关于推进社会主义新农村建设的若干意见》指出：“必须坚持农村基本经营制度，尊重农民的主体地位，不断创新农村体制机制；必须坚持以人为本，着力解决农民生产生活中最迫切的实际问题，切实让农民得到实惠；必须坚持科学规划，实行因地制宜、分类指导、有计划有步骤有重点地逐步推进”。把亿万农民积极性调动起来，引导农民提高素质、转变观念、走向富裕、迈向文明。

法律链接

《中共中央扎实稳定推进社会主义新农村建设的若干意见》

……

（三）扎实稳定推进社会主义新农村建设。推进新农村建设是一项长期而繁重的历史任务，必须坚持以发展农村经济为中心，进一步解放和发展农村生产力，促进粮食稳定发展、农民持续增收；必须坚持农村基本经营制度，尊重农民的主体地位，不断创新农村体制机制；必须坚持以人为本，着力解决农民生产生活中最迫切的实际问题，切实让农民得到实惠；必须坚持科学规划，实行因地制宜、分类指导，有计划有步骤有重点地逐步推进；必须坚持发挥各方面积极性，依靠农民辛勤劳动、国家扶持和社会力量的广泛参与，使新农村建设成为全党全社会的共同行动。在推进新农村建设工作中，要注重实效，不搞形式主义；要量力而行，不盲目攀比；要民主商议，不强迫命令；要突出特色，不强求一律；要引导扶持，不包办代替。

第七章　新农村建设应当注意的若干法律问题

新农村建设应当注意的若干法律问题：

（1）新农村建设特别是新农村建设重要组成部分的农民集体经济组织从事新农村建设期间，乡村基础设施建设、村庄规划建设和人居环境治理以及村民建住宅，是附着于经依法批准使用本集体经济组织农民集体所有的土地（宅基地）上的。社会主义新农村建设必须依法有序地进行。其法律适用有别于城市房屋拆迁、征地房屋拆迁、城中村改造房屋拆迁。

（2）新农村建设必须尊重农民的意愿、农民的主体地位，维护农民的利益，增进农民的福祉。

（3）新农村建设必须扎扎实实依法规划，充分立足于现有基础进行房屋和设施改造，防止大拆大建，防止加重农民负担，扎实稳步推进村庄建设。

（4）为了防止新农村建设走进误区，确保社会主义新农村建设依法健康有序地进行，2006年中共中央1号文件对新农村建设工作提出了“五要五不”的要求，即“要注重实效，不搞形式主义；要量力而行，不盲目攀比；要民主商议，不强迫命令；要突出特色，不强求一律；要引导扶持，不包办代替。”

（5）严格控制建设用地，节约、集约使用土地；严格执行“一户一宅”政策，杜绝一户多宅现象；严禁城镇居民以租用、借用和“荣誉村民”等形式占用农村宅基地。

（6）依法加强对农民房屋建设的指导和服务。农民房屋建设应当从单纯追求面积向不断完善功能转变；从单纯“盖房”向改善居住环境转变；从简单模仿、千篇一律向注重安全和乡土地域特色转变，既要满足抗震、通风保暖、确保安全等建筑结构规定，也要适应社会主义新农村发展，妥善考虑储藏、晾晒等农民生存、生活、生产细节方面的需要。各地应当依照有关法律政策规定免费向农

民提供经济安全适用、民族地方特色鲜明、节地节能节材的民用住宅设计方案、图纸。

（7）新农村建设应当突出传统文化和乡土风貌，突出乡村特色、地方特色和民族特色。保护有历史文化价值的古村落和古民宅。新农村建设不是“造城”，不是城市化建设。建设社会主义新农村法律政策规范的标的是农村。法律政策规范禁止通过社会主义新农村建设把农村变成城市。要依照法律政策规范的要求，尊重自然规律、经济规律和社会发展规律，区分轻重缓急，突出建设重点，分步实施，扎实推进，把中国的农村建设成“生产发展、生活宽裕、乡风文明、村容整洁、管理民主”的社会主义新农村。

法律链接

《中华人民共和国土地管理法》

第四十三条 任何单位和个人进行建设，需要使用土地的，必须依法申请使用国有土地；但是，兴办乡镇企业和村民建设住宅经依法批准使用本集体经济组织农民集体所有的土地的，或者乡（镇）村公共设施和公益事业建设经依法批准使用农民集体所有的土地的除外。

前款所称依法申请使用的国有土地包括国家所有的土地和国家征收的原属于农民集体所有的土地。

第六十一条 乡（镇）村公共设施、公益事业建设，需要使用土地的，经乡（镇）人民政府审核，向县级以上地方人民政府土地行政主管部门提出申请，按照省、自治区、直辖市规定的批准权限，由县级以上地方人民政府批准；其中，涉及占用农用地的，依照本法第四十四条的规定办理审批手续。

温家宝《政府工作报告——2006年3月5日在第十届全国人民代表大会第四次会议上》

……

（二）扎实推进社会主义新农村建设

建设社会主义新农村，是党的十六届五中全会提出的重大历史任务，事关全面建设小康社会和现代化建设全局。要贯彻工业反哺农业、城市支持农村的方针，加大对“三农”的支持力度，推进农村体制改革和制度创新，尽快使广大农村面貌有比较明显的变化。

建设社会主义新农村，必须加强农村基础设施建设。要下决心调整投资方向，把国家对基础设施建设投入的重点转向农村，这是一个重大转变。主要是加强以小型水利设施为重点的农田基本建设，加强防汛抗旱和减灾体系建设，加强农村道路、饮水、沼气、电网、通信等基础设施和人居环境建设，加强教育、卫生、文化等农村公共事业建设。主要措施是：逐年加大国家财政投资和信贷资金对农业、农村的投入；整合各种渠道的支农资金，提高资金使用效益；积极引导农民对直接受益的公益设施建设、鼓励和引导社会各类资金投向农村建设，逐步建立合理、稳定和有效的资金投入机制。通过坚持不懈努力，使农村基础设施有一个大的改善。

建设社会主义新农村是一项长期而艰巨的任务。要坚持从实际出发，因地制宜，分类指导，搞好规划；要尊重农民意愿，不能搞形式主义和强迫命令，防止一哄而起；要发扬自力更生、艰苦奋斗精神，求真务实，真抓实干。

《中共中央扎实推进社会主义新农村建设的若干意见》

……

一、统筹城乡经济社会发展，扎实推进社会主义新农村建设

（一）建设社会主义新农村是我国现代化进程中的重大历史任务。全面建设小康社会，最艰巨最繁重的任务在农村。加速推进现代化，必须妥善处理工农城乡关系。构建社会主义和谐社会，必须促进农村经济社会全面进步。农村人口众多是我国的国情，只有发展好农村经济，建设好农民的家园，让农民过上宽裕的生活，才能保障全体人民共享经济社会发展成果，才能不断扩大内需和促进国民经济持续发展。当前，我国总体上已进入以工促农、以城带乡的发展阶段，初步具备了加大力度扶持“三农”的能力和条件。“十一五”时期，必须抓好机遇，加快改变农村经济社会发展滞后的局面，扎实稳步推进社会主义新农村建设。

（二）围绕社会主义新农村建设做好农业和农村工作。“十一五”时期是社会主义新农村建设打下坚实基础的关键时期，是推进现代农业建设迈出重大步伐的关键时期，是构建新型工农城乡关系取得突破进展的关键时期，也是农村全面建设小康加速推进的关键时期。“十一五”时期要高举邓小平理论和“三个代表”重要思想伟大旗帜，全面贯彻落实科学发展观，统筹城乡经济社会发展，实

行工业反哺农业、城市支持农村和“多予少取放活”的方针。按照“生产发展、生活宽裕、乡风文明、村容整洁、管理民主”的要求，协调推进农村经济建设、政治建设、文化建设、社会建设和党的建设。当前，要完善强化支农政策，建设现代农业，稳定发展粮食生产，积极调整农业结构，加强基础设施建设，加强农村民主政治建设和精神文明建设，加快社会事业发展，推进农村综合改革，促进农民持续增收，确保社会主义新农村建设有良好开局。

（三）扎实稳定推进社会主义新农村建设。推进新农村建设是一项长期而繁重的历史任务，必须坚持以发展农村经济为中心，进一步解放和发展农村生产力，促进粮食稳定发展、农民持续增收；必须坚持农村基本经营制度，尊重农民的主体地位，不断创新农村体制机制；必须坚持以人为本，着力解决农民生产生活中最迫切的实际问题，切实让农民得到实惠；必须坚持科学规划，实行因地制宜、分类指导，有计划有步骤有重点地逐步推进；必须坚持发挥各方面积极性，依靠农民辛勤劳动、国家扶持和社会力量的广泛参与，使新农村建设成为全党全社会的共同行动。在推进新农村建设工作中，要注重实效，不搞形式主义；要量力而行，不盲目攀比；要民主商议，不强迫命令；要突出特色，不强求一律；要引导扶持，不包办代替。

四、加强农村基础设施建设，改善社会主义新农村建设的物质条件

（十六）加快乡村基础设施建设。要着力加强农民最急需的生活基础设施建设。在巩固人畜饮水解困成果基础上，加快农村饮水安全工程建设，优先解决高氟、高砷、苦咸、污染水及血吸虫病区的饮水安全问题。有条件的地方，可发展集中式供水，提倡饮用水和其他生活用水分质供水。要加快农村能源建设步伐，在适宜地区积极推广沼气、秸秆气化、小水电、太阳能、风力发电等清洁能源技术。从2006年起，大幅度增加农村沼气建设投资规模，有条件的地方，要加快普及户用沼气，支持养殖场建设大中型沼气。以沼气池建设带动农村改圈、改厕、改厨。尽快完成农村电网改造的续建配套工程。加强小水电开发规划和管理，扩大小水电代燃料试点规模。要进一步加强农村公路建设，到“十一五”期末基本实现全国所有乡镇通柏油路或水泥路，东、中部地区所有具备条件的建制村通油（水泥）路，西部地区基本实现具备条件的建制村通公路。要积极推进农业信息化建设，充分利用和整合涉农信息资源，强化面向农村的广播电视电信等信息服务，重点抓好“金农”工程和农业综合信息服务平台建设工程。引导农民自愿出资出劳，开展农村小型基础设施建设，有条件的地方可采取以奖代补、项目补助等办法给予支持。按照建管并重的原则，逐步把农村公路等公益性基础设施的管护纳入国家支持范围。

（十七）加强村庄规划和人居环境治理。随着生活水平提高和全面建设小康社会的推进，农民迫切要求改善农村生活环境和村容村貌。各级政府要切实加强村庄规划工作，安排资金支持编制村庄规划和开展村庄治理试点；可从各地实际出发制定村庄建设和人居环境治理的指导性目录，重点解决农民在饮水、行路、用电和燃料等方面的困难，凡符合目录的项目，可给予资金、实物等方面的引导和扶持。加强宅基地规划和管理，大力节约村庄建设用地，向农民免费提供经济安全适用、节地节能节材的住宅设计图样。引导和帮助农民切实解决住宅与畜禽圈舍混杂问题，搞好农村污水、垃圾治理，改善农村环境卫生。注重村庄安全建设，防止山洪、泥石流等灾害对村庄的危害，加强农村消防工作。村庄治理要突出乡村特色、地方特色和民族特色，保护有历史文化价值的古村落和古民宅。要本着节约原则，充分立足现有基础进行房屋和设施改造，防止大拆大建，防止加重农民负担，扎实稳步地推进村庄治理。

七、加强农村民主政治建设，完善建设社会主义新农村的乡村治理机制

（二十八）切实维护农民的民主权利。健全村党组织领导的充满活力的村民自治机制，进一步完善村务公开和民主议事制度，让农民群众真正享有知情权、参与权、管理权、监督权。完善村民“一事一议”制度，健全农民自主筹资筹劳的机制和办法，引导农民自主开展农村公益性设施建设。开展村务公开民主管理示范活动，推动农村基层志愿服务活动。加强农村法制建设，深入开展农村普法教育，增强农民的法制观念，提高农民依法行使权和履行义务的自觉性。妥善处理农村各种社会矛盾，加强农村社会治安综合治理，打击“黄赌毒”等社会丑恶现象，建设平安乡村，创造农民安居乐业的社会环境。

八、切实加强领导，动员全党全社会关心、支持和参与社会主义新农村建设

（三十一）科学制定社会主义新农村建设规划。新农村建设涉及经济、政治、文化和社会各个方面，是一项十分复杂的系统工程，必须切实加强规划工作。各地要按照统筹城乡经济社会发展的要求，把新农村建设纳入当地经济和社会发展的总体规划。要明确推进新农村建设的思路、目标和工作措施，统筹安排各项建设任务。做好第二次全国农业普查工作，为制定规划提供科学依据。要充

分考虑农民的切身利益和发展要求，在促进农村经济发展的基础上，区分轻重缓急，突出建设重点，加强饮水安全、农田水利、乡村道路、农村能源等基础设施建设，加快教育、卫生等公共事业发展。要尊重自然规律、经济规律和社会发展规律，广泛听取基层和农民群众的意见和建议，提高规划的科学性、民主性、可行性，确保新农村建设扎实稳步推进。

《中共中央关于制定国民经济和社会发展第十一个五年规划的建议》

……

三、建设社会主义新农村

（六）积极推进城乡统筹发展。建设社会主义新农村是我国现代化进程中的重大历史任务。要按照生产发展、生活宽裕、乡风文明、村容整洁、管理民主的要求，坚持从各地实际出发，尊重农民意愿，扎实稳步推进新农村建设。坚持“多予少取放活”，加大各级政府对农业和农村增加投入的力度，扩大公共财政覆盖农村的范围，强化政府对农村的公共服务，建立以工促农、以城带乡的长效机制。搞好乡村建设规划，节约和集约使用土地。培养有文化、懂技术、会经营的新型农民，提高农民的整体素质，通过农民辛勤劳动和国家政策扶持，明显改善广大农村的生产生活条件和整体面貌。

（八）全面深化农村改革。稳定并完善以家庭承包经营为基础、统分结合的双层经营体制，有条件的地方可根据自愿、有偿的原则依法流转土地承包经营权，发展多种形式的适度规模经营。巩固农村税费改革成果，全面推进农村综合改革，基本完成乡镇机构、农村义务教育和县乡财政管理体制等改革任务。深化农村金融组织体制改革，规范发展适当农村特点的金融组织，探索和发展农业保险，改善农村特点的金融组织，探索和发展农业保险，改善农业金融服务。坚持最严格的耕地保护制度，加快征地制度改革，健全对被征地农民的合理补偿机制。深化农村流通体制改革，积极开拓农村市场。逐步建立城乡统一的劳动力市场和公平竞争的就业制度，依法保障进城务工人员的权益。增强村级集体经济组织的服务功能。鼓励和引导农民发展各类专业合作经济组织，提高农业的组织化程度，加强农村党组织和基层政权建设，健全村党组织领导的充满活力的村民自治机制。

（九）大力发展农村公共事业。加快发展农村文化教育事业，重点普及和巩固农村九年义务教育，对农村学生免收学杂费，对贫困家庭学生提供免费课本和寄宿生活费补助。加强农村公共卫生和基本医疗服务体系建设，基本建立新型农村合作医疗制度，加强人畜共患疾病的防治。实施农村计划生育家庭奖励扶助制度和“少生快富”扶贫工程。发展远程教育和广播电视“村村通”。加大农村基础设施建设投入，加快乡村道路建设，发展农村通信，继续完善农村电网，逐步解决农村饮水的困难和安全问题。大力普及农村沼气，积极发展适合农村特点的清洁能源。

《村庄和集镇规划建设管理条例》

第二条　制定和实施村庄、集镇规划，在村庄、乡（镇）村企业、乡（镇）村公共设施和公益事业等的建设，必须遵守本条例。但是，国家征用集体所有的土地进行的建设除外。

在城市规划区内的村庄、集镇规划的制定和实施，依照城市规划法及其实施条例执行。

第四条　村庄、集镇规划建设管理，应当坚持合理布局、节约用地的原则，全面规划，正确引导，依靠群众，自力更生，因地制宜，量力而行，逐步建设，实现经济效益、社会效益和环境效益的统一。

第九条　村庄、集镇规划的编制，应当遵循下列原则：

（一）根据国民经济和社会发展计划，结合当地经济发展的现状和要求，以及自然环境、资源条件和历史情况等，统筹兼顾，综合部署村庄和集镇的各项建设；

（二）处理好近期建设与远景发展、改造与新建的关系，使村庄、集镇的性质和建设的规模、速度和标准，同经济发展和农民生活水平相适应；

（三）合理用地，节约用地，各项建设应当相对集中，充分利用原有建设用地，新建、扩建工程及住宅应当尽量不占用耕地和林地；

（四）有利生产，方便生活，合理安排住宅、乡（镇）村企业、乡（镇）村公共设施和公益事业等的建设布局，促进农村各项事业协调发展，并适当留有发展余地；

（五）保护和改善生态环境，防治污染和其他公害，加强绿化和村容镇貌、环境卫生建设。

第十四条　村庄、集镇总体规划和集镇建设规划，须经乡级人民代表大会审查同意，由乡级人民政府报县级人民政府批准。

村庄建设规划，须经村民会议讨论同意，由乡级人民政府报县级人民政府

批准。

第二十条 乡（镇）村公共设施、公益事业建设，须经乡级人民政府审核、县级人民政府建设行政主管部门审查同意并出具选址意见书后，建设单位方可依法向县级人民政府土地管理部门申请用地，经县级以上人民政府批准后，由土地管理部门划拨土地。

第二十二条 承担村庄、集镇规划区内建筑工程施工任务的单位，必须具有相应的施工资质等级证书或者资质审查证书，并按照规定的经营范围承担施工任务。

在村庄、集镇规划区内从事建筑施工的个体工匠，除承担房屋修缮外，须按有关规定办理施工资质审批手续。

第三十三条 任何单位和个人都应当维护村容镇貌和环境卫生，妥善处理粪便、垃圾堆、柴草堆，养护树木花草，美化环境。

第三十四条 任何单位和个人都有义务保护村庄、集镇内的文物古迹、古树名木和风景名胜、军事设施、防汛设施，以及国家邮电、通信、输变电、输油管道等设施，不得损坏。

《中共中央书记处农村政策研究室、城乡建设环境保护部关于切实解决滥占耕地建房问题的报告》

……

近两年来，国家三令五申，严禁城乡滥占耕地建房。但是，滥占耕地建房的现象仍在继续发展。

对于一切违犯《村镇建房用地管理条例》和《国家建设征用土地条例》侵占耕地的行为，必须强行制止。首先要抓住一些单位和干部的严重违法事例，一件一件分级负责，认真处理，并广为宣传，以示令在必行，法不虚立。对一切非法建筑，分别情况，或处以罚款，或限期令其拆除，或予以没收，特别是对党政机关、企事业单位和国家干部、农村基层干部的非法占地建房，必须从严处理，情节恶劣的，坚决予以没收，不得姑息。对于在土地问题上从事敲诈勒索、行贿受贿、非法倒卖者，更应以经济犯罪或破坏社会主义公有财产罪依法论处。有关土地纠纷案件，公安、检察、司法部门必须受理。

《国务院批转国家土地管理局<关于加强农村宅基地管理工作的请示>的通知》

……

（一）完善村镇建设规划，严格控制占用耕地。

农村住宅建设必须按先规划后建设的步骤进行。对已经有了规划的地区，要严格按照切实保护耕地和合理利用土地的原则进行修订和完善；还没有制定规划的地区，要在1990年底以前制定完毕。农村住宅的改建、扩建和选址新建，要充分利用原有宅基地、村内空闲地、荒地和坡地。严格控制占用耕地，不允许占用基本农田保护区的土地。对一些用地分散的小村庄和零散住户，应鼓励迁并，并将原址复耕。城市郊区和人多地少经济发达的地区，应鼓励有条件的农户建多层住宅。

（三）严格宅基用地审批手续，实行公开办事制度。

各地应根据实际情况对农村建房的对象、条件、用地标准、审批手续作出明细规定。要建立严格的申请、审核、批准和验收制度。凡是要求建房的，事先必须向所在的乡（镇）政府或县（市）土地管理部门提出用地申请。经审核，对符合申请宅基地兴建自用住宅的，由土地管理部门确定宅基地使用权，丈量用地面积，并依法批准后，方可动工。竣工后，由土地管理部门负责组织验收。对不合理分户超前建房、不符合法定结婚年龄和非农业户口的，不批准宅基用地；对现有住宅有出租、出卖或改为经营场所的，除不再批准新的宅基用地外，应按其实际占用土地面积，从经营之日起，核收土地使用费；对已经“农转非"的人员，要适时核减宅基地面积。

第二部　新农村建设规划实施与管理

第一章　新农村建设规划管理

新农村建设规划管理，亦称乡村（村庄）集镇建设规划管理。

新农村建设规划管理所称的乡村（村庄），是指农村村民居住和从事各种生产的聚居点。

新农村建设规划管理所称的集镇，是指乡、民族乡人民政府所在地和经县级人民政府确认由农村集贸市场发展而成的作为乡村（村庄）一定区域经济、文化和生活服务中心的非建制镇。

新农村建设规划管理所称乡村（村庄）、集镇规划区，是指乡村（村庄）、集镇建成区和因乡村（村庄）、集镇建设及发展需要实行规划控制的区域。乡村（村庄）、集镇规划区的具体范围，在乡村（村庄）、集镇总体规划中划定。

乡村（村庄）、集镇规划建设管理，应当坚持合理布局、节约和集约使用土地的原则，尊重自然规律、经济规律和社会发展规律，符合当地经济社会发展水平，全面规划，正确引导，因地制宜，量力而行，以人为本，尊重农民的意愿，自力更生，自拆自建。有条件的乡村（村庄）可以组织乡村（村庄）集体统一规划，统一建设，实现经济效益、社会效益和环境效益的统一。

国务院建设行政主管部门主管全国的乡村（村庄）、集镇规划建设管理工作。

县级以上地方人民政府建设行政主管部门主管本行政区域的乡村（村庄）、集镇规划建设管理工作。

乡级人民政府负责本行政区域的乡村（村庄）、集镇规划建设管理工作。

地处洪涝、地震、台风、滑坡等自然灾害易发地区的乡村（村庄）和集镇，应当按照国家和地方的有关规定，在乡村（村庄）、集镇总体规划中制定防灾措施。

国家鼓励乡村（村庄）、集镇规划建设管理的科学研究，推广先进技术，提倡在乡村（村庄）、集镇建设中，结合当地特点，采用新工艺、新材料、新结构。

法律链接

《村庄和集镇规划建设管理条例》

第三条　本条例所称村庄，是指农村村民居住和从事各种生产的聚居点。

本条例所称集镇，是指、民族乡人民政府所在地和经县级人民政府确认由集市发展而成的作为农村一定区域经济、文化和生活服务中心的非建制镇。

本条例所称村庄、集镇规划区，是指村庄、集镇建成区和因村庄、集镇建设及发展需要实行规划控制的区域。村庄、集镇规划区的具体范围，在村庄、集镇总体规划中划定。

第四条　村庄、集镇规划建设管理，应当坚持合理布局、节约用地的原则，全面规划，正确引导，依靠群众，自力更生，因地制宜，量力而行，逐步建设，实现经济效益、社会效益和环境效益的统一。

第五条　地处洪涝、地震、台风、滑坡等自然灾害易发地区的村庄和集镇，应当按照国家和地方的有关规定，在村庄、集镇总体规划中制定防灾措施。

第六条　国务院建设行政主管部门主管全国的村庄、集镇规划建设管理工作。

县级以上地方人民政府建设行政主管部门主管本行政区域的村庄、集镇规划建设管理工作。

乡级人民政府负责本行政区域的村庄、集镇规划建设管理工作。

国家鼓励村庄、集镇规划建设管理的科学研究，推广先进技术，提倡在村庄和集镇建设中，结合当地特点，采用新工艺、新材料、新结构。

第二章　新农村建设规划技术事项

社会主义新农村建设规划技术事项主要有：

1. 乡村（村庄）集镇规划的阶段和内容

乡村（村庄）集镇规划分为总体规划和建设规划两个阶段。

乡村（村庄）集镇总体规划，是在全乡（镇）行政区域内进行的乡村（村

庄）集镇布点规划和相应的各项建设的全面部署。是乡（镇）山、水、田、林、路、村综合规划的组成部分。

乡村（村庄）集镇总体规划的内容为：在乡（镇）行政区域内按照生产、生活发展的需要和建设的可能性，确定主要乡村（村庄）集镇的性质、发展方向、规模和位置；乡村（村庄）集镇之间的交通运输系统；电力、通讯线路的走向；以及主要公共建筑物和生产基地的位置等。

乡村（村庄）集镇建设规划，是在总体规划的指导下，具体选定有关规划的各项定额指标；安排各项建设用地；确定各项建筑及公用设施的建设方案；规划乡村（村庄）集镇行政区域内的交通运输系统、绿化以及环境卫生工程；确定道路红线、断面设计和控制点的坐标、标高；布置各项工程管线及构筑物；提出各项工程的工程量和概算；确定规划实施的步骤和措施。

2. 乡村（村庄）集镇规划的依据

乡村（村庄）集镇规划是在《中共中央、国务院关于推进社会主义新农村建设的若干意见》指导下，依据县（区）级农业区划、土地利用总体规划、工业交通、文教卫生和商业服务业的发展计划，以及乡（镇）村土地利用规划和各行业的专业规划，加以综合平衡，统筹安排。

弄清现时农村现状与建设条件是搞好乡村（村庄）集镇规划与建设社会主义新农村的基础。内容一般包括：（1）当地的自然资源情况；（2）各行业现状与发展计划；（3）气象、水文、地质、地震资料；（4）土地使用情况及现状地形图；（5）人口资料；（6）住宅现状资料；（7）公益事业设施及公共建筑设施现状资料等。

3. 乡村（村庄）集镇的布点与规模

乡村（村庄）集镇的布点与规模是乡村（村庄）集镇总体规划的主要内容，各级人民政府应以当地计划行政主管部门和农业行政主管部门为主，建设行政主管部门参加、共同确定。

乡村（村庄）集镇近期、远期的人口规模，应按照各行业的发展计划，结合乡村（村庄）集镇的用地和建设条件，考虑人口自然增长、机械增长、农业剩余劳力等情况，进行综合分析后确定。

乡村（村庄）集镇的用地规模由以下因素组成：生产建筑及构筑物、公共建筑及构筑物，农民住宅（房屋）建筑及构筑物和道路、绿化、公用设施、公益设施等各项用地，均按生产、生活的要求和节约、集约用地的原则，因地制宜具体确定。

4. 乡村（村庄）集镇的建设用地选择及技术经济分析

乡村（村庄）集镇的建设用地选择，应当依照<中华人民共和国土地管理法》及其相关联的法律、政策规定，尽可能选择在荒地、薄地和宜人居住的荒山坡地上，少占或不占耕地、林地、人工牧场；生产、生活用水充足，水质良好；地势高向阳，排水方便；地质条件好；交通便利。

乡村（村庄）集镇建设用地，应避免被军用设施、铁路、公路和高压输电线路穿越；避开山洪、风口、滑坡、泥石流、洪水淹没、地震断裂带等不适宜建筑的区域；避开已经探明有可供开采的地下资源或有重要历史文物和遗迹的地方。

无论是在原址改建、扩建或是选址新建，都应当提出不同方案进行技术经济比较，然后定案。

5. 农民住宅（房屋）建设用地规划

农民住宅（房屋）建设用地必须选择在自然环境良好，空气、水质不受污染，符合人居卫生和防火要求的地方。为保证农民住宅（房屋）建设用地不被有害气体及污水污染，应布置在大气污染源的上风位和水污染源的上游。并与工业、副业，畜牧业用地有一定的隔离。注意防止厕所、畜圈以及堆肥场等对饮用水源的污染。

农民住宅（房屋）建设应当遵守社会主义新农村建设节约、集约用地的原则，尽量保留农民原有住宅（房屋）、原有风格、原有绿化、不挖山、不砍树、不填塘、不随意拆迁农民（住宅）房屋开路或取直道路。农民住宅（房屋）建设的布局应当紧凑合理，注意朝向和安全防火，适当组成建筑群。

6. 公共建筑的配置与建设用地规划

新农村建设公共建筑大致可分为：行政管理、教育设施、文化科学、医疗卫生、商贸服务和公用事业六类。

新农村建设各类乡村（村庄）集镇配置的公共建筑项目及其规模，要依据服务范围、乡村（村庄）集镇分布情况，以及当地的农民生活习惯、经济发展水平等因素来确定。乡（镇）人民政府所在地设置的公共建筑项目，不仅为所在地农民群众服务，还为全乡（镇）服务，使之起到组织农村经济文化生活的中心作用。乡村（村庄）应配置农民日常生活需要的项目。

规划中应注意充分利用现有设施。新建项目要采取量力而行、分期分批、逐步建设的原则。首先建设与农民生活密切相关的项目，其他建设项目逐步配套。

各类公共建筑（学校及较大规模的卫生院除外），一般宜集中进行布局，性质相近或有联系的项目可以综合安排在一栋建筑设施内。

乡（镇）要安排好农贸集市市场场地。可在交通便利的地段，结合乡（镇）公共中心区进行安排，或开辟专用街道，注意安全、卫生。不能占用交通干道、公路、码头、桥头等处，避免堵塞交通。

学校位置要避开闹市区，设在阳光充足、环境幽静的独立地段。距离铁路干线必须大于300米。校门不应开向公路，以保证安静、安全。学校要设置体育运动场地。

卫生院、中心卫生院应布置在乡（镇）中心区的一端或沿次要干道的独立地段，位置应在住宅区的下风位，远高水源，以防病菌污染。

7. 生产建筑设施用地规划

生产建筑设施用地包括国有及乡（镇）村企业、拖拉机站、车库和农牧业的场院、晾房、畜禽饲养场、农牧产品仓库以及专业户生产用地等。应安排靠近电源、用水方便，对外交通便利的地段。生产上协作关系密切的项目，要邻近布局；相互间有干扰的，要适当分隔。

对人居环境没有干扰的缝纫、刺绣、手工编织等生产建筑设施，可以布局在农民住宅区内。对人居环境有干扰的或污染的工厂、饲养场可以离开乡（镇）村，安排在原料产地附近或田间。

凡产生噪声和有害废水、废渣、废气的工厂，以及较大的畜禽饲养场，要改在主导风向的下风或侧风位和河流的下游，与住宅（房屋）建筑设施用地保持一定的卫生防护距离，以减少污染并创造条件采取“三废”治理措施。对现有的已经造成污染的厂（场），必须视情况关、停、并、转，采取治理调整。

各类仓库用地，要按其性质进行布局，一般安排在乡村（村庄）集镇边缘、交通运输便利的地方。放粮、棉、油、木材等易燃或重要物资的仓库，应与厂房、打谷场等有一定距离，布局在独立地段，必须符合防火、安全的要求。

生产建筑设施用地，应特别注意建筑物设施之间有足够的防火安全距离，安排好消防车通行路线和消防用水的可靠水源。有爆炸物危险的生产建筑设施应设在独立地段，确保安全。

8. 道路及交通运输用地规划

新农村建设的道路系统的规划设计，要根据乡村（村庄）集镇的布局，车流（包括农机）和人流的数量等因素确定，力求达到通畅短捷，节约用地。道路的走向、坡度、宽度、交叉口等，要根据自然地形和现状条件合理设计，不应机械地追求街道“横平竖直”、“直角交叉”、“间距相等”等固定的模式。在山区、丘陵地区，应结合地形，依山就势，不要大动土方，强求平直。

路面两旁要修建排水边沟，种植行道树。根据需要，局部路段可做人行道、排水暗沟、绿化带等。按照节约土地原则，因地制宜确定道路红线宽度。

河网地区应考虑水运码头和渡口的设置，要根据使用性质进行安排，并与公路、乡村（村庄）集镇的道路网相互配合，利于联运。

9. 绿化规划

新农村建设绿化应包括各项用地分区之间的隔离绿带，路旁、水旁、宅旁和一些公共建筑设施周围的绿化以及乡村（村庄）、集镇内果园、苗圃与乡村（村庄）集镇边缘的防护林带等。以形成绿化系统，改善局部气候，美化环境。从现在起在每年的植树节前后将全国乡村（村庄）集镇公路、铁路、道路两侧缺漏的树木补栽起来。

绿化要结合生产、生活需要，因地制宜多种植有经济价值的植物，为国家创造财富，为集体经济和农民群众增加收益。

乡村（村庄）集镇的干路两侧、农民住宅院内和公共建筑设施地段上，均应多植树。乡村（村庄）集镇企业生产建筑设施用地内，也应根据自然条件和生产性质搞好绿化。凡是不宜建设的零星地段、山岗、水旁都要进行绿化。

结合各地名胜古迹、革命历史遗迹和自然保护区的保护要求，设置必要的游览绿化地段。

10. 给水、排水工程规划

新农村建设的给水、排水工程规划必须依照《中华人民共和国水法》、《中华人民共和国水污染防治法》等相关联的法律、法规规定制定。制定乡村（村庄）集镇的给水规划要安排好生活、生产和消防各项用水。

生活饮用水应有充足的水源，水质应当符合《生活饮用水水质标准》。一般应优先选用地下水。

必须做好水源的防护。以地下水为水源时，水井周围30米的范围内不得设置

渗水厕所、渗水坑、粪坑、垃圾堆，不得施用有毒的农药。以地表水为水源时，取水点周围半径不小于100米的水域内，不准停靠船舶、游泳、捕捞和从事可能污染水源的活动；取水点上游1000米至下游100米的水域内，不得排入工业废水和生活污水，沿岸不得堆放废渣，不应设置有害物品的仓库和堆场。对现已产生的污染问题，应在规划中采取措施予以解决。

乡村（村庄）集镇内的工厂的规模较大的饲养场，都要对本厂（场）的污水进行处理，使之符合排放要求。卫生院、疗养院、兽医站和牲畜屠宰场等排放的有害污水和污物，都要进行严格的消毒处理。

要结合当地生产、生活习惯，进行粪便无害化处理，规划中要妥善安排粪肥和垃圾处理的场地，将其布局在接近农田的独立地段内。

乡村（村庄）集镇内的湖塘沟渠要进行疏通整治，以利于排水。死水坑、洼地要填垫平整，防止蚊蝇孳生。建设房屋及积肥应指定适当地段取土，尽可能与鱼塘建设或地形改造结合起来。

濒临河流、湖泊、海洋的乡村（村庄）集镇，要注意解决防洪问题。山区的乡村（村庄）集镇，要考虑防御暴雨、山洪的措施。在巩固人畜饮水解困成果基础上，加快乡村（村庄）饮水安全工程建设，优先解决高氟、高砷、苦咸、污染水及血吸虫病区的饮水安全问题。

11. 新农村建设电力、电讯工程规划必须依照《中华人民共和国电力法》及其相关联的法律、法规规定进行规划

新农村建设电力、电讯工程规划，应当体现合理利用能源、电源与电网配套发展、提高经济效益和有利于环境保护的原则。

乡村（村庄）集镇的电源（电厂或变电室）位置，应尽可能靠近负荷中心。高压线路与易燃、可燃液体的生产厂房或仓库接近时，应严格按照有关规定处理。

电力线路与电讯线路不准合杆架设。平行架设或立体交叉时，要按照有关规定处理，避免相互干扰。

12. 新农村建设能源规划

根据各地条件，发展小水电、沼气、太阳能、地热、风力以及种植薪炭林等多种能源。在乡村（村庄）集镇规划中应确定有关设施的位置和占地范围。

要加快新农村能源建设步伐，在适宜地区积极推广沼气、秸秆气化等清洁能

源技术。从2006年起，大幅度增加农村沼气建设投资规模，有条件的地方，要加快普及户用沼气，支持养殖场建设大中型沼气，以及沼气池建设带动农村改圈、改厕、改厨。

有条件的地方，应当采取简易的办法，充分利用太阳能。首先可在生产设施和公共浴室等福利设施上考虑利用。也可结合农民住宅（房屋）建设，发展家用太阳能洗浴设施，提高农民生活居住水平。

13. 搞好新农村建设农田水利、耕地质量和生态建设规划

新农村建设中在搞好重大水利工程建设规划的同时，应搞好农田水利建设规划。加快发展节水灌溉，继续把大型灌区续建配套和节水改造作为农业固定资产投资的重点。加大大型排涝泵站技术改造力度，配套建设田间工程。

新农村建设中要搞好耕地质量和生态建设规划。大力加强耕地质量建设，实施新一轮沃土工程，科学使用化肥，引导增施有机肥，全面提升地力，建立和完善生态补偿机制等。

法律链接

《村镇规划原则》摘选

第1条　为了适应农村经济发展和村镇建设的需要，使各地主管村镇建设的部门和规划设计人员，在编制村镇规划时有所遵循，以利于逐步提高村镇规划与建设工作的水平，特制定《村镇规划原则》。

第4条　村镇规划是指导村镇建设的依据，其基本任务是：研究确定村镇的性质与发展规模，合理组织村镇各项用地，妥善安排建设项目，以便科学地、有计划地进行建设，适应农业现代化建设和广大农民生活水平不断提高的需要。

第5条　村镇规划要贯彻有利生产、方便生活的原则，对村镇各项建设做到合理布局，协调发展，并适当留有发展余地。

第6条　要十分珍惜土地。村镇各项建设应充分挖掘原有村镇用地的潜力，必须选址扩建或新建时，尽量利用坡地、荒地、薄地，严格控制扩占耕地、林地、人工牧场。在人多地少的农业高产地区和有条件的地方，提倡建楼房。

第7条　要做到近远期结合，以近期为主。从当地农村实际出发，正确处理需要和可能的关系，确定适宜的建设标准和分期实施的计划。

第8条　要充分利用原有设施，逐步改建，不断完善，避免求新过急，大拆

大建。

第9条 要结合当地现状、自然条件、生活习惯等特点，为农民创造舒适、卫生的生活环境。规划布局和空间组织要因地制宜、灵活多样，具有鲜明的地方特色和民族特点，避免追求脱离实际的形式主义。

第11条 要保护有价值的名胜古迹、革命历史遗迹和民间传统建筑。

第12条 要认真贯彻群众路线，广泛听取当地农民对村镇规划的意见，集思广益，群策群力，避免主观片面性。

第13条 村镇规划可分为总体规划和建设规划两个阶段。

第14条 村镇总体规划，是在全公社范围内进行的村镇布点规划和相应的各项建设的全面部署。是公社山、水、田、林、路、村综合规划的组成部分。村镇总体规划的主要内容为：在公社范围内按照生产发展的需要和建设的可能性，确定主要村镇的性质、发展方向、规模和位置；村镇之间的交通运输系统；电力、电讯线路的走向；以及主要公共建筑物和生产基地的位置等。

第15条 村镇建设规划，是在总体规划的指导下，具体选定有关规划的各项定额指标；安排各项建设用地；确定各项建筑及公用设施的建设方案；规划村镇范围内的交通运输系统、绿化以及环境卫生工程；确定道路红线、断面设计和控制点的坐标、标高；布置各项工程管线及构筑物；提出各项工程的工程量和概算；确定规划实施的步骤和措施。

第17条 村镇规划当前应依据县级农业区划、土地利用总体规划、工业交通、文教卫生和商业服务业的发展计划，以及社队土地利用规划和各行业的专业规划，加以综合平衡，统筹安排。城市近郊村镇规划，应与城市规划协调一致。

第18条 弄清现状与建设条件是搞好村镇规划与建设的基础。内容一般应包括：（1）当地的自然资源情况；（2）各行业现状与发展计划；（3）气象、水文、地质、地震资料；（4）土地使用情况及现状地形图；（5）人口资料；（6）住宅现状资料；（7）公共福利及公用设施现状资料。

第19条 村镇的布点和规模是村镇总体规划的主要内容，应以当地计划部门和农业部门为主，建设部门参加、共同确定。

第20条 村镇近远期的人口规模；应按照各行业的发展计划，结合村镇的用地和建设条件，考虑人口自然增长、机械增长、农业剩余劳力等情况，进行综合分析后确定。

第21条　村镇的用地规模由以下因素组成：生产建筑、公共建筑、住宅建筑和道路、绿化、公用设施等各项用地，均按生产、生活的要求和节省占地的原则，因地制宜地具体确定。

第23条　无论在原址改建、扩建或是选址新建，都应提出不同方案进行技术经济比较，然后定案。

村镇选址技术经济比较的内容包括：①地理位置和地质条件；②占地及拆迁情况；③环境卫生情况；④交通运输情况；⑤公用设施及防洪等各项工程措施；⑥现有设施利用的可能性；⑦村镇建设总投资等。

第24条　住宅建筑用地必须选择在自然环境良好，空气、水质不受污染符合居住卫生和防火要求的地段。

第25条　为保证住宅建筑用地不被有害气体及污水的污染，应布置在大气污染源的上风位和水污染源的上游。并与工副业、畜牧业用地有一定的隔离。注意防止厕所、畜圈以及堆肥场等对饮用水源的污染。

第26条　住宅建筑的布置应当紧凑合理，节约用地，要注意朝向和安全防火，适当组成建筑群。

第27条　公共建筑大致可分为：行政管理、教育设施、文化科学、医疗卫生、商业服务和公用事业六类。

第28条　各类村镇配置的公共建筑项目及其规模，要依据服务范围、村镇分布情况，以及当地的生活习惯、经济发展水平等因素来确定。公社所在地设置的公共建筑项目，不仅为所在地居民服务，还为全公社服务，使之起到组织农村经济文化生活的基地作用。大队所在地应配置日常生活需要的项目。要贯彻执行当地主管部门制定的各项公共建筑的定额指标。

第29条　规划中应注意充分利用现有设施。新建项目要采取量力而行、分期分批、逐步建设的原则。首先建设与居民生活密切相关的项目，其他项目逐步配套。

第30条　各类公共建筑（学校及较大的卫生院除外），一般宜集中进行布置，性质相近或有联系的项目可以综合安排在一栋建筑内。要求位置适中，对内对外联系方便。如果兼为周围居民及过往旅客服务时，也可设在村镇入口处。规模较大的集镇，要根据各类公共建筑的使用性质，分别进行布置。

第31条　集镇要安排好集市贸易场地。可在交通方便的地段，结合公共中心进行安排，或开辟专用街道，注意安全、卫生。不能占用交通干道、公路、码

头、桥头等处，避免堵塞交通。

第32条 学校位置要避开闹市区，设在阳光充足、环境幽静的独立地段。距离铁路干线必须大于300米。校门不应开向公路，以保证安静、安全。学校要设置体育运动场地。

第33条 卫生院、中心卫生院应布置在中心区的一端或沿次要干道的独立地段，位置要在住宅区的下风位，远离水源，以防病菌污染。

第34条 生产建筑用地包括国营及社队工副业、拖拉机站、车库和农牧业的场院、晾房、畜禽饲养场、农牧产品仓库以及专业户生产用地等，应安排在靠近电源、水源，对外交通方便的地段。生产上协作关系密切的项目，要邻近布置；相互间有干扰的，要适当分隔。

第35条 对居住环境没有干扰的缝纫、刺绣、手工编织等生产建筑，可以布置在住宅区内。对居住环境有干扰或污染的工厂、饲养场可以离开村镇，安排在原料产地附近或田间。

第36条 凡产生噪声和有害废水、废渣、废气的工厂，以及较大的畜禽饲养场，要设在主导风向的下风或侧风位和河流的下游，与住宅建筑用地保持一定的卫生防护距离，以减少污染，并要采取“三废”治理措施。对现有已经造成污染的厂（场），必须尽快采取治理调整或措施。

第37条 各类仓库用地，要按其性质进行布置，一般安排在村镇边缘，交通运输方便的地方。粮、棉、油、木材等易燃或重要物资的仓库，应与厂房、打谷场等有一定距离，布置在独立地段，必须符合防火、安全的要求。

第38条 生产建筑用地。应特别注意建筑物之间有足够的防火安全距离，安排好消防车通行路线和消防用水的可靠水源。有爆炸危险的生产建筑，应设在独立地段，确保安全。

第45条 为保证交通安全，按交通部门规定，在道路交叉口的建筑物应适当退后，绿化高度也不应超过0.7米，以免妨碍驾驶员的视线。

第47条 河网地区应考虑水运码头和渡口的设置，要根据使用性质进行安排，并与公路、村镇的道路网相互配合，利于联运。

第48条 绿化应包括各项用地分区之间的隔离绿带，路旁、水旁、宅旁和一些公共建筑周围的绿化以及村镇内果园、苗圃与村镇边缘的防护林带等，以形成绿化系统，改善局部气候，美化环境。

第49条　绿化要结合生产，因地制宜地多种植有经济价值的植物，为国家创造财富，为集体和个人增加收益。

第50条　村镇内的干路两侧、住宅院内和公共建筑地段上，均应多植树。社队生产建筑用地内，也应根据自然条件和生产性质搞好绿化。凡是不宜建筑的零星地段、山岗、水旁等都要进行绿化。

第51条　结合各地名胜古迹、革命历史遗迹和自然保护区的保护要求，设置必要的游览绿化地段。

第52条　村镇的给水规划要安排好生活、生产和消防各项用水。

第53条　生活饮用水应有充足的水源，水质要符合《生活饮用水水质标准》。一般应优先选用地下水。

第54条　在保证水质的前提下，根据当地条件，可采用各种卫生、安全的取水方式。有条件的村镇，应逐步实现集中供水。

第59条　村镇内的工厂的规模较大的饲养场，都要对本厂（场）的污水进行处理，使之符合排放要求。卫生院、疗养院、兽医站和牲畜屠宰场等排放的有害污水及污物，都要进行严格消毒处理。

第60条　要结合当地生产习惯，进行粪便无害化处理，规划中要妥善安排粪肥和垃圾处理的场地，将其布置在接近农田的独立地段内。

第61条　雨水的排除，要按照减少土方工程量，尽量做到就地平衡的原则，进行竖向设计，使规划后的地面标高和坡度利于迅速排除地面水。一般可采用明沟排水，较大集镇的主要干道，可采用暗沟或暗管排水。

村镇内的湖塘沟渠要进行疏通整治，以利于排水。死水坑、洼地要填垫平整，防止蚊蝇孳生。建房及积肥应指定适当地段取土，尽可能与鱼塘建设或地形改造结合起来。

第62条　滨临河流、湖泊、海洋的村镇，要注意解决防洪问题。山区的村镇，要考虑防御暴雨、山洪的措施。

第63条　村镇的电源（电厂或变电室）位置，应尽可能靠近负荷中心。高压线路与易燃、可燃液体的生产厂房或仓库接近时，应严格按照有关规定处理。

第64条　电力线路与电讯线路不准合杆架设。平行架设或立体交叉时，要按照有关规定处理，避免相互干扰。

第65条　根据各地条件，发展小水电、沼气、太阳能、地热、风力以及种

植薪炭林等多种能源。在村镇规划中应确定有关设施的位置和占地范围。

第66条 提倡建设家用沼气池，并与厕所、畜圈结合，以改善居住环境。社队也可结合粪便处理，建设容积较大的沼气池，用作动力能源。各地应建立专业技术队伍，参照当地的沼气池通用设计和有关规定，可采取包建、包修、包用的办法实施。

第67条 有条件的地方，应当采取简易的办法，充分利用太阳能。首先可在生产设施和公共浴室等福利设施上考虑利用。也可结合住宅建设，发展家用太阳能洗浴设施，提高居住水平。

《中华人民共和国电力法》

第二条 本法适用于中华人民共和国境内的电力建设、生产、供应和使用活动。

第三条 电力事业应当适应国民经济和社会发展的需要，适当超前发展。国家鼓励、引导国内外的经济组织和个人依法投资开发电源，兴办电力生产企业。

电力事业投资，实行谁投资、谁收益的原则。

第四条 电力设施受国家保护。

禁止任何单位和个人危害电力设施安全或者非法侵占、使用电能。

第五条 电力建设、生产、供应和使用应当依法保护环境，采用新技术，减少有害物质排放，防治污染和其他公害。

国家鼓励和支持利用可再生能源和清洁能源发电。

第八条 国家帮助和扶持少数民族地区、边远地区和贫困地区发展电力事业。

第十条 电力发展规划应当根据国民经济和社会发展的需要制定，并纳入国民经济和社会发展计划。

电力发展规划，应当体现合理利用能源、电源与电网配套发展、提高经济效益和有利于环境保护的原则。

第十六条 电力建设项目使用土地，应当依照有关法律、行政法规的规定办理；依法征用土地的，应当依法支付土地补偿费和安置补偿费，做好迁移居民的安置工作。

电力建设应当贯彻切实保护耕地、节约利用土地的原则。

地方人民政府对电力事业依法使用土地和迁移居民，应当予以支持和协助。

第四十六条　省、自治区、直辖市人民政府应当制定农村电气化发展规划，并将其纳入当地电力发展规划及国民经济和社会发展计划。

第四十七条　国家对农村电气化实行优惠政策，对少数民族地区、边远地区和贫困地区的农村电力建设给予重点扶持。

第四十八条　国家提倡农村开发水能资源，建设中、小型水电站，促进农村电气化。

国家鼓励和支持农村利用太阳能、风能、地热能、生物质能和其他能源进行农村电源建设，增加农村电力供应。

第四十九条　县级以上地方人民政府及其经济综合主管部门在安排用电指标时，应当保证农业和农村用电的适当比例，优先保证农村排涝、抗旱和农业季节性生产用电。

电力企业应当执行前款的用电安排，不得减少农业和农村用电指标。

第五十条　农业用电价格按照保本、微利的原则确定。

农民生活用电与当地城镇居民生活用电应当逐步实行相同的电价。

第五十一条　农业和农村用电管理办法，由国务院依照本法的规定制定。

《中华人民共和国水法》

第二条　在中华人民共和国领域内开发、利用、节约、保护、管理水资源，防治水害，适用本法。

本法所称水资源，包括地表水和地下水。

第三条　水资源属于国家所有。水资源的所有权由国务院代表国家行使。农村集体经济组织的水塘和由农村集体经济组织修建管理的水库中的水，归各该农村集体经济组织使用。

第六条　国家鼓励单位和个人依法开发、利用水资源，并保护其合法权益。开发、利用水资源的单位和个人有依法保护水资源的义务。

第十二条　国家对水资源实行流域管理与行政区域管理相结合的管理体制。

国务院水行政主管部门负责全国水资源的统一管理和监督工作。

国务院水行政主管部门在国家确定的重要江河、湖泊设立的流域管理机构（以下简称流域管理机构），在所管辖的范围内行使法律、行政法规规定的和国务院水行政主管部门授予的水资源管理和监督职责。

县级以上地方人民政府水行政主管部门按照规定的权限，负责本行政区域内

水资源的统一管理和监督工作。

国务院有关部门按照职责分工，负责水资源开发、利用、节约和保护的有关工作。

县级以上地方人民政府有关部门按照职责分工，负责本行政区域内水资源开发、利用、节约和保护的有关工作。

第十四条 国家制定全国水资源战略规划。

开发、利用、节约、保护水资源和防治水害，应当按照流域、区域统一制定规划。规划分为流域规划和区域规划。流域规划包括流域综合规划和流域专业规划；区域规划包括区域综合规划和区域专业规划。

前款所称综合规划，是指根据经济社会发展需要和水资源开发利用现状编制的开发、利用、节约、保护水资源和防治水害的总体部署。前款所称专业规划，是指防洪、治涝、灌溉、航运、供水、水力发电、竹木流放、渔业、水资源保护、水土保持、防沙治沙、节约用水等规划。

第十五条 流域范围内的区域规划应当服从流域规划，专业规划应当服从综合规划。

流域综合规划和区域综合规划以及与土地利用关系密切的专业规划，应当与国民经济和社会发展规划以及土地利用总体规划、城市总体规划和环境保护规划相协调，兼顾各地区、各行业的需要。

建设水利工程，必须符合流域综合规划。在国家确定的重要江河、湖泊和跨省、自治区、直辖市的江河、湖泊上建设水利工程，其工程可行性研究报告报请批准前，有关流域管理机构应当对水利工程的建设是否符合流域综合规划进行审查并签署意见；在其他江河、湖泊上建设水利工程，其工程可行性研究报告报请批准前，县级以上地方人民政府水行政主管部门应当按照管理权限对水工程的建设是否符合流域综合规划进行审查并签署意见。水利工程建设涉及防洪的，依照防洪法的有关规定执行；涉及其他地区和行业的，建设单位应当事先征求有关地区和部门的意见。

第二十五条 地方各级人民政府应当加强对灌溉、排涝、水土保持工作的领导，促进农业生产发展；在容易发生盐碱化和渍害的地区，应当采取措施，控制和降低地下水的水位。

农村集体经济组织或者其成员依法在本集体经济组织所有的集体土地或者承

包土地上投资兴建水利工程设施的，按照谁投资建设谁管理和谁受益的原则，对水利工程设施及其蓄水进行管理和合理使用。

农村集体经济组织修建水库应当经县级以上地方人民政府水行政主管部门批准。

第二十九条　国家对水利工程建设移民实行开发性移民的方针，按照前期补偿、补助与后期扶持相结合的原则，妥善安排移民的生产和生活，保护移民的合法权益。

移民安置应当与工程建设同步进行。建设单位应当根据安置地区的环境容量和可持续发展的原则，因地制宜，编制移民安置规划，经依法批准后，由有关地方人民政府组织实施。所需移民经费列入工程建设投资计划。

《中共中央、国务院关于推进社会主义新农村建设的若干意见》

……

四、加强农村基础设施建设，改善社会主义新农村建设的物质条件

（15）大力加强农田水利、耕地质量和生态建设。在搞好重大水利工程建设的同时，不断加强农田水利建设。加快发展节水灌溉，继续把大型灌区续建配套和节水改造作为农业固定资产投资的重点。加大大型排涝泵站技术改造力度，配套建设田间工程。大力推广节水技术。实行中央和地方共同负责，逐步扩大中央和省级小型农田水利补助专项资金规模。切实抓好以小型灌区节水改造、雨水集蓄利用为重点的小型农田水利工程建设和管理。继续搞好病险水库除险加固工作，加强中小河流治理。要大力加强耕地质量建设，实施新一轮沃土工程，科学施用化肥，引导增施有机肥，

全面提升地力。增加测土配方施肥补贴，继续实施保护性耕作示范工程和土壤有机质提升补贴试点。农业综合开发要重点支持粮食主产区改造中低产田和中型灌区节水改造。按照建设环境友好型社会的要求，继续推进生态建设，切实搞好退耕还林、天然林保护等重点生态工程，稳定完善政策，培育后续产业，巩固生态建设成果。继续推进退牧还草、山区综合开发。建立和完善生态补偿机制。做好重大病虫害防治工作，采取有效措施防止外来有害生物入侵。加强荒漠化治理，积极实施荒漠化地区和东北黑土区等水土流失综合防治工程。建立和完善水电、采矿等企业的环境恢复治理责任机制，从水电、矿产等资源的开发收益中，安排一定的资金用于企业所在地环境的恢复治理，防止水土流失。

第三章　新农村建设规划的制定

1. 乡村（村庄）集镇建设规划由乡级人民政府负责组织编制，并监督实施。

2. 乡村（村庄）集镇建设规划编制的原则：

（一）依照《国民经济和社会发展“十一五”规划》，结合当地经济发展和社会发展的现状和要求，以及自然环境、资源条件和历史情况等，统筹兼顾，综合布局乡村（村庄）和集镇的各项建设；

（二）处理好近期建设与远景发展、改造与新建的关系，使乡村（村庄）集镇建设规划的制定同经济发展和农民生活水平相适应；

（三）合理用地，节约用地，集约用地，各项建设应当相对集中，充分利用原有建设用地，新建扩建建设工程及农民住宅（房屋）应当尽量不占用耕地和林地；

（四）有利生产、方便生活，依法合理安排农民住宅（房屋）、乡（镇）村企业、乡（镇）村公共设施和公益事业等的建设布局；

（五）保护和改善生态环境，切实解决住宅与畜禽舍混杂问题，搞好农村污水、垃圾治理，改善农村环境卫生，防治污染和山洪、泥石流等灾害、公害对乡村（村庄）集镇的危害，加强绿化和村容村貌建设，保护有历史文化价值的古村落和古民宅。

3. 乡村（村庄）集镇建设规划的编制，应当与县域规划、农业区划、土地利用总体规划为依据，并同有关部门的专业规划相协调。

县级人民政府组织编制的县域规划，应当包括乡村（村庄）、集镇建设体系规划。

4. 编制乡村（村庄）、集镇规划，一般分为乡村（村庄）、集镇总体规划和乡村（村庄）、集镇建设规划两个阶段进行。

5. 乡村（村庄）、集镇总体规划，是乡级行政区域内乡村（村庄）集镇布点规划及相应的各项建设的整体部署。

乡村（村庄）、集镇总体规划的主要内容包括：乡级行政区域的乡村（村庄）、集镇布点，乡村（村庄）和集镇的位置、性质、规模和发展方向，乡村（村庄）集镇的交通、供水、供电、邮电、商贸、绿化等生产和生活服务设施的配置。

6. 乡村（村庄）、集镇建设规划，应当在乡村（村庄）、集镇总体规划指导下，具体安排乡村（村庄）、集镇的各项建设。

集镇建设规划的主要内容包括：住宅、乡（镇）村企业、乡（镇）村公共设施、公益事业等各项建设的用地布点、用地规模，有关的技术经济指标，近期建设工程以及重点地段建设具体安排等。

乡村（村庄）建设规划的主要内容，可以根据本地区经济发展水平，参照集镇建设规划的编制内容，主要对农民住宅（房屋）和供水、供电、供气、道路、绿化、环境卫生以及生产配套设施作出具体安排。

法律链接

《村庄和集镇规划建设管理条例》

第八条　村庄、集镇规划由乡级人民政府负责组织编制，并监督实施。

第九条　村庄、集镇规划的编制，应当遵循下列原则：

（一）根据国民经济和社会发展计划，结合当地经济发展的现状和要求，以及自然环境、资源条件和历史情况等，统筹兼顾，综合部署村庄和集镇的各项建设；

（二）处理好近期建设与远景发展、改造与新建的关系，使村庄、集镇的性质和建设的规模、速度和标准，同经济发展和农民生活水平相适应；

（三）合理用地，节约用地，各项建设应当相对集中，充分利用原有建设用地，新建、扩建工程及住宅应当尽量不占用耕地和林地；

（四）有利生产，方便生活，合理安排住宅、乡（镇）村企业、乡（镇）村公共设施和公益事业等的建设布局，促进农村各项事业协调发展，并适当留有发展余地；

（五）保护和改善生态环境，防治污染和其他公害，加强绿化和村容镇貌、环境卫生建设。

第十条　村庄、集镇规划的编制，应当以县域规划、农业区划、土地利用总体规划为依据，并同有关部门的专业规划相协调。

县级人民政府组织编制的县域规划，应当包括村庄、集镇建设体系规划。

第十一条　编制村庄、集镇规划，一般分为村庄、集镇总体规划和村庄、集

镇建设规划两个阶段进行。

第十二条 村庄、集镇总体规划，是乡级行政区域内村庄和集镇布点规划及相应的各项建设的整体部署。

村庄、集镇总体规划的主要内容包括：乡级行政区域的村庄、集镇布点，村庄和集镇的位置、性质、规模和发展方向，村庄和集镇的交通、供水、供电、邮电、商业、绿化等生产和生活服务设施的配置。

第十三条 村庄、集镇建设规划，应当在村庄、集镇总体规划指导下，具体安排村庄、集镇的各项建设。

集镇建设规划的主要内容包括：住宅、乡（镇）村企业、乡（镇）村公共设施、公益事业等各项建设的用地布点、用地规模，有关的技术经济指标，近期建设工程以及重点地段建设具体安排。

村庄建设规划的主要内容，可以根据本地区经济发展水平，参照集镇建设规划的编制内容，主要对农民住宅和供水、供电、道路、绿化、环境卫生以及生产配套设施作出具体安排。

《国务院关于深化改革严格土地管理的决定》

……

二、加强土地利用总体规划、城市总体规划、村庄和集镇规划实施管理

（六）严格土地利用总体规划、城市总体规划、村庄和集镇规划修改的管理。在土地利用总体规划和城市总体规划确定的建设用地范围外，不得设立各类开发区（园区）和城市新区（小区）。对清理后拟保留的开发区，必须依据土地利用总体规划和城市总体规划，按照布局集中、用地集约和产业集聚的原则严格审核。严格土地利用总体规划的修改，凡涉及改变土地利用方向、规模、重大布局等原则性修改，必须报原批准机关批准。城市总体规划、村庄和集镇规划也不得擅自修改。

（七）加强土地利用计划管理。农用地转用的年度计划实行指令性管理，跨年度结转使用计划指标必须严格规范。改进农用地转用年度计划下达和考核办法，对国家批准的能源、交通、水利、矿山、军事设施等重点建设项目用地和城、镇、村的建设用地实行分类下达，并按照定额指标、利用效益等分别考核。

（八）从严从紧控制农用地转为建设用地的总量和速度。加强农用地转用

审批的规划和计划审查，强化土地利用总体规划和土地利用年度计划对农用地转用的控制和引导，凡不符合规划、没有农用地转用年度计划指标的，不得批准用地。为巩固土地市场治理整顿成果，2004年农用地转用计划指标不再追加；对过去拖欠农民的征地补偿安置费在2004年年底前不能足额偿还的地方，暂缓下达该地区2005年农用地转用计划。

（九）加强建设项目用地预审管理。凡不符合土地利用总体规划、没有农用地转用计划指标的建设项目，不得通过项目用地预审。发展改革等部门要通过适当方式告知项目单位开展前期工作。项目单位提出用地预审申请后，国土资源部门要依法对建设项目用地进行审查。项目建设单位向发展改革等部门申报核准或审批建设项目时，必须附国土资源部门预审意见；没有预审意见或预审未通过的，不得核准或批准建设项目。

（十）加强村镇建设用地的管理。要按照控制总量、合理布局、节约用地、保护耕地的原则，编制乡（镇）土地利用总体规划、村庄和集镇规划，明确小城镇和农村居民点的数量、布局和规模。鼓励农村建设用地整理，城镇建设用地增加要与农村建设用地减少相挂钩。农村集体建设用地，必须符合土地利用总体规划、村庄和集镇规划，并纳入土地利用年度计划，凡占用农用地的必须依法办理审批手续。禁止擅自通过“村改居”等方式将农民集体所有土地转为国有土地。禁止农村集体经济组织非法出让、出租集体土地用于非农业建设。改革和完善宅基地审批制度，加强农村宅基地管理，禁止城镇居民在农村购置宅基地。引导新办乡村工业向建制镇和规划确定的小城镇集中。在符合规划的前提下，村庄、集镇、建制镇中的农民集体所有建设用地使用权可以依法流转。

（十一）严格保护基本农田。基本农田是确保国家粮食安全的基础。土地利用总体规划修编，必须保证现有基本农田总量不减少，质量不降低。基本农田要落实到地块和农户，并在土地所有权证书和农村土地承包经营权证书中注明。基本农田保护图件备案工作，应在新一轮土地利用总体规划修编后三个月内完成。基本农田一经划定，任何单位和个人不得擅自占用，或者擅自改变用途，这是不可逾越的“红线”。符合法定条件，确需改变和占用基本农田的，必须报国务院批准；经批准占用基本农田的，征地补偿按法定最高标准执行，对以缴纳耕地开垦方式补充耕地的，缴纳标准按当地最高标准执行。禁止占用基本农田挖鱼塘、种树和其他破坏耕作层的活动，禁止以建设“现代农业园区”或者“设施农业”

等任何名义，占用基本农田变相从事房地产开发。

《建设部关于贯彻<国务院关于深化改革严格土地管理的决定>的通知》

……

五、强化村庄集镇建设和用地管理

（十八）加强村镇规划编制工作。省域城镇体系规划要确定重点镇的数量；县（市）域城镇体系规划要确定镇和中心村的布局；村庄集镇总体规划，要合理确定农村居民点的数量、布局和建设用地规模。要统筹规划工业用地，严禁零散安排乡村工业用地。在符合农民意愿的前提下，统筹规划农村居民点、迁村并点。尚未编制村庄和集镇规划的，要抓紧编制和报批。涉及行政区划调整的地区，要及时修编村庄和集镇规划。

（十九）加强对农村宅基地管理。新批村镇宅基地必须位于村庄、集镇规划区内，并符合村庄、集镇规划的安排。凡没有制定村庄、集镇规划或宅基地申请与村庄、集镇规划不符的，一律不得办理许可手续。已确定撤并的农村居民点内，不得批准进行新的建设。禁止多处申请宅基地。因实施农房建设，需申请批准新宅基地的，原有宅基地应当退回。农村住宅设计，不得突破当地规定的宅基地规划、建设标准。

第四章　新农村建设规划的期限、批准、调整与公布

1. 乡村（村庄）、集镇建设规划期限，由省、自治区、直辖市人民政府根据本地区实际情况规定。

2. 乡村（村庄）、集镇建设规划的批准：

（一）乡村（村庄）、集镇总体规划和集镇建设规划，须经乡级人民代表大会审查同意，由乡级人民政府报县级人民政府批准。

（二）乡村（村庄）建设规划，须经村民会议或村民代表大会讨论同意，由乡级人民政府报县级人民政府批准。

3. 乡村（村庄）集镇建设规划的调整：

根据社会经济发展需要，经乡级人民代表大会或者村民会议或村民代表大会同意，乡级人民政府可以对乡村（村庄）、集镇建设规划进行局部调整，并报县级人民政府备案。涉及乡村（村庄）、集镇的性质、规模、发展方向和总体布局重大变更的，属于乡村（村庄）集镇总体规划和集镇建设规划的，须经乡级人民代表大会审查同意，由乡级人民政府报县级人民政府批准；属于乡村（村庄）建设规划，须经村民会议或村民代表大会讨论同意，由乡级人民政府报县级人民批准。

4．乡村（村庄）、集镇建设规划经依法批准后，由乡级人民政府公布。

法律链接

《村庄和集镇规划建设管理条例》

村庄、集镇总体规划和集镇建设规划，须经乡级人民代表大会审查同意，由乡级人民政府报县级人民政府批准。

村庄建设规划，须经村民会议讨论同意，由乡级人民政府报县级人民政府批准。

第十五条　根据社会经济发展需要，依照本条例**第十四条**的规定，经乡级人民代表大会或者村民会议同意，乡级人民政府可以对村庄、集镇规划进行局部调整，并报县级人民政府备案。涉及村庄、集镇的性质、规模、发展方向和总体布局重大变更的，依照本条例第十四条规定的程序办理。

第十六条　村庄、集镇规划期限，由省、自治区、直辖市人民政府根据本地区实际情况规定。

第十七条　村庄、集镇规划经批准后，由乡级人民政府公布。

《中共中央、国务院关于推进社会主义新农村建设的若干意见》

……

（31）科学制定社会主义新农村建设规划。新农村建设涉及经济、政治、文化和社会各个方面，是一项十分复杂的系统工程，必须切实加强规划工作。各地要按照统筹城乡经济社会发展的要求，把新农村建设纳入当地经济和社会发展的总体规划。要明确推进新农村建设的思路、目标和工作措施，统筹安排各项建设任务。做好第二次全国农业普查工作，为制定规划提供科学依据。要充分考虑农民的切身利益和发展要求，在促进农村经济发展的基础上，区分轻重缓急，突出

建设重点，加强饮水安全、农田水利、乡村道路、农村能源等基础设施建设，加快教育、卫生等公共事业发展。要尊重自然规律、经济规律和社会发展规律，广泛听取基层和农民群众的意见和建议，提高规划的科学性、民主性、可行性，确保新农村建设扎实稳步推进。

第五章 新农村建设规划实施用地

1. 任何单位和个人进行建设，需要使用土地的，必须依法申请使用国有土地；但是，实施新农村建设规划、兴办乡镇企业和村民建设住宅经依法批准使用本集体经济组织农民集体所有的土地的，或者乡（镇）村公共设施和公益事业建设经依法批准使用农民集体所有的土地的除外。

2. 农民集体所有的土地，由县级人民政府登记造册、核发证书，确认所有权。

农民集体所有的土地依法用于非农业建设的，由县级人民政府登记造册，核发证书，确认建设用地使用权。

3. 农用地，是指直接用于农业生产的土地，包括耕地、林地、草地、农田水利用地、养殖水面等；

建设用地，是指建造建筑物、构筑物的土地，包括城乡住宅和公共设施用地、工矿用地、交通水利设施用地、旅游用地、军事设施用地等；

未利用地，是指农用地和建设用地以外的土地。

4. 城市总体规划、村庄和集镇规划，应当与土地利用总体规划相衔接，城市总体规划、村庄和集镇规划中建设用地规模不得超过土地利用总体规划确定的城市和村庄、集镇建设用地规模。

在城市规划区、村庄和集镇规划区内，城市和村庄、集镇建设用地应当符合城市规划、村庄和集镇规划。

5. 新农村建设必须节约使用土地，可以利用荒地的，不得占用耕地；可以利用劣地的，不得占用好地。

禁止占用耕地建窑、建坟或者擅自在耕地上建房、挖砂、采石、采矿、取土等。

禁止占用基本农田发展林果业和挖塘养鱼。

6. 乡镇企业、乡（镇）村公共设施、公益事业、农村村民住宅等乡（镇）村建设，应当按照乡村（村庄）和集镇规划，合理布局，综合开发，配套建设；

建设用地，应当符合乡（镇）土地利用总体规划和土地利用年度计划，并依照《中华人民共和国土地管理法》**第四十四条、第六十条、第六十一条、第六十二条**的规定办理审批手续。

7. 实施新农村建设规划，农村集体经济组织或者村民委员会使用乡（镇）土地利用总体规划确定的建设用地兴办企业或者与其他单位、个人以土地使用权入股、联营等形式共同举办企业的，应当持有关批准文件，向县级以上地方人民政府土地行政主管部门提出申请，按照省、自治区、直辖市规定的批准权限，由县级以上地方人民政府批准；其中，涉及占用农用地的，属于省、自治区、直辖市人民政府批准的道路、管线工程和大型基础设施建设项目、国务院批准的建设项目，由国务院批准；在土地利用总体规划确定的城市和乡村（村庄）、集镇建设用地规模范围内，为实施该规划而将农用地转为建设用地的，按照土地利用年度计划分批次由原批准土地利用总体规划的机关批准。

新农村建设中，兴办企业的建设用地，必须严格控制。省、自治区、直辖市可以按照乡镇企业的不同行业和经营规模，分别规定用地标准。

8. 新农村建设中，乡（镇）村公共设施、公益事业建设，需要使用土地的，经乡（镇）人民政府审核，向县级以上地方人民政府土地行政主管部门提出申请，按照省、自治区、直辖市规定的批准权限，由县级以上地方人民政府批准；其中，涉及占用农用地的，由省、自治区、直辖市人民政府批准。

9. 农村村民一户只能拥有一处宅基地，其宅基地的面积不得超过省、自治区、直辖市规定的标准。

农村村民建住宅（房屋），应当符合乡（镇）土地利用总体规划，并尽量使用原有的宅基地和村内空闲地。

农村村民住宅用地，经乡（镇）人民政府审核，由县级人民政府批准；其中涉及占用农用地的，依照《中华人民共和国土地管理法》**第四十四条**的规定向省、自治区、直辖市人民政府审报批准。

农村村民建住宅申请宅基地程序：

（一）农村村民建住宅需要使用宅基地的，应向本集体经济组织或者村民委员会提出申请；

（二）经村民大会或村民代表大会讨论同意并在本集体经济组织或村民小组张榜公布；

（三）公布期满无异议的，报经乡（镇）人民政府审核，由县级人民政府批准；

（四）根据县级人民政府的宅基地批件，由乡（镇）国土资源管理所按乡村（村庄）集镇规划定点画线，批准施工；

（五）房屋建成后，经有关部门检查验收符合用地规范要求的，依法进行宅基地登记发证。

农村村民将原有房屋出卖、出租或赠与他人后，再申请宅基地的，不得批准。

法律链接

《村庄和集镇规划建设管理条例》

第十八条 农村村民在村庄、集镇规划区内建住宅的，应当先向村集体经济组织或者村民委员会提出建房申请，经村民会议讨论通过后，按照下列审批程序办理：

（一）需要使用耕地的，经乡级人民政府审核、县级人民政府建设行政主管部门审查同意并出具选址意见书后，方可依照《土地管理法》向县级人民政府土地管理部门申请用地，经县级人民政府批准后，由县级人民政府土地管理部门划拨土地；

（二）使用原有宅基地、村内空闲地和其他土地的，由乡级人民政府根据村庄、集镇规划和土地利用规划批准。

城镇非农业户口居民在村庄、集镇规划区内需要使用集体所有的土地建住宅的，应当经其所在单位或者居民委员会同意后，依照前款第（一）项规定的审批程序办理。

回原籍村庄、集镇落户的职工、退伍军人和离休、退休干部以及回乡定居的华侨、港澳台同胞，在村庄、集镇规划区内需要使用集体所有的土地建住宅的，依照本条第一款第（一）项规定的审批程序办理。

第十九条 兴建乡（镇）村企业，必须持县级以上地方人民政府批准的设计任务书或者其他批准文件，向县级人民政府建设行政主管部门申请选址定点，县级人民政府建设行政主管部门审查同意并出具选址意见书后，建设单位方可依法向县级人民政府土地管理部门申请用地，经县级以上人民政府批准后，由土地管理部门划拨土地。

第二十条 乡（镇）村公共设施、公益事业建设，须经乡级人民政府审核、县级人民政府建设行政主管部门审查同意并出具选址意见书后，建设单位方可依法向县级人民政府土地管理部门申请用地，经县级以上人民政府批准后，由土地管理部门划拨土地。

《中华人民共和国土地管理法》

第四条　国家实行土地用途管制制度。

国家编制土地利用总体规划，规定土地用途，将土地分为农用地、建设用地和未利用地。严格限制农用地转为建设用地，控制建设用地总量，对耕地实行特殊保护。

前款所称农用地是指直接用于农业生产的土地，包括耕地、林地、草地、农田水利用地、养殖水面等；建设用地是指建造建筑物、构筑物的土地，包括城乡住宅和公共设施用地、工矿用地、交通水利设施用地、旅游用地、军事设施用地等；未利用地是指农用地和建设用地以外的土地。

使用土地的单位和个人必须严格按照土地利用总体规划确定的用途使用土地。

第十一条第一款、第二款　农民集体所有的土地，由县级人民政府登记造册，核发证书，确认所有权。

农民集体所有的土地依法用于非农业建设的，由县级人民政府登记造册，核发证书，确认建设用地使用权。

第十三条　依法登记的土地的所有权和使用权受法律保护，任何单位和个人不得侵犯。

第三十六条　非农业建设必须节约使用土地，可以利用荒地的，不得占用耕地；可以利用劣地的，不得占用好地。

禁止占用耕地建窑、建坟或者擅自在耕地上建房、挖砂、采石、采矿、取土等。

禁止占用基本农田发展林果业和挖塘养鱼。

第四十三条　任何单位和个人进行建设，需要使用土地的，必须依法申请使用国有土地；但是，兴办乡镇企业和村民建设住宅经依法批准使用本集体经济组织农民集体所有的土地的，或者乡（镇）村公共设施和公益事业建设经依法批准使用农民集体所有的土地的除外。

前款所称依法申请使用的国有土地包括国家所有的土地和国家征收的原属于农民集体所有的土地。

第四十四条 建设占用土地，涉及农用地转为建设用地的，应当办理农用地转用审批手续。

省、自治区、直辖市人民政府批准的道路、管线工程和大型基础设施建设项目、国务院批准的建设项目占用土地，涉及农用地转为建设用地的，由国务院批准。

在土地利用总体规划确定的城市和村庄、集镇建设用地规模范围内，为实施该规划而将农用地转为建设用地的，按土地利用年度计划分批次由原批准土地利用总体规划的机关批准。在已批准的农用地转用范围内。具体建设项目用地可以由市、县人民政府批准。

本条**第二款、第三款**规定以外的建设项目占用土地，涉及农用地转为建设用地的，由省、自治区、直辖市人民政府批准。

第五十九条 乡镇企业、乡（镇）村公共设施、公益事业、农村村民住宅等乡（镇）村建设，应当按照村庄和集镇规划，合理布局，综合开发，配套建设；建设用地，应当符合乡（镇）土地利用总体规划和土地利用年度计划，并依照本法**第四十四条、第六十条、第六十一条、第六十二条**的规定办理审批手续。

第六十条 农村集体经济组织使用乡（镇）土地利用总体规划确定的建设用地兴办企业或者与其他单位、个人以土地使用权入股、联营等形式共同举办企业的，应当持有关批准文件，向县级以上地方人民政府土地行政主管部门提出申请，按照省、自治区、直辖市规定的批准权限，由县级以上地方人民政府批准；其中，涉及占用农用地的，依照本法**第四十四条**的规定办理审批手续。

按照前款规定兴办企业的建设用地，必须严格控制。省、自治区、直辖市可以按照乡镇企业的不同行业和经营规模，分别规定用地标准。

第六十一条 乡（镇）村公共设施、公益事业建设，需要使用土地的，经乡（镇）人民政府审核，向县级以上地方人民政府土地行政主管部门提出申请，按照省、自治区、直辖市规定的批准权限，由县级以上地方人民政府批准；其中，涉及占用农用地的，依照本法**第四十四条**的规定办理审批手续。

第六十二条 农村村民一户只能拥有一处宅基地，其宅基地的面积不得超过省、自治区、直辖市规定的标准。

农村村民建住宅，应当符合乡（镇）土地利用总体规划，并尽量使用原有的宅基地和村内空闲地。

农村村民住宅用地，经乡（镇）人民政府审核，由县级人民政府批准；其中，涉及占用农用地的，依照本法**第四十四条**的规定办理审批手续。

农村村民出卖、出租住房后，再申请宅基地的，不予批准。

《国土资源部印发<关于加强农村宅基地管理的意见>的通知》

……

一、严格实施规划、从严控制村镇建设用地规模

（一）抓紧完善乡（镇）土地利用总体规划。各地要结合土地利用总体规划修编工作，抓紧编制完善乡（镇）土地利用总体规划，按照统筹安排城乡建设用地的总要求和控制增量、合理布局、集约用地、保护耕地的总原则，合理确定小城镇和农村村民点的数量、布局、范围和用地规模。经批准的乡（镇）土地利用总体规划，应当予以公告。

国土资源管理部门要积极配合有关部门，在已确定的村镇建设用地范围内，做好村镇建设规划。

（二）按规划从严控制村镇建设用地。各地要采取有效措施，引导农村村民住宅建设按规划、有计划地逐步向小城镇和中心村集中。对城市规划区内的农村村民住宅建设，应当集中兴建村民住宅小区，防止在城市建设中形成新的“城中村”，避免“二次拆迁”。对城市规划区范围外的农村村民住宅建设，按照城镇化和集约用地的要求，鼓励集中建设农民新村。在规划撤并的村庄范围内，除危房改造外，停止审批新建、重建、改建住宅。

（三）加强农村宅基地用地计划管理。农村宅基地占用农用地应纳入年度计划。省（区、市）在下达给各县（市）用于城乡建设占用农用地的年度计划指标中，可增设农村宅基地占用农用地的计划指标。农村宅基地占用农用地的计划指标应和农村建设用地整理新增加的耕地面积挂钩。县（市）国土资源管理部门对新增耕地面积检查、核定后，应在总的年度计划指标中优先分配等量的农用地转用指标用于农民住宅建设。

省级人民政府国土资源管理部门要加强对各县（市）农村宅基地占用农用地年度计划执行情况的监督检查，不得超计划批地。各县（市）每年年底应将农村宅基地占用农用地的计划执行情况报省级人民政府国土资源管理部门备案。

二、改革和完善宅基地审批制度，规范审批程序

（五）严格宅基地申请条件。坚决贯彻“一户一宅”的法律规定。农村民一户只能拥有一处宅基地，面积不得超过省（区、市）规定的标准。各地应结合本地实际，制定统一的农村宅基地面积标准和宅基地申请条件。不符合申请条件的不得批准宅基地。

农村村民将原有住房出卖、出租或赠与他人后，再申请宅基地的，不得批准。

（六）规范农村宅基地申请报批程序。农村村民建住宅需要使用宅基地的，应向本集体经济组织提出申请，并在本集体经济组织或村民小组张榜公布。公布期满无异议的，报经乡（镇）审核后，报县（市）审批。经依法批准的宅基地，农村集体经济组织或村民小组应及时将审批结果张榜公布。

各地要规范审批行为，健全公开办事制度，提供优质服务。县（市）、乡（镇）要将宅基地申请条件、申报审批程序、审批工作时限、审批权限等相关规定和年度用地计划向社会公告。

（八）加强农村宅基地登记发证工作。市、县国土资源管理部门要加快农村宅基地土地登记发证工作，做到宅基地土地登记发证到户，内容规范清楚，切实维护农民的合法权益。要加强农村宅基地的变更登记工作，变更一宗，登记一宗，充分发挥地籍档案资料在宅基地监督管理上的作用，切实保障“一户一宅”法律制度的落实。要依法、及时调处宅基地权属争议，维护社会稳定。

（十）加大盘活存量建设用地力度。各地要因地制宜地组织

开展“空心村”和闲置宅基地、空置住宅、“一户多宅”的调查清理工作。制定消化利用的规划、计划和政策措施，加大盘活存量建设用地的力度。农村村民新建、改建、扩建住宅，要充分利用村内空闲地、老宅基地以及荒坡地、废弃地。凡村内有空闲地、老宅基地未利用的，不得批准占用耕地。利用村内空闲地、老宅基地建住宅的，也必须符合规划。对“一户多宅”和空置住宅，各地要制定激励措施，鼓励农民腾退多余宅基地。凡新建住宅后应退出旧宅基地的，要采取签订合同等措施，确保按期拆除旧房，交出旧宅基地。

第三部　新农村建设房屋拆迁与管理

第一章　新农村建设房屋拆迁

新农村建设房屋拆迁，是社会主义新农村建设中的一个重要组成部分，它是指在城市规划区内外，乡村（村庄）集镇规划区内农民集体所有的土地上，乡（镇）村企业、乡（镇）村公共设施、乡（镇）村公益事业设施等房屋（建筑物及构筑物）建设、村民住宅（建筑物及构筑物）建设中，农村集体经济组织或村民委员会和农村村民按照国家统一规划，自行投资、自行拆迁、自行建设的社会主义新农村建设活动之一。

新农村建设房屋拆迁，是指法律在尊重农民意愿前提下设定，农村集体经济组织或村民委员会和农村村民依法处分自己财产权的自治行为。

社会主义新农村建设涉及所谓房屋拆迁的几种法律事项，主要表现在：

1．《中华人民共和国土地管理法》第七十三条规定，买卖、非法转让农民集体土地所有权的行为；非法转让农民集体所有土地使用权的行为（专指违反《中华人民共和国土地管理法》第六十三条规定的，转让农民集体所有土地的使用权用于非农业建设的行为）。当上述两种行为分别违反土地利用总体规划擅自将农用地改为建设用地时，“限期拆除在非法转让的土地上新建的建筑物和其他设施，恢复土地原状。”

2．《中华人民共和国土地管理法》第七十六条规定，兴办乡镇企业未经批准使用农民集体所有的土地的；乡（镇）、村公共设施和公益事业建设未经批准或者采取欺骗手段骗取批准，占用农民集体所有的土地进行建设的；城镇非农业户口的居民未经批准或者采取欺骗手段骗取批准，占用土地建住宅的。当上述三种行为分别违反土地利用总体规划擅自将农用地改为建设用地的，“限期拆除在非法占用的土地上新建的建筑物和其他设施，恢复土地原状。”

3．《中华人民共和国土地管理法》第八十三条规定：“责令限期拆除在非

法占用的土地上新建的建筑物和其他设施的，建设单位或者个人必须立即停止施工，自行拆除；对继续施工的，作出处罚决定的机关有权制止。建设单位或者个人对责令限期拆除的行政处罚决定不服的，可以在接到责令限期拆除决定之日起15日内，向人民法院起诉；期满不起诉又不自行拆除的，由作出处罚决定的机关依法申请人民法院强制执行，费用由违法者承担。”

4．新农村建设村民自建住宅，违反《中华人民共和国土地管理法》第七十七条的规定，农村村民未经批准或采取欺骗手段骗取批准，非法占用土地建住宅的（专指违反《中华人民共和国土地管理法》第六十二条规定的，农村村民建房的住宅用地未经乡（镇）人民政府审核及县级人民政府批准的行为；农村村民占地建住宅，对涉及占用农用地的，未办理或者采取欺骗手段办理农用地转用审批手续的行为；农村村民骗取批准，占地建住宅的行为；另外，农村村民超过省、自治区、直辖市规定的标准超占土地建住宅的），由县级以上人民政府土地行政主管部门责令退还非法占用的土地，“限期拆除在非法占用的土地上新建的房屋。”

5．关于强制执行。《中华人民共和国土地管理法》没有赋予县级以上人民政府土地行政主管部门土地行政强制执行的权力。如果行政处罚相对人拒不执行土地行政主管部门的行政处罚决定，作出行政处罚决定的土地行政主管部门应依法向人民法院提出申请，由人民法院司法强制执行。

法律链接

《中华人民共和国民法通则》

第九条 公民从出生时起到死亡时止，具有民事权利能力，依法享有民事权利，承担民事义务。

第十一条 十八周岁以上的公民是成年人，具有完全民事行为能力，可以独立进行民事活动，是完全民事行为能力人。

十六周岁以上不满十八周岁的公民，以自己的劳动收入为主要生活来源的，视为完全民事行为能力人。

第五十四条 民事法律行为是公民或者法人设立、变更、终止民事权利和民事义务的合法行为。

第七十一条 财产所有权是指所有人依法对自己的财产享有占有、使用、收益和处分的权利。

第七十四条　劳动群众集体组织的财产属于劳动群众集体所有，包括：

（一）法律规定为集体所有的土地和森林、山岭、草原、荒地、滩涂等；

（二）集体经济组织的财产；

（三）集体所有的建筑物、水库、农田水利设施和教育、科学、文化、卫生、体育等设施；

（四）集体所有的其他财产。

集体所有的土地依照法律属于村农民集体所有，由村农业生产合作社等农业集体经济组织或者村民委员会经营、管理。已经属于乡（镇）农民集体经济组织所有的，可以属于乡（镇）农民集体所有。

集体所有的财产受法律保护，禁止任何组织或者个人侵占、哄抢、私分、破坏或者非法查封、扣押、冻结、没收。

第七十五条　公民的个人财产，包括公民的合法收入、房屋、储蓄、生活用品、文物、图书资料、林木、牲畜和法律允许公民所有的生产资料以及其他合法财产。

公民的合法财产受法律保护，禁止任何组织或者个人侵占、哄抢、破坏或者非法查封、扣押、冻结、没收。

第七十六条　公民依法享有财产继承权。

第七十八条　财产可以由两个以上的公民、法人共有。

共有分为按份共有和共同共有。按份共有人按照各自的份额，对共有财产分享权利，分担义务。共同共有人对共有财产享有权利，承担义务。

按份共有财产的每个共有人有权要求将自己的份额分出或者转让。但在出售时，其他共有人在同等条件下，有优先购买的权利。

《中华人民共和国土地管理法》

第九条　国有土地和农民集体所有的土地，可以依法确定给单位或者个人使用。使用土地的单位和个人，有保护、管理和合理利用土地的义务。

第十条　农民集体所有的土地依法属于村农民集体所有的，由村集体经济组织或者村民委员会经营、管理；已经分别属于村内两个以上农村集体经济组织的农民集体所有的，由村内各该农村集体经济组织或者村民小组经营、管理；已经属于乡（镇）农民集体所有的，由乡（镇）农村集体经济组织经营、

管理。

第四十三条 任何单位和个人进行建设，需要使用土地的，必须依法申请使用国有土地；但是，兴办乡镇企业和村民建设住宅经依法批准使用本集体经济组织农民集体所有的土地的，或者乡（镇）村公共设施和公益事业建设经依法批准使用农民集体所有的土地的除外。

前款所称依法申请使用的国有土地包括国家所有的土地和国家征收的原属于农民集体所有的土地。

第六十二条 农村村民一户只能拥有一处宅基地，其宅基地的面积不得超过省、自治区、直辖市规定的标准。

农村村民建住宅，应当符合乡（镇）土地利用总体规划，并尽量使用原有的宅基地和村内空闲地。

农村村民住宅用地，经乡（镇）人民政府审核，由县级人民政府批准；其中，涉及占用农用地的，依照本法第四十四条的规定办理审批手续。

农村村民出卖、出租住房后，再申请宅基地的，不予批准。

第六十三条 农民集体所有的土地的使用权不得出让、转让或者出租用于非农业建设；但是，符合土地利用总体规划并依法取得建设用地的企业，因破产、兼并等情形致使土地使用权依法发生转移的除外。

第七十三条 买卖或者以其他形式非法转让土地的，由县级以上人民政府土地行政主管部门没收违法所得；对违反土地利用总体规划擅自将农用地改为建设用地的，限期拆除在非法转让的土地上新建的建筑物和其他设施，恢复土地原状，对符合土地利用总体规划的，没收在非法转让的土地上新建的建筑物和其他设施；可以并处罚款；对直接负责的主管人员和其他直接责任人员，依法给予行政处分；构成犯罪的，依法追究刑事责任。

第七十六条 未经批准或者采取欺骗手段骗取批准，非法占用土地的，由县级以上人民政府土地行政主管部门责令退还非法占用的土地，对违反土地利用总体规划擅自将农用地改为建设用地的，限期拆除在非法占用的土地上新建的建筑物和其他设施，恢复土地原状，对符合土地利用总体规划的，没收在非法占用的土地上新建的建筑物和其他设施，可以并处罚款；对非法占用土地单位的直接负责的主管人员和其他直接责任人员，依法给予行政处分；构成犯罪的，依法追究刑事责任。

超过批准的数量占用土地，多占的土地以非法占用土地论处。

第七十七条　农村村民未经批准或者采取欺骗手段骗取批准，非法占用土地建住宅的，由县级以上人民政府土地行政主管部门责令退还非法占用的土地，限期拆除在非法占用的土地上新建的房屋。

超过省、自治区、直辖市规定的标准，多占的土地以非法占用土地论处。

第八十三条　依照本法规定，责令限期拆除在非法占用的土地上新建的建筑物和其他设施的，建设单位或者个人必须立即停止施工，自行拆除；对继续施工的，作出处罚决定的机关有权制止。

建设单位或者个人对责令限期拆除的行政处罚决定不服的，可以在接到责令限期拆除决定之日起十五日内，向人民法院起诉；期满不起诉又不自行拆除的，由作出处罚决定的机关依法申请人民法院强制执行，费用由违法者承担。

第二章　新农村建设房屋产权、产籍管理

《村庄和集镇规划建设管理条例》第二十八条规定："县级以上人民政府建设行政主管部门，应当加强对村庄、集镇的产权、产籍的管理，依法保护房屋所有人对房屋的所有权。具体办法由国务院建设行政主管部门制定。"

建设部关于《村庄和集镇规划建设管理条例》行政解释第四十三条解释："村庄、集镇房屋管理工作，就其内容来说，主要有以下几个方面：（1）房屋产权、产籍管理，包括公房和私房的房屋产权登记、造册、发放房屋产权证书以及房屋产权变更的登记、注册等。

（2）房屋转让、买卖、出租、抵押的管理。

（3）房屋的修缮管理。

（4）房地产综合开发的管理。

（5）房产纠纷调解、政策咨询等。从当前的情况来看，村庄和集镇房屋管理工作，主要先开展房屋产权登记和发证工作，明确房屋产权，搞好房屋产权、产籍管理，依法保护房屋所有人的房屋所有权。在此基础上，逐步开展其他各项管理工作。"

新农村建设房屋产权、产籍管理机关是县级以上人民政府建设行政主管部门。

农村村民依照房屋产权、产籍管理的相关法律、政策进行房屋所有权登记。

法律链接

《中华人民共和国宪法》

第十三条 公民的合法的私有财产不受侵犯。

国家依照法律规定保护公民的私有财产权和继承权。

国家为了公共利益的需要，可以依照法律规定对公民的私有财产实行征收或者征用并给予补偿。

第一百零七条 县级以上地方各级人民政府依照法律规定的权限，管理本行政区域内的经济、教育、科学、文化、卫生、体育事业、城乡建设事业和财政、民政、公安、民族事务、司法行政、监察、计划生育等行政工作，发布决定和命令，任免、培训、考核和奖惩行政工作人员。

乡、民族乡、镇的人民政府执行本级人民代表大会的决议和上级国家行政机关的决定和命令，管理本行政区域内的行政工作。

省、直辖市的人民政府决定乡、民族乡、镇的建置和区域划分。

《中华人民共和国民法通则》

第七十五条 公民的个人财产，包括公民的合法收入、房屋、储蓄、生活用品、文物、图书资料、林木、牲畜和法律允许公民所有的生产资料以及其他合法财产。

公民的合法财产受法律保护，禁止任何组织或者个人侵占、哄抢、破坏或者非法查封、扣押、冻结、没收。

第七十六条 公民依法享有财产继承权。

《村庄和集镇规划建设管理条例》

第二十八条 县级以上人民政府建设行政主管部门，应当加强对村庄、集镇房屋的产权、产籍的管理，依法保护房屋所有人对房屋的所有权。具体办法由国务院建设行政主管部门制定。

附录1　中共中央国务院文件

《关于落实发展新理念加快农业现代化 实现全面小康目标的若干意见》

（2015年12月31日）

党的十八届五中全会通过的《中共中央关于制定国民经济和社会发展第十三个五年规划的建议》，对做好新时期农业农村工作作出了重要部署。各地区各部门要牢固树立和深入贯彻落实创新、协调、绿色、开放、共享的发展理念，大力推进农业现代化，确保亿万农民与全国人民一道迈入全面小康社会。

“十二五”时期，是农业农村发展的又一个黄金期。粮食连年高位增产，实现了农业综合生产能力质的飞跃；农民收入持续较快增长，扭转了城乡居民收入差距扩大的态势；农村基础设施和公共服务明显改善，提高了农民群众的民生保障水平；农村社会和谐稳定，夯实了党在农村的执政基础。实践证明，党的“三农”政策是完全正确的，亿万农民是衷心拥护的。

当前，我国农业农村发展环境发生重大变化，既面临诸多有利条件，又必须加快破解各种难题。一方面，加快补齐农业农村短板成为全党共识，为开创“三农”工作新局面汇聚强大推动力；新型城镇化加快推进，为以工促农、以城带乡带来持续牵引力；城乡居民消费结构加快升级，为拓展农业农村发展空间增添巨大带动力；新一轮科技革命和产业变革正在孕育兴起，为农业转型升级注入强劲驱动力；农村各项改革全面展开，为农业农村现代化提供不竭源动力。另一方面，在经济发展新常态背景下，如何促进农民收入稳定较快增长，加快缩小城乡差距，确保如期实现全面小康，是必须完成的历史任务；在资源环境约束趋紧背景下，如何加快转变农业发展方式，确保粮食等重要农产品有效供给，实现绿色发展和资源永续利用，是必须破解的现实难题；在受国际农产品市场影响加深背景下，如何统筹利用国际国内两个市场、两种资源，提升我国农业竞争力，赢得参与国际市场竞争的主动权，是必须应对的重大挑战。农业是全面建成小康社会、实现现代化的基础。我们一定要切实增强做好“三农”工作的责任感、使命感、紧迫感，任何时候都不能忽视农业、忘记农民、淡漠农村，在认识的高度、重视的程度、投入的力度上保持好势头，始终把解决好“三农”问题作为全党工作重中之重，坚持强农惠农富农政策不减弱，推进农村全面小康建设不松劲，加快发展现代农业，加快促进农民增收，加快建设社会主义新农村，不断巩固和发

展农业农村好形势。

“十三五”时期推进农村改革发展，要高举中国特色社会主义伟大旗帜，全面贯彻党的十八大和十八届三中、四中、五中全会精神，以邓小平理论、“三个代表”重要思想、科学发展观为指导，深入贯彻习近平总书记系列重要讲话精神，坚持全面建成小康社会、全面深化改革、全面依法治国、全面从严治党的战略布局，把坚持农民主体地位、增进农民福祉作为农村一切工作的出发点和落脚点，用发展新理念破解“三农”新难题，厚植农业农村发展优势，加大创新驱动力度，推进农业供给侧结构性改革，加快转变农业发展方式，保持农业稳定发展和农民持续增收，走产出高效、产品安全、资源节约、环境友好的农业现代化道路，推动新型城镇化与新农村建设双轮驱动、互促共进，让广大农民平等参与现代化进程、共同分享现代化成果。

到2020年，现代农业建设取得明显进展，粮食产能进一步巩固提升，国家粮食安全和重要农产品供给得到有效保障，农产品供给体系的质量和效率显著提高；农民生活达到全面小康水平，农村居民人均收入比2010年翻一番，城乡居民收入差距继续缩小；我国现行标准下农村贫困人口实现脱贫，贫困县全部摘帽，解决区域性整体贫困；农民素质和农村社会文明程度显著提升，社会主义新农村建设水平进一步提高；农村基本经济制度、农业支持保护制度、农村社会治理制度、城乡发展一体化体制机制进一步完善。

一、持续夯实现代农业基础，提高农业质量效益和竞争力

大力推进农业现代化，必须着力强化物质装备和技术支撑，着力构建现代农业产业体系、生产体系、经营体系，实施藏粮于地、藏粮于技战略，推动粮经饲统筹、农林牧渔结合、种养加一体、一二三产业融合发展，让农业成为充满希望的朝阳产业。

1．大规模推进高标准农田建设。加大投入力度，整合建设资金，创新投融资机制，加快建设步伐，到2020年确保建成8亿亩、力争建成10亿亩集中连片、旱涝保收、稳产高产、生态友好的高标准农田。整合完善建设规划，统一建设标准、统一监管考核、统一上图入库。提高建设标准，充实建设内容，完善配套设施。优化建设布局，优先在粮食主产区建设确保口粮安全的高标准农田。健全管护监督机制，明确管护责任主体。将高标准农田划为永久基本农田，实行特殊保护。将高标准农田建设情况纳入地方各级政府耕地保护责任目标考核内容。

2．大规模推进农田水利建设。把农田水利作为农业基础设施建设的重点，到2020年农田有效灌溉面积达到10亿亩以上，农田灌溉水有效利用系数提高到0.55以上。加快重大水利工程建设。积极推进江河湖库水系连通工程建设，优化水资源空间格局，增加水环境容量。加快大中型灌区建设及续建配套与节水改造、大型灌排泵站更新改造。完善小型农田水利设施，加强农村河塘清淤整治、山丘区“五小水利”、田间渠系配套、雨水集蓄利用、牧区节水灌溉饲草料地建设。大力开展区域规模化高效节水灌溉行动，积极推广先进适用节水灌溉技术。继续实施中小河流治理和山洪、地质灾害防治。扩大开发性金融支持水利工程建设的规模和范围。稳步推进农业水价综合改革，实行农业用水总量控制和定额管理，合理确定农业水价，建立节水奖励和精准补贴机制，提高农业用水效率。完善用水权初始分配制度，培育水权交易市场。深化小型农田水利工程产权制度改革，创新运行管护机制。鼓励社会资本参与小型农田水利工程建设与管护。

3．强化现代农业科技创新推广体系建设。农业科技创新能力总体上达到发展中国家领先水平，力争在农业重大基础理论、前沿核心技术方面取得一批达到世界先进水平的成果。统筹协调各类农业科技资源，建设现代农业产业科技创新中心，实施农业科技创新重点专项和工程，重点突破生物育种、农机装备、智能农业、生态环保等领域关键技术。强化现代农业产业技术体系建设。加强农业转基因技术研发和监管，在确保安全的基础上慎重推广。加快研发高端农机装备及关键核心零部件，提升主要农作物生产全程机械化水平，推进林业装备现代化。大力推进“互联网+”现代农业，应用物联网、云计算、大数据、移动互联等现代信息技术，推动农业全产业链改造升级。大力发展智慧气象和农业遥感技术应用。深化农业科技体制改革，完善成果转化激励机制，制定促进协同创新的人才流动政策。加强农业知识产权保护，严厉打击侵权行为。深入开展粮食绿色高产高效创建。健全适应现代农业发展要求的农业科技推广体系，对基层农技推广公益性与经营性服务机构提供精准支持，引导高等学校、科研院所开展农技服务。推行科技特派员制度，鼓励支持科技特派员深入一线创新创业。发挥农村专业技术协会的作用。鼓励发展农业高新技术企业。深化国家现代农业示范区、国家农业科技园区建设。

4．加快推进现代种业发展。大力推进育繁推一体化，提升种业自主创新能力，保障国家种业安全。深入推进种业领域科研成果权益分配改革，探索成果权

益分享、转移转化和科研人员分类管理机制。实施现代种业建设工程和种业自主创新重大工程。全面推进良种重大科研联合攻关，培育和推广适应机械化生产、优质高产多抗广适新品种，加快主要粮食作物新一轮品种更新换代。加快推进海南、甘肃、四川国家级育种制种基地和区域性良种繁育基地建设。强化企业育种创新主体地位，加快培育具有国际竞争力的现代种业企业。实施畜禽遗传改良计划，加快培育优异畜禽新品种。开展种质资源普查，加大保护利用力度。贯彻落实种子法，全面推进依法治种。加大种子打假护权力度。

5. 发挥多种形式农业适度规模经营引领作用。坚持以农户家庭经营为基础，支持新型农业经营主体和新型农业服务主体成为建设现代农业的骨干力量，充分发挥多种形式适度规模经营在农业机械和科技成果应用、绿色发展、市场开拓等方面的引领功能。完善财税、信贷保险、用地用电、项目支持等政策，加快形成培育新型农业经营主体的政策体系，进一步发挥财政资金引导作用，撬动规模化经营主体增加生产性投入。适应新型农业经营主体和服务主体发展需要，允许将集中连片整治后新增加的部分耕地，按规定用于完善农田配套设施。探索开展粮食生产规模经营主体营销贷款改革试点。积极培育家庭农场、专业大户、农民合作社、农业产业化龙头企业等新型农业经营主体。支持多种类型的新型农业服务主体开展代耕代种、联耕联种、土地托管等专业化规模化服务。加强气象为农服务体系建设。实施农业社会化服务支撑工程，扩大政府购买农业公益性服务机制创新试点。加快发展农业生产性服务业。完善工商资本租赁农地准入、监管和风险防范机制。健全县乡农村经营管理体系，加强对土地流转和规模经营的管理服务。

6. 加快培育新型职业农民。将职业农民培育纳入国家教育培训发展规划，基本形成职业农民教育培训体系，把职业农民培养成建设现代农业的主导力量。办好农业职业教育，将全日制农业中等职业教育纳入国家资助政策范围。依托高等教育、中等职业教育资源，鼓励农民通过“半农半读”等方式就地就近接受职业教育。开展新型农业经营主体带头人培育行动，通过5年努力使他们基本得到培训。加强涉农专业全日制学历教育，支持农业院校办好涉农专业，健全农业广播电视学校体系，定向培养职业农民。引导有志投身现代农业建设的农村青年、返乡农民工、农技推广人员、农村大中专毕业生和退役军人等加入职业农民队伍。优化财政支农资金使用，把一部分资金用于培养职业农民。总结各地经验，建立健全职业农民扶持制度，相关政策向符合条件的职业农民倾斜。鼓励有条件的地方探索职业农民养老保险办法。

7．优化农业生产结构和区域布局。树立大食物观，面向整个国土资源，全方位、多途径开发食物资源，满足日益多元化的食物消费需求。在确保谷物基本自给、口粮绝对安全的前提下，基本形成与市场需求相适应、与资源禀赋相匹配的现代农业生产结构和区域布局，提高农业综合效益。启动实施种植业结构调整规划，稳定水稻和小麦生产，适当调减非优势区玉米种植。支持粮食主产区建设粮食生产核心区。扩大粮改饲试点，加快建设现代饲草料产业体系。合理调整粮食统计口径。制定划定粮食生产功能区和大豆、棉花、油料、糖料蔗等重要农产品生产保护区的指导意见。积极推进马铃薯主食开发。加快现代畜牧业建设，根据环境容量调整区域养殖布局，优化畜禽养殖结构，发展草食畜牧业，形成规模化生产、集约化经营为主导的产业发展格局。启动实施种养结合循环农业示范工程，推动种养结合、农牧循环发展。加强渔政渔港建设。大力发展旱作农业、热作农业、优质特色杂粮、特色经济林、木本油料、竹藤花卉、林下经济。

8．统筹用好国际国内两个市场、两种资源。完善农业对外开放战略布局，统筹农产品进出口，加快形成农业对外贸易与国内农业发展相互促进的政策体系，实现补充国内市场需求、促进结构调整、保护国内产业和农民利益的有机统一。加大对农产品出口支持力度，巩固农产品出口传统优势，培育新的竞争优势，扩大特色和高附加值农产品出口。确保口粮绝对安全，利用国际资源和市场，优化国内农业结构，缓解资源环境压力。优化重要农产品进口的全球布局，推进进口来源多元化，加快形成互利共赢的稳定经贸关系。健全贸易救济和产业损害补偿机制。强化边境管理，深入开展综合治理，打击农产品走私。统筹制定和实施农业对外合作规划。加强与“一带一路”沿线国家和地区及周边国家和地区的农业投资、贸易、科技、动植物检疫合作。支持我国企业开展多种形式的跨国经营，加强农产品加工、储运、贸易等环节合作，培育具有国际竞争力的粮商和农业企业集团。

二、加强资源保护和生态修复，推动农业绿色发展

推动农业可持续发展，必须确立发展绿色农业就是保护生态的观念，加快形成资源利用高效、生态系统稳定、产地环境良好、产品质量安全的农业发展新格局。

9. 加强农业资源保护和高效利用。基本建立农业资源有效保护、高效利用的政策和技术支撑体系，从根本上改变开发强度过大、利用方式粗放的状况。坚持最严格的耕地保护制度，坚守耕地红线，全面划定永久基本农田，大力实施农村土地整治，推进耕地数量、质量、生态"三位一体"保护。落实和完善耕地占补平衡制度，坚决防止占多补少、占优补劣、占水田补旱地，严禁毁林开垦。全面推进建设占用耕地耕作层剥离再利用。实行建设用地总量和强度双控行动，严格控制农村集体建设用地规模。完善耕地保护补偿机制。实施耕地质量保护与提升行动，加强耕地质量调查评价与监测，扩大东北黑土地保护利用试点规模。实施渤海粮仓科技示范工程，加大科技支撑力度，加快改造盐碱地。创建农业可持续发展试验示范区。划定农业空间和生态空间保护红线。落实最严格的水资源管理制度，强化水资源管理"三条红线"刚性约束，实行水资源消耗总量和强度双控行动。加强地下水监测，开展超采区综合治理。落实河湖水域岸线用途管制制度。加强自然保护区建设与管理，对重要生态系统和物种资源实行强制性保护。实施濒危野生动植物抢救性保护工程，建设救护繁育中心和基因库。强化野生动植物进出口管理，严厉打击象牙等濒危野生动植物及其制品非法交易。

10. 加快农业环境突出问题治理。基本形成改善农业环境的政策法规制度和技术路径，确保农业生态环境恶化趋势总体得到遏制，治理明显见到成效。实施并完善农业环境突出问题治理总体规划。加大农业面源污染防治力度，实施化肥农药零增长行动，实施种养业废弃物资源化利用、无害化处理区域示范工程。积极推广高效生态循环农业模式。探索实行耕地轮作休耕制度试点，通过轮作、休耕、退耕、替代种植等多种方式，对地下水漏斗区、重金属污染区、生态严重退化地区开展综合治理。实施全国水土保持规划。推进荒漠化、石漠化、水土流失综合治理。

11. 加强农业生态保护和修复。实施山水林田湖生态保护和修复工程，进行整体保护、系统修复、综合治理。到2020年森林覆盖率提高到23%以上，湿地面积不低于8亿亩。扩大新一轮退耕还林还草规模。扩大退牧还草工程实施范围。实施新一轮草原生态保护补助奖励政策，适当提高补奖标准。实施湿地保护与恢复工程，开展退耕还湿。建立沙化土地封禁保护制度。加强历史遗留工矿废弃和自然灾害损毁土地复垦利用。开展大规模国土绿化行动，增加森林面积和蓄积量。加强三北、长江、珠江、沿海防护林体系等林业重点工程建设。继续推进京津风沙源治理。完善天然林保护制度，全面停止天然林商业性采伐。完善海洋渔业资源总量管理制度，严格实行休渔禁渔制度，开展近海捕捞限额管理试点，按规划实行退养还滩。加快推进水生态修复工程建设。建立健全生态保护补偿机制，开展跨地区跨流域生态保护补偿试点。编制实施耕地、草原、河湖休养生息规划。

12．实施食品安全战略。加快完善食品安全国家标准，到2020年农兽药残留限量指标基本与国际食品法典标准接轨。加强产地环境保护和源头治理，实行严格的农业投入品使用管理制度。推广高效低毒低残留农药，实施兽用抗菌药治理行动。创建优质农产品和食品品牌。继续推进农业标准化示范区、园艺作物标准园、标准化规模养殖场（小区）、水产健康养殖场建设。实施动植物保护能力提升工程。加快健全从农田到餐桌的农产品质量和食品安全监管体系，建立全程可追溯、互联共享的信息平台，加强标准体系建设，健全风险监测评估和检验检测体系。落实生产经营主体责任，严惩各类食品安全违法犯罪。实施食品安全创新工程。加强基层监管机构能力建设，培育职业化检查员，扩大抽检覆盖面，加强日常检查。加快推进病死畜禽无害化处理与养殖业保险联动机制建设。规范畜禽屠宰管理，加强人畜共患传染病防治。强化动植物疫情疫病监测防控和边境、口岸及主要物流通道检验检疫能力建设，严防外来有害物种入侵。深入开展食品安全城市和农产品质量安全县创建，开展农村食品安全治理行动。强化食品安全责任制，把保障农产品质量和食品安全作为衡量党政领导班子政绩的重要考核指标。

三、推进农村产业融合，促进农民收入持续较快增长

大力推进农民奔小康，必须充分发挥农村的独特优势，深度挖掘农业的多种功能，培育壮大农村新产业新业态，推动产业融合发展成为农民增收的重要支撑，让农村成为可以大有作为的广阔天地。

13．推动农产品加工业转型升级。加强农产品加工技术创新，促进农产品初加工、精深加工及综合利用加工协调发展，提高农产品加工转化率和附加值，增强对农民增收的带动能力。加强规划和政策引导，促进主产区农产品加工业加快发展，支持粮食主产区发展粮食深加工，形成一批优势产业集群。开发拥有自主知识产权的技术装备，支持农产品加工设备改造提升，建设农产品加工技术集成基地。培育一批农产品精深加工领军企业和国内外知名品牌。强化环保、能耗、质量、安全等标准作用，促进农产品加工企业优胜劣汰。完善农产品产地初加工

补助政策。研究制定促进农产品加工业发展的意见。

14. 加强农产品流通设施和市场建设。健全统一开放、布局合理、竞争有序的现代农产品市场体系，在搞活流通中促进农民增收。加快农产品批发市场升级改造，完善流通骨干网络，加强粮食等重要农产品仓储物流设施建设。完善跨区域农产品冷链物流体系，开展冷链标准化示范，实施特色农产品产区预冷工程。推动公益性农产品市场建设。支持农产品营销公共服务平台建设。开展降低农产品物流成本行动。促进农村电子商务加快发展，形成线上线下融合、农产品进城与农资和消费品下乡双向流通格局。加快实现行政村宽带全覆盖，创新电信普遍服务补偿机制，推进农村互联网提速降费。加强商贸流通、供销、邮政等系统物流服务网络和设施建设与衔接，加快完善县乡村物流体系。实施“快递下乡”工程。鼓励大型电商平台企业开展农村电商服务，支持地方和行业健全农村电商服务体系。建立健全适应农村电商发展的农产品质量分级、采后处理、包装配送等标准体系。深入开展电子商务进农村综合示范。加大信息进村入户试点力度。

15. 大力发展休闲农业和乡村旅游。依托农村绿水青山、田园风光、乡土文化等资源，大力发展休闲度假、旅游观光、养生养老、创意农业、农耕体验、乡村手工艺等，使之成为繁荣农村、富裕农民的新兴支柱产业。强化规划引导，采取以奖代补、先建后补、财政贴息、设立产业投资基金等方式扶持休闲农业与乡村旅游业发展，着力改善休闲旅游重点村进村道路、宽带、停车场、厕所、垃圾污水处理等基础服务设施。积极扶持农民发展休闲旅游业合作社。引导和支持社会资本开发农民参与度高、受益面广的休闲旅游项目。加强乡村生态环境和文化遗存保护，发展具有历史记忆、地域特点、民族风情的特色小镇，建设一村一品、一村一景、一村一韵的魅力村庄和宜游宜养的森林景区。依据各地具体条件，有规划地开发休闲农庄、乡村酒店、特色民宿、自驾露营、户外运动等乡村休闲度假产品。实施休闲农业和乡村旅游提升工程、振兴中国传统手工艺计划。开展农业文化遗产普查与保护。支持有条件的地方通过盘活农村闲置房屋、集体建设用地、“四荒地”、可用林场和水面等资产资源发展休闲农业和乡村旅游。将休闲农业和乡村旅游项目建设用地纳入土地利用总体规划和年度计划合理安排。

16. 完善农业产业链与农民的利益联结机制。促进农业产加销紧密衔接、农村一二三产业深度融合，推进农业产业链整合和价值链提升，让农民共享产业融合发展的增值收益，培育农民增收新模式。支持供销合作社创办领办农民合作社，引领农民参与农村产业融合发展、分享产业链收益。创新发展订单农业，支持农业产业化龙头企业建设稳定的原料生产基地、为农户提供贷款担保和资助订单农户参加农业保险。鼓励发展股份合作，引导农户自愿以土地经营权等入股龙头企业和农民合作社，采取“保底收益＋按股分红”等方式，让农户分享加工销售环节收益，建立健全风险防范机制。加强农民合作社示范社建设，支持合作社发展农产品加工流通和直供直销。通过政府与社会资本合作、贴息、设立基金等方式，带动社会资本投向农村新产业新业态。实施农村产业融合发展试点示范工程。财政支农资金使用要与建立农民分享产业链利益机制相联系。巩固和完善“合同帮农”机制，为农民和涉农企业提供法律咨询、合同示范文本、纠纷调处等服务。

四、推动城乡协调发展，提高新农村建设水平

加快补齐农业农村短板，必须坚持工业反哺农业、城市支持农村，促进城乡公共资源均衡配置、城乡要素平等交换，稳步提高城乡基本公共服务均等化水平。

17．加快农村基础设施建设。把国家财政支持的基础设施建设重点放在农村，建好、管好、护好、运营好农村基础设施，实现城乡差距显著缩小。健全农村基础设施投入长效机制，促进城乡基础设施互联互通、共建共享。强化农村饮用水水源保护。实施农村饮水安全巩固提升工程。推动城镇供水设施向周边农村延伸。加快实施农村电网改造升级工程，开展农村“低电压”综合治理，发展绿色小水电。加快实现所有具备条件的乡镇和建制村通硬化路、通班车，推动一定人口规模的自然村通公路。创造条件推进城乡客运一体化。加快国有林区防火应急道路建设。将农村公路养护资金逐步纳入地方财政预算。发展农村规模化沼气。加大农村危房改造力度，统筹搞好农房抗震改造，通过贷款贴息、集中建设公租房等方式，加快解决农村困难家庭的住房安全问题。加强农村防灾减灾体系建设。研究出台创新农村基础设施投融资体制机制的政策意见。

18．提高农村公共服务水平。把社会事业发展的重点放在农村和接纳农业转移人口较多的城镇，加快推动城镇公共服务向农村延伸。加快发展农村学前教育，坚持公办民办并举，扩大农村普惠性学前教育资源。建立城乡统一、重在农村的义务教育经费保障机制。全面改善贫困地区义务教育薄弱学校基本办学条件，改善农村学校寄宿条件，办好乡村小规模学校，推进学校标准化建设。加快普及高中阶段教育，逐步分类推进中等职业教育免除学杂费，率先从建档立卡的家庭经济困难学生实施普通高中免除学杂费，实现家庭经济困难学生资助全覆

盖。深入实施农村贫困地区定向招生等专项计划，对民族自治县实现全覆盖。加强乡村教师队伍建设，拓展教师补充渠道，推动城镇优秀教师向乡村学校流动。办好农村特殊教育。整合城乡居民基本医疗保险制度，适当提高政府补助标准、个人缴费和受益水平。全面实施城乡居民大病保险制度。健全城乡医疗救助制度。完善城乡居民养老保险参保缴费激励约束机制，引导参保人员选择较高档次缴费。改进农村低保申请家庭经济状况核查机制，实现农村低保制度与扶贫开发政策有效衔接。建立健全农村留守儿童和妇女、老人关爱服务体系。建立健全农村困境儿童福利保障和未成年人社会保护制度。积极发展农村社会工作和志愿服务。切实维护农村妇女在财产分配、婚姻生育、政治参与等方面的合法权益，让女性获得公平的教育机会、就业机会、财产性收入、金融资源。加强农村养老服务体系、残疾人康复和供养托养设施建设。深化农村殡葬改革，依法管理、改进服务。推进农村基层综合公共服务资源优化整合。全面加强农村公共文化服务体系建设，继续实施文化惠民项目。在农村建设基层综合性文化服务中心，整合基层宣传文化、党员教育、科学普及、体育健身等设施，整合文化信息资源共享、农村电影放映、农家书屋等项目，发挥基层文化公共设施整体效应。

19. 开展农村人居环境整治行动和美丽宜居乡村建设。遵循乡村自身发展规律，体现农村特点，注重乡土味道，保留乡村风貌，努力建设农民幸福家园。科学编制县域乡村建设规划和村庄规划，提升民居设计水平，强化乡村建设规划许可管理。继续推进农村环境综合整治，完善以奖促治政策，扩大连片整治范围。实施农村生活垃圾治理5年专项行动。采取城镇管网延伸、集中处理和分散处理等多种方式，加快农村生活污水治理和改厕。全面启动村庄绿化工程，开展生态乡村建设，推广绿色建材，建设节能农房。开展农村宜居水环境建设，实施农村清洁河道行动，建设生态清洁型小流域。发挥好村级公益事业一事一议财政奖补资金作用，支持改善村内公共设施和人居环境。普遍建立村庄保洁制度。坚持城乡环境治理并重，逐步把农村环境整治支出纳入地方财政预算，中央财政给予差异化奖补，政策性金融机构提供长期低息贷款，探索政府购买服务、专业公司一体化建设运营机制。加大传统村落、民居和历史文化名村名镇保护力度。开展生态文明示范村镇建设。鼓励各地因地制宜探索各具特色的美丽宜居乡村建设模式。

20. 推进农村劳动力转移就业创业和农民工市民化。健全农村劳动力转移就业服务体系，大力促进就地就近转移就业创业，稳定并扩大外出农民工规模，支持农民工返乡创业。大力发展特色县域经济和农村服务业，加快培育中小城市和特色小城镇，增强吸纳农业转移人口能力。加大对农村灵活就业、新就业形态的支持。鼓励各地设立农村妇女就业创业基金，加大妇女小额担保贷款实施力度，加强妇女技能培训，支持农村妇女发展家庭手工业。实施新生代农民工职业技能提升计划，开展农村贫困家庭子女、未升学初高中毕业生、农民工、退役军人免费接受职业培训行动。依法维护农民工合法劳动权益，完善城乡劳动者平等就业制度，建立健全农民工工资支付保障长效机制。进一步推进户籍制度改革，落实1亿左右农民工和其他常住人口在城镇定居落户的目标，保障进城落户农民工与城镇居民有同等权利和义务，加快提高户籍人口城镇化率。全面实施居住证制度，建立健全与居住年限等条件相挂钩的基本公共服务提供机制，努力实现基本公共服务常住人口全覆盖。落实和完善农民工随迁子女在当地参加中考、高考政策。将符合条件的农民工纳入城镇社会保障和城镇住房保障实施范围。健全财政转移支付同农业转移人口市民化挂钩机制，建立城镇建设用地增加规模同吸纳农业转移人口落户数量挂钩机制。维护进城落户农民土地承包权、宅基地使用权、集体收益分配权，支持引导其依法自愿有偿转让上述权益。

21. 实施脱贫攻坚工程。实施精准扶贫、精准脱贫，因人因地施策，分类扶持贫困家庭，坚决打赢脱贫攻坚战。通过产业扶持、转移就业、易地搬迁等措施解决5000万左右贫困人口脱贫；对完全或部分丧失劳动能力的2000多万贫困人口，全部纳入低保覆盖范围，实行社保政策兜底脱贫。实行脱贫工作责任制，进一步完善中央统筹、省（自治区、直辖市）负总责、市（地）县抓落实的工作机制。各级党委和政府要把脱贫攻坚作为重大政治任务扛在肩上，各部门要步调一致、协同作战、履职尽责，切实把民生项目、惠民政策最大限度向贫困地区倾斜。广泛动员社会各方面力量积极参与扶贫开发。实行最严格的脱贫攻坚考核督查问责。

五、深入推进农村改革，增强农村发展内生动力

破解“三农”难题，必须坚持不懈推进体制机制创新，着力破除城乡二元结构的体制障碍，激发亿万农民创新创业活力，释放农业农村发展新动能。

22. 改革完善粮食等重要农产品价格形成机制和收储制度。坚持市场化改革取向与保护农民利益并重，采取“分品种施策、渐进式推进”的办法，完善农产品市场调控制度。继续执行并完善稻谷、小麦最低收购价政策。深入推进新疆棉花、东北地区大豆目标价格改革试点。按照市场定价、价补分离的原则，积极

稳妥推进玉米收储制度改革，在使玉米价格反映市场供求关系的同时，综合考虑农民合理收益、财政承受能力、产业链协调发展等因素，建立玉米生产者补贴制度。按照政策性职能和经营性职能分离的原则，改革完善中央储备粮管理体制。深化国有粮食企业改革，发展多元化市场购销主体。科学确定粮食等重要农产品国家储备规模，完善吞吐调节机制。

23. 健全农业农村投入持续增长机制。优先保障财政对农业农村的投入，坚持将农业农村作为国家固定资产投资的重点领域，确保力度不减弱、总量有增加。充分发挥财政政策导向功能和财政资金杠杆作用，鼓励和引导金融资本、工商资本更多投向农业农村。加大专项建设基金对扶贫、水利、农村产业融合、农产品批发市场等“三农”领域重点项目和工程支持力度。发挥规划引领作用，完善资金使用和项目管理办法，多层级深入推进涉农资金整合统筹，实施省级涉农资金管理改革和市县涉农资金整合试点，改进资金使用绩效考核办法。将种粮农民直接补贴、良种补贴、农资综合补贴合并为农业支持保护补贴，重点支持耕地地力保护和粮食产能提升。完善农机购置补贴政策。用3年左右时间建立健全全国农业信贷担保体系，2016年推动省级农业信贷担保机构正式建立并开始运营。加大对农产品主产区和重点生态功能区的转移支付力度。完善主产区利益补偿机制。逐步将农垦系统纳入国家农业支持和民生改善政策覆盖范围。研究出台完善农民收入增长支持政策体系的指导意见。

24. 推动金融资源更多向农村倾斜。加快构建多层次、广覆盖、可持续的农村金融服务体系，发展农村普惠金融，降低融资成本，全面激活农村金融服务链条。进一步改善存取款、支付等基本金融服务。稳定农村信用社县域法人地位，提高治理水平和服务能力。开展农村信用社省联社改革试点，逐步淡出行政管理，强化服务职能。鼓励国有和股份制金融机构拓展“三农”业务。深化中国农业银行三农金融事业部改革，加大“三农”金融产品创新和重点领域信贷投入力度。发挥国家开发银行优势和作用，加强服务“三农”融资模式创新。强化中国农业发展银行政策性职能，加大中长期“三农”信贷投放力度。支持中国邮政储蓄银行建立三农金融事业部，打造专业化为农服务体系。创新村镇银行设立模式，扩大覆盖面。引导互联网金融、移动金融在农村规范发展。扩大在农民合作社内部开展信用合作试点的范围，健全风险防范化解机制，落实地方政府监管责任。开展农村金融综合改革试验，探索创新农村金融组织和服务。发展农村金融租赁业务。在风险可控前提下，稳妥有序推进农村承包土地的经营权和农民住房财产权抵押贷款试点。积极发展林权抵押贷款。创设农产品期货品种，开展农产品期权试点。支持涉农企业依托多层次资本市场融资，加大债券市场服务“三农”力度。全面推进农村信用体系建设。加快建立“三农”融资担保体系。完善中央与地方双层金融监管机制，切实防范农村金融风险。强化农村金融消费者风险教育和保护。完善“三农”贷款统计，突出农户贷款、新型农业经营主体贷款、扶贫贴息贷款等。

25．完善农业保险制度。把农业保险作为支持农业的重要手段，扩大农业保险覆盖面、增加保险品种、提高风险保障水平。积极开发适应新型农业经营主体需求的保险品种。探索开展重要农产品目标价格保险，以及收入保险、天气指数保险试点。支持地方发展特色优势农产品保险、渔业保险、设施农业保险。完善森林保险制度。探索建立农业补贴、涉农信贷、农产品期货和农业保险联动机制。积极探索农业保险保单质押贷款和农户信用保证保险。稳步扩大“保险＋期货”试点。鼓励和支持保险资金开展支农融资业务创新试点。进一步完善农业保险大灾风险分散机制。

26．深化农村集体产权制度改革。到2020年基本完成土地等农村集体资源性资产确权登记颁证、经营性资产折股量化到本集体经济组织成员，健全非经营性资产集体统一运营管理机制。稳定农村土地承包关系，落实集体所有权，稳定农户承包权，放活土地经营权，完善“三权分置”办法，明确农村土地承包关系长久不变的具体规定。继续扩大农村承包地确权登记颁证整省推进试点。依法推进土地经营权有序流转，鼓励和引导农户自愿互换承包地块实现连片耕种。研究制定稳定和完善农村基本经营制度的指导意见。加快推进房地一体的农村集体建设用地和宅基地使用权确权登记颁证，所需工作经费纳入地方财政预算。推进农村土地征收、集体经营性建设用地入市、宅基地制度改革试点。完善宅基地权益保障和取得方式，探索农民住房保障新机制。总结农村集体经营性建设用地入市改革试点经验，适当提高农民集体和个人分享的增值收益，抓紧出台土地增值收益调节金征管办法。完善和拓展城乡建设用地增减挂钩试点，将指标交易收益用于改善农民生产生活条件。探索将通过土地整治增加的耕地作为占补平衡补充耕地的指标，按照谁投入、谁受益的原则返还指标交易收益。研究国家重大工程建设补充耕地由国家统筹的具体办法。加快编制村级土地利用规划。探索将财政资金

投入农业农村形成的经营性资产，通过股权量化到户，让集体组织成员长期分享资产收益。制定促进农村集体产权制度改革的税收优惠政策。开展扶持村级集体经济发展试点。深入推进供销合作社综合改革，提升为农服务能力。完善集体林权制度，引导林权规范有序流转，鼓励发展家庭林场、股份合作林场。完善草原承包经营制度。

六、加强和改善党对“三农”工作领导

加快农业现代化和农民奔小康，必须坚持党总揽全局、协调各方的领导核心作用，改进农村工作体制机制和方式方法，不断强化政治和组织保障。

27. 提高党领导农村工作水平。坚持把解决好“三农”问题作为全党工作重中之重不动摇，以更大的决心、下更大的气力加快补齐农业农村这块全面小康的短板。不断健全党委统一领导、党政齐抓共管、党委农村工作综合部门统筹协调、各部门各负其责的农村工作领导体制和工作机制。注重选派熟悉“三农”工作的干部进省市县党委和政府领导班子。各级党委和政府要把握好“三农”战略地位、农业农村发展新特点，顺应农民新期盼，关心群众诉求，解决突出问题，提高做好“三农”工作本领。巩固和拓展党的群众路线教育实践活动和“三严三实”专题教育成果。进一步减少和下放涉农行政审批事项。加强“三农”前瞻性、全局性、储备性政策研究，健全决策咨询机制。扎实推进农村各项改革，鼓励和允许不同地方实行差别化探索。对批准开展的农村改革试点，要不断总结可复制、可推广的经验，推动相关政策出台和法律法规立改废释。深入推进农村改革试验区工作。全面提升农村经济社会发展调查统计水平，扎实做好第三次全国农业普查。加快建立全球农业数据调查分析系统。加强农村法治建设，完善农村产权保护、农业市场规范运行、农业支持保护、农业资源环境等方面的法律法规。

28. 加强农村基层党组织建设。始终坚持农村基层党组织领导核心地位不动摇，充分发挥农村基层党组织的战斗堡垒作用和党员的先锋模范作用，不断夯实党在农村基层执政的组织基础。严格落实各级党委抓农村基层党建工作责任制，发挥县级党委“一线指挥部”作用，实现整乡推进、整县提升。建立市县乡党委书记抓农村基层党建问题清单、任务清单、责任清单，坚持开展市县乡党委书记抓基层党建述职评议考核。选优配强乡镇领导班子尤其是党委书记，切实加强乡镇党委思想、作风、能力建设。选好用好管好农村基层党组织带头人，从严加强农村党员队伍建设，持续整顿软弱涣散村党组织，认真抓好选派“第一书记”工作。创新完善基层党组织设置，确保党的组织和党的工作全面覆盖、有效覆盖。健全以财政投入为主的经费保障制度，落实村级组织运转经费和村干部报酬待遇。进一步加强和改进大学生村官工作。各级党委特别是县级党委要切实履行农村基层党风廉政建设的主体责任，纪委要履行好监督责任，将全面从严治党的要求落实到农村基层，对责任不落实和不履行监管职责的要严肃问责。着力转变基层干部作风，解决不作为、乱作为问题，加大对农民群众身边腐败问题的监督审查力度，重点查处土地征收、涉农资金、扶贫开发、“三资”管理等领域虚报冒领、截留私分、贪污挪用等侵犯农民群众权益的问题。加强农民负担监管工作。

29．创新和完善乡村治理机制。加强乡镇服务型政府建设。研究提出深化经济发达镇行政管理体制改革指导意见。依法开展村民自治实践，探索村党组织领导的村民自治有效实现形式。深化农村社区建设试点工作，完善多元共治的农村社区治理结构。在有实际需要的地方开展以村民小组或自然村为基本单元的村民自治试点。建立健全务实管用的村务监督委员会或其他形式的村务监督机构。发挥好村规民约在乡村治理中的积极作用。深入开展涉农信访突出问题专项治理。加强农村法律服务和法律援助。推进县乡村三级综治中心建设，完善农村治安防控体系。开展农村不良风气专项治理，整治农村黄赌毒、非法宗教活动等突出问题。依法打击扰乱农村生产生活秩序、危害农民生命财产安全的犯罪活动。

30．深化农村精神文明建设。深入开展中国特色社会主义和中国梦宣传教育，加强农村思想道德建设，大力培育和弘扬社会主义核心价值观，增强农民的国家意识、法治意识、社会责任意识，加强诚信教育，倡导契约精神、科学精神，提高农民文明素质和农村社会文明程度。深入开展文明村镇、“星级文明户”、“五好文明家庭”创建，培育文明乡风、优良家风、新乡贤文化。广泛宣传优秀基层干部、道德模范、身边好人等先进事迹。弘扬优秀传统文化，抓好移风易俗，树立健康文明新风尚。

让我们更加紧密地团结在以习近平同志为总书记的党中央周围，艰苦奋斗，真抓实干，攻坚克难，努力开创农业农村工作新局面，为夺取全面建成小康社会决胜阶段的伟大胜利作出更大贡献！

附录2 合同范文

集体土地征地补偿协议

为支持甲方村镇改造建设工作，甲方同意由乙方负责×村村镇改造。为此，甲、乙双方经协商一致，就本集体土地征地补偿协议项下甲方地块的集体土地征地补偿、甲方村镇改造工作、村民动迁安置等事宜，达成如下协议：

集体土地征地补偿协议

甲方：×××区××镇×××村村民委员会

乙方：上海××房地产开发有限公司

为支持甲方村镇改造建设工作，甲方同意由乙方负责×××村村镇改造。为此，甲、乙双方经协商一致，就本协议项下甲方地块的集体土地征地补偿、甲方村镇改造工作、村民动迁安置等事宜，达成如下协议：

第一条 地块的位置和面积

1、拟征用(收)甲方地块(以下简称该地块)位于×××区××镇×××村，四至为：东至×××、西至×××、南至×××、北至×××，具体位置和四至详见附件一。上述地段可开发总面积68.5万平方米以上，其中耕地×××平方米、园地×××平方米、林地×××平方米、农田水利用地×××平方米、养殖水面×××平方米、建设用地×××平方米、www.fdcew.com未利用地×××平方米，甲、乙双方同意按土地面积68万平方米核实补偿，超出部分乙方不需向甲方缴纳任何补偿费用直接办理征地手续。

2、该地块的集体土地所有权现属于甲方，包括该地块内原有道路、河流面积及周边道路控制区。拟用于开发建设住宅小区。

3、该地块相邻地块(以下简称集资建房地块)，具体位置及四至详见附件一，甲方将用于村镇改造集资建房、集中安置该地块的动迁村民。

4、上述该地块和集资建房地块面积，合计约××亩。

第二条 土地补偿费

1、补偿费标准：每平方米人民币××××元。

前述补偿费标准已含因征地及动迁而发生的全部费用，包括但不限于土地补偿费、安置补助费、地上附着物和果树、青苗等的补偿费、村民养老、医疗保险等费用以及地上地下建筑物、构筑物(村民住宅除外)的补偿费、税费、新菜地开发建设基金、税费等所有费用(含存入土地征用专项账户费用)。

2、补偿费总额：按土地面积68万平方米，每平方米××××元计算，补偿费总额为×××××万元，该费用一次性包死，固定不变，不因任何因素变化而调整。

3、村民及企业动迁安置补偿事宜，按本协议约定执行。

4、除本协议约定的费用外，乙方无需再因该地块的征用而向甲方或甲方之外的任何第三人(含该土地上的村民、企业)支付其他任何费用。

第三条　土地补偿费的支付

1、乙方按本协议约定的土地征用补偿标准，编制征地方案，该征地方案和本协议经相关政府部门批准后，乙方根据发展规划，分期办理土地征用手续，在每宗土地征用批复下达后三个月内，双方按照本协议约定的补偿费标准和每宗土地批准征用的面积结算土地征用补偿费用，乙方按结算值一次性支付甲方。

2、乙方在支付第一宗土地补偿费用的同时，直接扣除已支付甲方的部分补偿费×××万元后将余款支付甲方，并由甲方记入乙方已付款帐目。

3、甲方收款的同时，应当向乙方开具合法发票。

第四条　集体土地征用及规划手续的办理

该地块由集体土地征用(收)、转用审批以及变更为国有土地、该地块规划为住宅小区开发建设用地的手续，由乙方负责办理、甲方协助。办理过程中政府收取的费用，由乙方承担。具体办理期限，双方再行协商。

第五条　相关手续的办理

1、本协议签订后，甲方负责、乙方协助，积极申请该地块由政府招拍挂方式(以下统称挂牌)出让交易等手续。甲方应及时提供资料、手续。

2、甲方如与土地储备部门签订涉及该地块的协议的，须征得乙方同意。需与土地储备部门商谈涉及收购、拆迁补偿费用标准、支付方式等内容的事宜，甲方现不可撤销地委托乙方为独家全权代理人与土地储备部门商谈，补偿标准高于或低于双方约定标准的风险均由乙方自行承担。土地储备部门支付的收购该地块的全部收购、补偿等费用，全部归乙方。

第六条　土地动迁及净地交付

1、甲方负责该地块动迁并净地交付乙方，移交期限及标准另行协商。

2、甲方在动迁腾地过程中，征用地块范围内的房屋动迁、村民安置及其他

相关问题均由甲方负责处理、解决，乙方不承担责任。现有承包合同，甲方负责解除、终止，因此而产生的责任、费用由甲方负责承担。

3、该地块净地交付乙方前，甲方保证与该地块及地上建筑物、构筑物、附着物等有关的债务问题已解决完毕，税费、水、电等已全部结清。甲方应当在交付净地前全部缴清，否则乙方可代缴并自应支付甲方的款项中扣除。

第七条 村民的动迁补偿安置

1、原则：甲方负责村民住宅、村办及本村人员开办的企业厂房动迁工作。村民住宅，采取以集中安置为主、安置用房不足时以货币补偿为辅的方式。动迁合法用地用房的企业，以货币化补偿方式给予适当补偿。

乙方负责非本村人员在该地块开办企业的动迁，甲方给予协助，动迁补偿费由乙方承担。

2、乙方负责制定动迁方案，制定前应与甲方充分沟通、听取甲方意见。甲方负责按乙方制定的动迁补偿标准、动迁时间，具体负责动迁、安置工作。其中村民、村办及本村人员开办的企业厂房动迁时间为××××年×月末动迁总户数40%，××××年××月动迁总户数30%，××××年末动迁剩余的30%，甲方按上述时间将动迁后的净地交付乙方。

3、集中安置：

甲方负责出资并建设村民及村办及本村人员开办企业的动迁房，动迁地块由甲方另行选定，不在本协议约定的68.5万平方米内。

4、其他：

（1）甲方负责做好该地块上的动迁村民、企业及房屋、其他附属物、附着物的调查摸底工作、政策解释工作，及时冻结户口及建筑物。摸底工作必须在乙方监督下进行，摸底结果必须经乙方认可。甲方保证摸底结果的准确性，如因不准确而增加动迁费用或动迁时间、难度的，责任由甲方承担。

（2）甲方应及时提供该地块内的土地利用情况及土地、房屋产权证明，保证资料的真实性、合法性、准确性及有效性。

第八条 甲方的承诺

1、本协议项下的地块的所有权、使用权属于甲方。甲方保证有权就本协议项下的土地征用补偿费事宜签订本协议。甲方应当根据国家及地方有关规定及时足额向有关村民、企业支付补偿费用，保证按政府规定、要求管理和使用乙方支付的补偿费。乙方对此不承担任何责任。

2、应给付村民的安置补偿费、地上附着物和果树、青苗补偿等补偿费，以及办理村民养老保险、医疗保险等费用已包含在前述单价中，甲方负责支付给村民，乙方不再负责支付。

3、甲方负责直接发放村民补偿款，核实并发放村民果树补偿款，办理村民养老保险、医疗保险，并负责安置村民就业及解决相关事宜。

4、本协议签订后，甲方不再办理新的房证、土地证，不再允许新建房屋等建筑物、构筑物等地上物，不得改、扩建、装修房屋以及其他可能增加动迁费用和加大动迁难度的行为，否则，因此发生的责任及费用由甲方承担。

5、甲方保证该地块不存在抵押、查封等限制处分的情形。否则，甲方双倍赔偿由此给乙方造成的经济损失。

6、本协议签订后，甲方承诺不再与任何他方商谈或签订征地补偿等合同。否则，甲方应向乙方支付××万元违约金，并赔偿给乙方造成的损失。

7、除本协议项下的该地块外，甲方其他土地如需征用、开发或与他人合作等的，甲方承诺优先给予乙方，除非乙方明确表示放弃后，甲方方可与他方合作。

8、甲方无偿提供公用设施给乙方使用，并负责办理相关手续。

第九条　其他

1、如果国务院及各级相关政府部门改变土地补偿及安置补助费标准，乙方支付甲方补偿费标准不变，仍按本协议约定执行，乙方不再向土地部门交纳任何集体土地补偿费和安置费。

2、乙方开发的住宅小区建成并投入使用后，如乙方负责招聘该小区物业负责绿化、清洁卫生等的工作人员，在同等条件下优先录用甲方村民。

3、甲方同意按照乙方要求的时间将本协议项下之乙方权利义务转让给乙方指定的第三方，由该第三方继续履行本协议。

第十条　违约责任

1、甲方逾期办理完毕集体土地征用（1）、转用审批以及变更为国有土地的手续或规划手续的，或甲方逾期交付地块的，每逾期一日，均须向乙方支付人民币×万元违约金，逾期达九十日的，乙方有权解除本协议，甲方应负责退还乙方因本协议已发生的全部费用并支付给乙方××万元作为补偿。

2、乙方如未能按协议规定付款，每逾期一日，应当按应付补偿款的日万分之一支付甲方违约金。

3、甲、乙双方如未履行本协议任何一项约定，造成对方损失的，应予赔偿。

第十一条 争议解决

双方因本协议发生争议的，应协商解决，协商不成时，任何一方可向本协议项下地块所在地人民法院起诉。

第十二条 协议签订即具有法律约束力，任何一方不得变更或解除。未尽事宜，双方另行协商签订补充协议。

第十三条 本协议经双方签字、盖章并村民代表大会通过之日生效。

甲方保证本协议已由村民代表大会通过，后附《村民代表大会决议》。

第十四条 本协议一式陆份，双方各执叁份，具有同等法律效力。

甲方：×××区××镇×××村村民委员会

负责人：×××

乙方：上海××房地产开发有限公司

法定代表人：×××

签署日期：××××年×月×